Teoría y método en Terapia Gestalt

Articulación crítica de los conceptos centrales

Hugo Almada Mireles

Título de la obra: *Teoría y método en Terapia Gestalt. Articulación crítica de los conceptos centrales*

© 2015 Hugo Almada Mireles
© 2017 Editorial Pax México, Librería Carlos Cesarman, S.A.
     Av. Cuauhtémoc 1430
     Col. Santa Cruz Atoyac
     México DF 03310
     Tel. 5605 7677
     Fax 5605 7600
     www.editorialpax.com

Para contacto con el autor:
almada_hugo@hotmail.com

Primera edición
ISBN 978-607-9472-22-1
Reservados todos los derechos

Impreso en México / *Printed in Mexico*

Índice

Índice de Figuras

A Gabina...

*Y a todas y a todos los
que aman la Gestalt.*

Agradecimientos

A mi padre, quien me educó con paciencia y con amor; en la libertad y en la dignidad. Y de quien heredé la dimensión profunda de la vida. Y a mi hermosa madre, quien fue siempre mi soporte y de quien recibí la fe, la voluntad y la capacidad de luchar.

A mis hermanas y hermanos: Alejandro, Tere, Arturo, Alfredo, Antonio, Alberto, Eduardo, Nohemí, Miguel y Lourdes, compañeros del alma y cada uno un regalo indestructible.

A todas y todos los que luchan por hacer este mundo mejor.

A mis maestros en la Gestalt y especialmente a Pablo Cervantes, sin cuya claridad y prudencia no sería lo que soy. A Rocío Reyes, Laura Ramos, Rubén Ibarra, Gaby García Cuervo y Fernando Orozco, compañeros maestros con quienes compartí la ilusión de la Maestría en Psicoterapia Humanista y Educación para la Paz. Y especialmente a Lourdes Almada, y a Luz Paula Parra.

A Mari Trini y a Pilar, a Héctor y a Evelyn, a Sergio y a Ceci, a Fernando y Lorena, a Lupita y a Héctor, a Sergio y a Carmen... y a todas y todos los que han dejado un pedazo de vida para construir programas de Terapia Gestalt. Por todo el bien que han hecho.

A Gabina y a Nohemí, por la lucha compartida y por la construcción de Crecimiento Humano y Educación para la Paz, A.C.

A Pedro de Casso, cuya congruencia y claridad devino en una hermosa amistad.

A Ramón Chavira, a quien además de la amistad entrañable le debo el gusto por el buen café y su apoyo para que este libro viera la luz. Y a Lourdes Ampudia y Alejandra Orozco.

A quien hizo el diseño inicial de la portada. Y a Aldo Lara y a Miriam Lara, que afinaron y concluyeron la portada y contraportada. A Raúl Meza, que generosamente moldeó y le dio forma y diseño al texto.

A todas mis alumnas y alumnos, a las que quisiera nombrar de una por una y de uno por uno. Por todo lo que llevo de ellos. Por lo que aprendí de su camino, de sus dudas e inquietudes y de los procesos que acompañaron. Y por su amistad, que me alimenta y que me enorgullece.

Y a todas y todos los que aman la Gestalt. Porque ellos sabrán quienes son, y por qué les hablo. Y porque si alguna vez se encontraron se reconocerán en estas páginas.

Prólogo

Este libro es el producto de la muy larga, profunda y madura reflexión sobre su quehacer, de una persona que, como el Dr. Hugo Almada, reúne en sí la doble condición de profesor y terapeuta, o mejor, el rigor crítico mental de lo primero con la finura perceptiva emocional de lo segundo. Así lo acredita formalmente su reciente título de Doctor en Psicoterapias Humanistas. Pero la mejor demostración de ello, al margen de formalismos, lo constituye el presente libro, compendio de su afán y de su esfuerzo de muchos años por elucidar y poner en orden los más íntimos recovecos de una forma de terapia, la Terapia Gestalt, que entre tanto se ha ido convirtiendo en parte esencial de su corazón y de su vida.

Creo que lo que mejor describe el sentido y contenido de su obra es la forma como el propio autor resume al final de la misma el objetivo que se había propuesto: "Revisar y confrontar críticamente los conceptos y elementos más importantes de la Terapia Gestalt y proponer un modelo teórico que los articule de manera clara, tanto desde su consistencia interna como para la práctica terapéutica".

Así asistimos desde un principio a la exposición clarificadora de los principales conceptos gestálticos básicos, como la interacción organismo-ambiente, la autorregulación organísmica, la formación figura-fondo, la importancia básica del Darse Cuenta centrado en el Ahora en orden a la detección de la necesidad más urgente, las interrupciones provenientes de los mecanismos, origen de las situaciones inconclusas, etc. No deja de señalar el paralelismo con otros enfoques humanísticos, como los de Rogers y Gendlin, centrados también en la convicción de la sabiduría del organismo. Pero lo que sorprende es la profundidad con que va abordando esos distintos conceptos y la facilidad con que vamos captando la sucesiva y recíproca articulación entre los mismos. Los ejemplos son múltiples: valga enunciar el acento en la corporalidad del Darse Cuenta Aquí y Ahora, la importancia central de la sensación y la emoción, junto al elemento cognitivo, a la hora de detectar la necesidad organísmicamente más urgente, la 'figura' significativa a partir de la cual el cambio terapéutico se hace posible. Definitivamente clarificadores resultan los criterios que establece para distinguir las emociones básicas –las propias del organismo, entre las que incluye, además de las cuatro clásicas de Fritz, el miedo y, sobre todo, la ternura– y por otro lado los sentimientos neuróticos.

Mención aparte merece su tratamiento del concepto nuclear del 'self', o 'sí mismo', que no es otra cosa para él sino la tendencia a la autorregulación propia del organismo, y que con toda razón considera como el pivote en torno al cual gira la esencia misma de la Terapia Gestalt. Con base en esto hace una crítica absolutamente lúcida de las confusiones que acarrea el concepto del Self de Paul Good-man, mostrando hasta el mínimo detalle las desviaciones que supone respecto de la sencillez y operatividad terapéutica de la concepción de Fritz Perls. Y aprovecha para aclarar los conceptos, con frecuencia no bien delimitados, de Yo, Ego y Self, en donde lo definitivo es la necesidad de 'empoderamiento' de nuestro Yo a la hora de discriminar y decidir entre los impulsos egoicos y las sensaciones orgánicas del propio ser a la hora de 'responder' en las diferentes situaciones.

Sobre la misma pista aborda el autor otros conceptos gestálticos básicos, como la identificación, la responsabilidad y la espontaneidad. Y más allá, dejando asomar cada vez más su faceta de ferviente y experimentado terapeuta en el campo de la Gestalt, nos advierte del carácter 'energético' de la emoción ligada a la situación inconclusa, lo que supone la inutilidad de un abordaje meramente mental de la misma y la necesidad de ayudar al 'apoderamiento' por parte del paciente de esa energía hasta entonces negada o retenida. Asimismo, en esta línea, defiende la necesidad de ayudar al paciente a conectar y trabajar dramáticamente la escena o escenas originarias de sus situaciones inconclusas, teniendo en cuenta que no es suficiente la mera 'explosion' catártica, si no va acompañada de una reescritura de tales escenas y de una resignificación de las mismas, lo que incluye facilitar el acceso a la comprensión y reconciliación de y con las personas implicadas, y finalmente un 'cierre' en el sentido de traer a la persona a su realidad con la pregunta "¿y qué quieres hacer ahora?" Ni falta tampoco la apertura a la dimensión espiritual implícita en la dinámica de la propia autorregulación organísmica.

Entreverados con los desarrollos teóricos va introduciendo ejemplos aclaratorios, en ocasiones hasta transcripciones de sesiones en vivo, y a medida que avanzamos en la lectura va quedando meridianamente clara la intención del autor: "ayudar a hacer una buena Gestalt". Y esto en el doble sentido, por un lado, de aprender a funcionar mejor como personas en las diferentes situaciones de nuestra vida, y por otro, facilitarnos la capacidad de aplicar bien la Gestalt en nuestra labor como terapeutas.

La sensación final es la de tener entre las manos el fruto de un magno esfuerzo, hasta ahora inédito, de gran utilidad para la comprensión y asimilación global y en detalle de la íntima trabazón entre los aspectos más nucleares de la Terapia Gestalt. Más que el resultado de la capacidad crítica comprobada de su autor, es la muestra viviente de su profundo amor a esta forma de terapia y, más allá de ello, de la sinceridad, capacidad y profundidad de su compromiso humano y de la fina sensibilidad de su corazón.

¡Gracias, Dr. Almada!

Pedro de Casso

PARTE I

Epistemología y Método de Investigación

Palabras iniciales

Bueno, él era un genio. Los genios no siempre fueron bien comprendidos y él no lo fue. Pero era básicamente un genio...

Yo estuve 10 años con él. Aprendí mucho, fue muy importante en mi formación... Yo tenía una situación pendiente de mi pasado, necesitaba ir a Alemania y estar tanto con los nazis como con los judíos. Después de él pude ir y hacerlo...

Bueno, él era duro. Me ponía apodos, se estaba burlando siempre de mí. Y es cierto que no fue un buen padre. Pero yo tuve un padre dulce, y no andaba buscando un padre...

Fue un buen maestro para mí.

Joseph Zinker

Pronunciadas en el Encuentro sobre Terapia de Pareja del IHS en Culiacán, en julio de 2005, y recogidas después también en una entrevista sobre Perls concedida para la *Revista de la Asociación Española de Terapia Gestalt* (Zinker 2005) estas palabras produjeron en mí un efecto de reconciliación.

Llegado a la Gestalt a través de la lectura de los libros de Perls, y habiéndome formado en institutos cuya teoría proviene de la corriente de "la Costa Este", durante mucho tiempo he vivido la división que atraviesa la Terapia Gestalt.

Esta división se da de manera sintomática en la teoría. Ya desde el principio, los teóricos de la "Costa Este" se distanciaron de la práctica de Perls en California y elaboraron sus propios desarrollos. Estas teorías, más o menos complejas y no siempre coincidentes, tienen en común la reivindicación de la Gestalt de los primeros tiempos, del grupo de Nueva York, de Laura Perls y en parte de la Gestalt Therapy de 1951, (a la que se suele llamar incluso "nuestra Biblia") y la negación de la obra de madurez de Perls.

Quienes reivindican el legado de Perls, por otra parte, han desarrollado teóricamente algunos elementos importantes de su práctica, sobre todo a partir de su etapa de madurez. Pero sin hacer el trabajo de criticar en su estructura y en su lógica la teoría de "la Costa Este", tienden sencillamente a ignorarla, señalando que no se corresponde con el espíritu de la Gestalt. A pesar de sus importantes desarrollos, Claudio Naranjo habla de la Gestalt como de un "experiencialismo ateórico" o de un "intuicionismo ateórico", (Naranjo 1990, 2002, 2007) colocando el énfasis en la intuición y el quehacer terapéutico y dejando la comprensión como algo "que puede suceder", pero que no es necesario. Dice por ejemplo: "Ahora, esto no quiere decir que no se pueda dar el caso de una persona extraordinaria, que no sólo haga, sino que sepa lo que está haciendo". (Naranjo 2002: 41). Naranjo y la mayoría de sus seguidores siguen además casi exclusivamente la obra del Perls de la última etapa, sin recuperar apenas los fundamentos aparecidos previamente o en forma póstuma.

Es difícil el encuentro y aún el diálogo desde ahí... Esta división parece haberse desdoblado a últimas fechas con el desarrollo de la "escuela francesa" –Jean Marie Robine, Marguerite Spagnuolo, Carmen Vázquez y de alguna manera Gordon Wheeler, entre otros–, que intentan recuperar la Teoría del Self de Paul Goodman, (lo que no hicieron en realidad los teóricos de la "Costa Este") y desarrollar desde ahí el marco conceptual de la Terapia Gestalt. La base teórica de este esfuerzo es sin embargo tan diferente (especialmente este mismo concepto del "self" de Goodman) que introduce en realidad mucha confusión y obligaría a replantear o desechar muchos de los planteamientos o conceptos anteriores.

No tenemos pues un mapa de la Gestalt. Los diversos elementos de la teoría no se integran unos con otros y las conexiones entre los distintos conceptos no siempre resultan claras. Por lo menos eso es lo que afirma alguien tan comprometida como Gabriela Munguía: "Un mapa armado de la Gestalt no lo van a encontrar. Lo que tenemos son retazos, en realidad sin conexión, y en todo caso, ustedes tendrán que ir construyendo su propio mapa" (Munguía 2005).

Y esta problemática es acuciante: la teoría de la Gestalt se ha desarrollado poco, –apenas unas cuantas obras en los últimos años– y presenta problemas serios en su mismo núcleo:

a. Aún en los desarrollos de los principales autores, a menudo no existe conexión entre los diferentes conceptos o elementos de la teoría, o bien ésta no es suficientemente clara.

b. No existe consenso entre ellos sobre el significado de los conceptos más básicos, que a menudo significan cosas distintas.

c. Diversos autores se toman la libertad de desarrollar en realidad nuevos sistemas propios, sin tomarse la molestia de criticar a los autores o corrientes más importantes, ni de verificar apenas la consistencia de su propio sistema.

d. No tenemos espíritu de apertura y de crítica, en el sentido académico moderno. A menudo los profesores gestaltistas desarrollan espíritu de feudo e impulsan sus propios planteamientos entre los estudiantes, como si se tratara de la verdad, o de la teoría *de la Gestalt*. Este espíritu de feudo es tan acendrado que a menudo implica no usar textos o materiales de otra corriente o feudo.

A pesar de estas carencias y deficiencias, la Terapia Gestalt ha podido crecer y desarrollarse, permitiéndonos asistir con frecuencia a procesos hermosos y a encuentros y despertares que parecen verdaderos milagros. Y no se trata de un "intuicionismo ateórico", como pretende Naranjo, sino de un sistema completo, que incluye una epistemología; una concepción del hombre, del mundo y de su relación entre ambos; del aprendizaje, de la salud y de la neurosis y de los mecanismos con los que ésta se presenta. Que abreva de los mejores planteamientos de la hermenéutica, de lo que implica la comprensión, el contacto y la relación dialogal entre los seres humanos y su impacto en la psicoterapia. Que incluye un método de terapia propio y rico, dotado ya de una amplia gama de potentes técnicas y en el que pueden (no agregarse de manera ecléctica sino) integrarse verdaderamente otras muchas, que no se contraponen al espíritu humanista de la psicoterapia sino que lo enriquecen profundamente, en cuanto que nos posibilitan el encuentro profundo con otros seres humanos.

No podemos renunciar a nuestra riqueza. A la experiencia y al poder del ahora, de la vivencia en el presente, del fluir de la experiencia y el proceso en transcurso. Al gozo y a la liberación que significa vivir en contacto. Y sin embargo permítaseme disentir de la afirmación de que no es posible mantenernos en contacto y saber al mismo tiempo lo que estamos haciendo. Y más aún del dicho de que la comprensión no es necesaria, o reservada a personas extraordinarias. El costo de esto es muy alto: terapeutas deficientemente formados, que no distinguen con claridad lo que está sucediendo en sesión, que a menudo no comprenden la dimensión de proceso o que no respetan a las personas con quienes trabajan.

Necesitamos aclarar nuestros mapas, integrar y potenciar nuestro ser y nuestro desarrollo. Necesitamos discutir honesta y profundamente. El presente trabajo es un intento de articulación de los elementos más significativos de la Terapia Gestalt, desde el método integrador de la totalidad concreta, en esencia el método de la Gestalt. Aunque el mapa no será nunca el territorio, es necesario revisar los conceptos principales, descubrir sus concatenaciones internas e integrarlos en una totalidad estructurada.

Y es que, contra lo que pudiera pensarse, el sistema de la Terapia Gestalt es en realidad un sistema sencillo. Si se comprenden sus elementos centrales, y sobre todo la articulación existente entre ellos, tanto la práctica como la enseñanza de la Gestalt pueden mejorarse considerablemente.

....

Provenientes de uno de los pioneros de la Gestalt –quizá del mejor exponente de su espíritu humanista–, dichas con el corazón y en medio de un silencio profundo; ahí estaban ahora las palabras que había buscado. El espíritu de encuentro, de reconocimiento. El que nos permitirá dialogar y encontrarnos profundamente.

En un mundo marcado por la globalización, la pobreza, la violencia y la manipulación positivista, *la Terapia Gestalt está viva*. Contribuir a su desarrollo es una tarea urgente en una sociedad que necesita verdaderos profesionales de la psicoterapia, capaces de trabajar en las profundidades del alma humana y de incidir en las problemáticas sociales y psicoafectivas que tanto afectan a la población.

En el ámbito personal, este texto entronca con lo mejor de mi experiencia de vida. Hijo de un educador comprometido, que impulsaba la educación participativa y dialógica ya en los años 60, he sido feliz cada vez que he sido profesor. Y formado en la teoría social y la filosofía dialéctica, el descubrimiento de la Gestalt en 1993 vino a constituir uno de los acontecimientos de mi vida. Durante todos estos años he venido haciendo la crítica, el discernimiento y la confrontación sistemática, –teórica y terapéutica– de cada uno de sus postulados y planteamientos, y mi tesis de maestría desarrolla ya algunos de ellos (Almada 2003). Un avance del desarrollo del sí mismo: "Desde el principio: el sí mismo, *self*" fue publicado en el número 32 de la *Revista de la Asociación Española de Terapia Gestalt* (Almada 2012). Este libro resume mi quehacer y mi compromiso. Es, como decía Carlos Castaneda: *un camino con corazón*. (Castaneda 1999: 29): O como dicen los chavos en el barrio: *es que de acá soy…*

CAPÍTULO 1

Sobre el método de investigación

1.1. Método de investigación y orden de la exposición

Siendo la Terapia Gestalt un sistema no sólo fenomenológico sino dialéctico, el orden de la exposición no corresponde al orden de la investigación, sino a aquél que muestra a la Gestalt desde sus elementos más simples y que permite apreciarla en sus concatenaciones internas, es decir, que posibilita la comprensión de la cosa misma.

Distinguiendo el método de investigación del de la exposición, dice por ejemplo Kosik en la célebre *Dialéctica de lo Concreto*:

> *El comienzo de la investigación es casual y arbitrario, en tanto que el de la exposición es necesario... porque permite la explicación de la cosa, justamente porque la presenta en su desarrollo interno y en su evolución necesaria... El comienzo auténtico es aquí un comienzo necesario, a partir del cual se desarrollan necesariamente las restantes determinaciones. Sin un comienzo necesario, la exposición deja de ser un desarrollo, una explicación, para convertirse en una mescolanza ecléctica, o en un continuo saltar de acá para allá... El comienzo de la exposición es ya un comienzo mediato, que contiene en germen la estructura de toda la obra... El desconocimiento del método de la explicación dialéctica (basado en la concepción de la realidad como totalidad concreta)... impide el despliegue, la manifestación de la concatenación y las contradicciones de la cosa misma... y conduce a la construcción de abstracciones forzadas.”* (Kosik 1963: 50-51).

La pretensión de esta exposición no es, entonces, la discusión de algunos elementos de la Terapia Gestalt, ni la biografía de ninguno de sus personajes, sino el abordaje dialéctico del sistema mismo de la Terapia Gestalt, desde la perspectiva de una totalidad concreta, de manera de poder presentar sus diferentes conceptos y elementos en su articulación lógica y su concatenación interna.

1.2. *La construcción del objeto*: la Teoría de la Terapia Gestalt

Si como planteamos, el orden de la exposición no puede ser entonces casual, cabe preguntarnos por la delimitación del campo, en este caso de la Terapia Gestalt y más específicamente de la *Teoría de la Terapia Gestalt*, lo que en Ciencias Sociales se suele llamar la *construcción del objeto*.

Como totalidad concreta, la *teoría de la Terapia Gestalt* es además una totalidad con características definidas, que conviene tener presentes para su abordaje. Algunas de las más importantes son:

1. Es *existencial y fenomenológica*. Entiende que la experiencia de cada existente es única y personal, y que solamente éste tiene acceso directo a su propia experiencia. Y que lo relevante de cualquier práctica terapéutica *parte de esta experiencia subjetiva*.

2. Es *dialógica*. Asume el encuentro existencial y la relación dialogal Yo-Tú como la herramienta terapéutica *per se* para la facilitación del proceso terapéutico y del contacto con la experiencia auténtica de cada persona.

3. Es una *teoría de Campo*. No sólo porque el individuo es siempre y en todo momento parte de algún campo, sino porque entiende a éste como función de aquél y al campo como el resultado de la acción de la energía y las distintas fuerzas presentes en él. La salud o la neurosis del individuo se explica en razón de su interacción con el campo. Es en este sentido una teoría *de la totalidad*, o si se prefiere *de sistema abierto*.

4. Es una totalidad que *está en el ahora*, que hace de esta noción *el eje de su explicación* y que aborda el tiempo desde una perspectiva dialéctica: el pasado y el futuro no tienen realidad propia y son significativos sólo en la medida en que interrumpen el proceso en transcurso o que están presentes en el momento actual. El comienzo de la explicación no está en el pasado sino en el presente.

5. Es una totalidad *dialéctica* en la que juega un papel central la comprensión de las *polaridades*, del *centro* y del *todo*.

6. Es una totalidad que está *siempre en proceso*: no sólo en cuanto pretende dar cuenta de una realidad que está siempre en constante cambio, sino como teoría misma, como cuerpo articulado de conceptos que se reconoce relativo, inacabado y en confrontación constante con la práctica y la realidad misma.

7. Además del énfasis en la experiencia subjetiva y dialógica del individuo, es *fenomenológica* al menos en dos acepciones más:

    a. La vía de acceso a la experiencia, al contacto y por tanto a la *comprensión* es siempre en el ahora y parte siempre de lo que aparece, de lo que está en superficie, *del fenómeno*.

b. Como todo el pensamiento fenomenológico (Husserl, Heiddeger, Sartre, Merleau Ponty, y ya antes Hegel y Marx), no se queda ahí, –lo que es propio más bien del empirismo y el conductismo–, sino que distingue dos órdenes de realidad:

➤ el del mundo de la apariencia, de la superficie, del *fenómeno* (Husserl) del *ente* o *el dassein* (Heidegger), del *Yo-Ello* (Buber), de las *expresiones segundas* (Merleau Ponty), del *en si* (Sartre) del *como si*, la *maya* o la *ilusión* (Perls);

➤ y el mundo o el orden de *las esencias* (Husserl), de la existencia auténtica y el *Ser* (Heidegger), del *Yo-Tú* (Buber) de *la expresión originaria* (Merleau Ponty) del *para si* (Sartre), de la existencia auténtica, del sí mismo y su autoexpresión (Perls).[1]

8. Es una teoría de la autenticidad, ontológica en cuanto que cada existente está llamado a vivir su existencia auténtica y el des-ocultamiento del Ser.

9. Es una teoría que se hace *desde* la práctica y en *confrontación directa y permanente con la práctica*, esencialmente con la práctica terapéutica. Es en realidad *mucho más una praxis* que una teoría. (Kosik 1963; Freire 1967; Sánchez Vázquez 1967). Sin conceder que la Gestalt pueda ser un "intuicionismo ateórico", si se trata de una teoría que constituye siempre el segundo momento, como en el método dialéctico. Es sólo desde la práctica desde donde puede hacerse la reflexión, y es en esta misma donde se demuestra su concreción o su terrenalidad.

1.3. La *investigación de la totalidad concreta*

A diferencia de la exposición, el trabajo de investigación, que comprende el proceso de recopilación, sistematización y análisis de cada uno de los temas y conceptos trabajados, así como la propuesta de su articulación en un sistema más amplio, inició de muchas maneras y desde puntos distintos: cada vez que la falta de consistencia interna de los sistemas o de las exposiciones de los diferentes autores, o

---

[1] Un resumen de cada uno de los autores puede verse en Xirau (1964), uno más sencillo en Gutiérrez Sáenz (1997). Un acercamiento preciso sobre este tema se encuentra en el texto de Mauro Martins Amatuzzi (1989): *O Resgate da Fala Auténtica. Filosofia da Psicoterapia e de la Educação*. Amatuzzi rastrea lo que denomina "el habla auténtica" en dos de los existencialistas más significativos: Merleau Ponty "A fala original e as expressões segundas", y Buber "O diálogo genuíno e o palavreado"; en el impulsor de la educación dialógica latinoamericana, Paulo Freire: "Dizer sua palavra"; y en Carl Rogers, "A autenticidade".

Desarrollo por lo demás este tema en el apartado correspondiente a la Fenomenología. Baste por ahora decir que está perdido y confundido en la teoría de la Terapia Gestalt.

bien la confrontación de los conceptos con la práctica terapéutica, hacía surgir preguntas de investigación.

El método de trabajo de la totalidad concreta plantea que no es posible abarcar todos los hechos, –en este caso las propuestas de todos los autores–. En la construcción dialéctica de la totalidad, no es la acumulación de información ni la suma de los hechos lo que proporciona la posibilidad o la calidad de la síntesis, sino la comprensión del lugar que cada concepto o hecho ocupa en el sistema, así como la determinación de sus relaciones fundamentales con el resto de los elementos.

De esta manera, el hecho se explica no sólo por su significado a priori e inherente; sino fundamentalmente por el lugar que ocupa y el papel que desempeña en la totalidad. Es este método el que nos permite avanzar hacia el conocimiento de totalidades o realidades complejas, ya que la adición y comprensión de cada nuevo hecho va complejizando y enriqueciendo la comprensión de la totalidad. Y lo que hace que –como señalaba Kosik–, el orden de la exposición no corresponda al orden de la investigación ni al del desarrollo histórico de la cosa, sino al que permite la explicación de la totalidad a partir de sus concatenaciones más simples y fundamentales.

En el caso que nos ocupa, la relevancia del análisis e integración de cada elemento o de cada concepto está dado no sólo por su propio significado, sino principalmente por el lugar que ocupa en, o por el aporte que introduce a, la articulación del sistema de la Terapia Gestalt, y por las relaciones que guarda con el resto de los elementos.

Esta noción ha posibilitado un método de trabajo donde no se trata sencillamente de enumerar conceptos o elementos, y en el que no todos los planteamientos ni todos los autores pueden tener la misma relevancia; sino donde lo fundamental es la búsqueda de las relaciones existentes entre los diferentes constructos, y su articulación en un sistema que permita aprehenderlos y comprenderlos de una manera lógica y estructurada, de modo de hacer posible, en lo teórico y en lo interno, su explicación coherente, y en lo práctica, su utilización sencilla y accesible para el ejercicio terapéutico.

En su parte práctica, este método de investigación implicó los siguientes pasos o actividades: (entiéndase que los pasos no son mecánicos y que el proceso es un constante ir y venir, en confrontación permanente, entre cada una de las etapas o actividades).

1. Lectura de los principales autores disponibles en la Terapia Gestalt, tanto desde el proceso de formación como en la práctica terapéutica

2. Formulación inicial de preguntas de investigación. (Surgidas desde la revisión de la práctica y en la confrontación de las inconsistencias entre los diferentes autores).

3. Selección de los temas más relevantes, señalando para cada uno los aspectos y las discusiones más importantes.

4. Elaboración de un guión inicial, lo más preciso y detallado posible, con los aspectos a considerar en cada tema y el orden aparente en que debieran articularse.

5. Sistematización de la información disponible. Elaboración de más de 900 fichas bibliográficas, disponibles tanto en un solo archivo electrónico (para facilitar el uso del buscador electrónico) como cortadas y pegadas manualmente, cada una en su tarjeta. Estas fichas fueron clasificadas en el mismo viaje, de acuerdo al guión (tema e inciso) señalado en el punto anterior.

6. Revisión del material clasificado. Lectura de las fichas incluidas en cada inciso, verificando la consistencia interna de la información y re-clasificando en su caso.

7. Extracción de las ideas e hilos conductores más relevantes para cada inciso,

8. Elaboración de un "esqueleto", del guión o estructura de la exposición. Estructuración del material y acomodo de las fichas de acuerdo al guión y revisión de la consistencia lógica de la exposición.

9. Inicio de la penosa tarea de la redacción. La redacción de cada apartado implicó no sólo la revisión de los hilos conductores, las fichas y el material, sino la revisión de los apartados previos revisando la articulación del material y el grado de desarrollo de la exposición en cada uno de los apartados. Preguntas como: ¿en dónde debe ir esto? O ¿qué tanto conviene extenderse en esto aquí? estuvieron presentes a lo largo de todo el proceso de redacción.

10. La redacción final implicó un nuevo proceso de lectura y revisión de la coherencia lógica y la concatenación interna de la exposición.

No sobra insistir en que esto no fue un proceso lineal, sino que ha sido el mismo ir y venir del proceso de investigación el que ha ido marcando la necesidad y el ritmo de las actividades. Para poner un ejemplo, el esclarecimiento y construcción de uno sólo de los conceptos centrales: el del *self*, o sí mismo, requirió no sólo la sistematización precisa de la utilización del término por los diferentes teóricos de la Gestalt, y la confrontación de sus diferencias, sino de más de un año de observación cuidadosa de todos los ejercicios de supervisión a los que tuve acceso, así como de mi propia práctica terapéutica, con una sola pregunta: "y mientras todo esto sucede, ¿dónde está el sí mismo?" La construcción del concepto del *Yo*, o de las diferentes acepciones del concepto del *ahora*, por mencionar otros ejemplos, requirieron también procesos pacientes en los que se fue avanzando por medio de aproximaciones sucesivas, y que se han venido precisando y ampliando en la redacción misma del texto.

1.4. Algunas prevenciones

a. Sobre la datación de los textos: En esta obra, el año de referencia de la cita corresponde en cada caso al de la aparición del texto o artículo en el idioma original, y no al de la edición castellana que se utiliza. Esto es necesario porque resulta mucho más importante reconstruir el orden del pensamiento y el contexto del autor que anotar el año de la *enésima* edición o reimpresión castellana, en este caso no tan relevante. En el caso de *El Enfoque Guestáltico*, sin embargo, se cita como año de referencia 1955-56, el período en que con seguridad pudo ser escrito, porque hacerlo en 1973 o 1976 rompe la secuencia del pensamiento de F. Perls. (Véase el anexo 1).

b. Sobre la manera de tratar a Perls. En realidad no me interesa apenas su biografía. Lo que pretendo es tratarlo como quizá el mismo se vio pocas veces, cuando sentía la necesidad de explicar su sistema y "dejaba de farsantearse", es decir, como un pensador serio, que desarrolló las bases de un método terapéutico y un sistema de pensamiento, aun cuando éste no haya sido nunca escrito y sistematizado adecuadamente. Doy el mismo trato a todos los autores.

c. Y finalmente sobre el estilo del texto. No es mi intención crear un nuevo sistema original, sino *discutir* la relación y la posibilidad de articulación de los constructos y conceptos que ya han sido utilizados por otros autores, lo que lleva a capítulos con un desarrollo desigual entre sí. A menudo es necesario *ir y venir* entre las diferentes partes del texto. O también sucede que algunos de los constructos se desarrollan primeramente en el ámbito de su articulación y su relación con otros, –por tanto en un nivel mínimo de su desarrollo– y en algún apartado posterior se elabora y se discute más ampliamente su propia construcción.

Vamos adelante.

CAPÍTULO 2

De la epistemología
de la Terapia Gestalt

2.1. El *ahora* y la perspectiva dialéctica del tiempo

En el principio no era el verbo.
En el principio es el ahora...

Nada existe excepto el *ahora*. El pasado ya no es y el futuro no ha llegado todavía. Lo único que tengo en realidad es el momento presente, del que puedo
darme cuenta.

Tanto el pasado como el futuro no existen más que en mi mente, en mi fantasía.
Pero no son reales. Tienen algún grado de existencia en cuanto que son re-traídos
al momento presente. Toman su vida del presente.

Esta referencia inmediata al presente, a lo que está sucediendo *ahora*, define a la
terapia gestáltica como fenomenológica: el *ahora* es el fenómeno, lo que aparece,
lo obvio, lo inmediatamente dado. Es en el *ahora* en donde establecemos contacto.
Como dice Yontef:

> En una terapia fenomenológica, el "ahora" comienza con el darse cuenta actual del
> paciente. Lo que ocurre primero no es la infancia, sino lo que vivencia ahora. El dar-
> se cuenta ocurre ahora. Eventos previos pueden ser objeto del darse cuenta presente,
> pero el proceso de darse cuenta (por ejemplo recordar) es ahora. (Yontef 1995: 143).

Y es esta referencia al *ahora* lo que distingue a la Gestalt de otras terapias, en especial del psicoanálisis y de todas aquéllas orientadas por algún tipo de pensamiento
lineal. En terapia iniciamos por lo que sucede *ahora*, por las situaciones o conflictos más apremiantes del consultante en el momento presente, y vamos al pasado
sólo en cuanto la situación inconclusa se hace presente y se mantiene viva todavía
en el presente.

Y si esto es así en terapia, lo es también en la teoría, en la explicación. En oposición
a la explicación positiva o historicista, la exposición dialéctica parte también del
presente. El método dialéctico no es el método de la explicación causal o histórica,

sino que aborda el pasado sólo cuando y en cuanto sirve a la comprensión del presente.

En el principio no *era* el Verbo. En el principio *es el ahora*.

Es sólo desde el ahora desde donde puedo hacer contacto: con la naturaleza, conmigo mismo o con los demás. Es sólo permaneciendo en el ahora, en el momento presente, como puedo dejar el bla-bla-bla y el diálogo interno, las interferencias y evitaciones cotidianas, y permitir que mi organismo se autorregule y que la necesidad más importante emerja y avance hacia su resolución. Es sólo desde el ahora desde donde puedo hacer contacto con *mi Tú*, mi Tú actual en forma de consultante, de terapeuta o de compañero(a) y permitir el encuentro existencial que me sana, que me da sentido y hace posible mi crecimiento. Y desde donde puedo vislumbrar el *Tú eterno (Buber)*. Es desde el ahora desde donde puedo asumir mi entidad (*ente-idad*), mi condición de ser *en el mundo*, y desde donde puedo aceptarme plenamente como ser limitado y condicionado, personal y socialmente, y vivir el encuentro y la solidaridad plena. Desde donde puedo preguntarme por el *Ser*. Es ahí donde puedo permitir que la consciencia intensa del momento presente me permita acceder a la *presencia* del Ser, que vive en mi interior.

2.2. El punto de vista existencial, el dialógico, el sistémico o de campo y la perspectiva del abordaje de la Terapia Gestalt

Y si esto es así en cuanto al tiempo y por tanto al orden de la exposición, queda entonces preguntarnos por la perspectiva y la posición en el campo desde la que lo abordamos.

Porque si asumimos con seriedad que la Terapia Gestalt, y por tanto su teoría, es al mismo tiempo y profundamente *existencial*, *dialógica* y una *teoría de campo*, tenemos entonces un problema en la manera de abordarla, porque cualquier punto de vista que se elija deberá: a) tener en cuenta y dar cuenta de los tres aspectos mencionados y b) ser consecuente con la perspectiva de su abordaje: es decir, deberá abordar el conjunto de la Terapia Gestalt y explicar cada uno de sus elementos y conceptos desde la misma perspectiva o el mismo punto de vista (aunque desde aquí incluya a los dos restantes) porque lo contrario nos lleva a una mescolanza ecléctica en la que no ensambla ni está clara la articulación entre los distintos elementos.

Sería complejo abordar aquí los pros y los contras de cada uno de estos puntos de vista. En mi opinión sería válido elegir cualquiera de los tres, siempre y cuando se cumpla con los dos criterios anteriores.

Pero lo que es necesario plantear es que, si bien insiste en que el individuo es siempre parte y una función del campo, Perls no desarrolla su explicación desde una visión sistémica (lo que lo acercaría a la Teoría de Sistemas o a la Psicología Social) sino que:

a. entiende al individuo y a su ambiente como opuestos dialécticos (lo que implica que no aborda el campo desde los subsistemas ni necesariamente desde la correlación de fuerzas realmente existente en el campo) (Perls 1955-56: 31) y

b. desarrolla su explicación desde esta perspectiva. Los diferentes mecanismos neuróticos, por ejemplo, son en esencia desbalances entre el peso que debieran tener el individuo y la sociedad. (Perls 1955-56: 37-49).

Gran parte de las nociones centrales de la Terapia Gestalt, tanto el sentido de responsabilidad: lo que soy yo mismo (y lo que hago) y lo que no soy yo mismo, como la concepción de la salud y de la neurosis (autoapoyo o dependencia del apoyo ambiental), y la mayoría de los constructos centrales: no sólo la autorregulación del organismo sino la introyección, la proyección, la retroflexión y los demás mecanismos neuróticos, si bien describen siempre lo que sucede en la interacción con el ambiente, en la frontera de contacto, *están planteados y definidos desde el punto de vista existencial: del existente, o el propio individuo.* Son, en términos de Perls, "confusiones de lo que es él mismo y lo que no es él mismo". (Perls 1955-56: 37-49). Y algo parecido sucede con las polaridades y con los principales grupos de técnicas.

Ahora, si bien es cierto que estos desarrollos se dan en el contexto de la relación terapéutica, es notable en los textos iniciales de la Gestalt la falta de desarrollo sobre las implicaciones del encuentro existencial y de la relación dialogal, tema en el que los trabajos de Zinker y especialmente de Yontef han contribuido significativamente (véase especialmente el capítulo 7 del texto de Yontef (1995: 189-221) sobre el Método Dialogal y las *Características de la Relación Dialogal*). También es notable hasta ahora la falta de desarrollo teórico sobre la relación entre el proceso de terapia individual con lo que sucede *en el campo principal* del consultante, sobre la manera cómo revisamos en sesión la modificación del campo de nuestro consultante, y la manera como el proceso está incidiendo en él.

Sin pasar por alto, entonces, la necesidad de énfasis en los aspectos dialógicos y relacionales, por un lado, y en la totalidad o la teoría del campo, por el otro, pretender basar la teoría de la Terapia Gestalt desde otra de las perspectivas o puntos de vista mencionados, o en algo como la teoría del Self de Goodman, implicaría reformular buena parte de la misma Terapia Gestalt, *hacer otra cosa y desarrollar otro cuerpo teórico completo*, si queremos que nuestro marco y nuestro desarrollo teórico sean consistentes. Y hacerlo de manera sistemática y coherente.

Y si esto es así, –y lo desarrollaré más adelante–, estamos entonces de vuelta en la noción del ahora y en *el punto de vista existencial*, el del existente como única vía de acceso a su propia experiencia, y por tanto en la noción *del organismo*, (siempre como parte de algún campo) y en su autorregulación, como puntos de inicio, por lo que pareciera que tenemos un inicio con dos cabezas. No es así en realidad: la autorregulación del organismo sucede en *el ahora*, y si no se interrumpe el proceso en el ahora, el organismo tiende a autorregularse. Se trata más bien del mismo proceso.

De hecho, en los trabajos de Perls observamos una cierta evolución también en el comienzo de la explicación: mientras los libros y trabajos de las primeras etapas inician con la autorregulación del organismo; –que constituye también su objetivo principal– a menudo las charlas de la última etapa inician desde la noción del *ahora*. Más allá de una cuestión de énfasis, sin embargo, en realidad los dos constructos se encuentran estrechamente vinculados desde el inicio hasta el final de su obra.

Sin dejar de lado entonces que la autorregulación sucede *siempre en el ahora*, y que cualquier interrupción del proceso en éste es también una interrupción de aquélla, inicio pues desde la autorregulación, que además de constituir una base más universal, posibilita –en razón de lo antes planteado–, un mejor desenvolvimiento de la explicación y de las relaciones entre los diferentes conceptos y elementos de la Terapia Gestalt, convirtiéndose así en el comienzo necesario de la explicación, en su directriz heurística y metodológica.

PARTE II

Teoría. Los conceptos centrales

CAPÍTULO 3

La autorregulación del organismo

3.1. Hilo conductor o concepto central

El proceso de autorregulación del organismo constituye uno de los hilos conductores de la Terapia Gestalt. Al comienzo de *Yo, Hambre y Agresión*, su primera obra, señala Perls:

> El objetivo de este libro consiste en examinar algunas reacciones psicológicas y psicopatológicas del organismo humano dentro de su medio. El concepto central es la teoría de que el organismo lucha por mantener un equilibrio que continuamente se ve perturbado por sus necesidades y que se recupera por medio de su satisfacción o eliminación. Las dificultades que surgen entre el individuo y la sociedad tendrán como resultado la producción de delincuencia y neurosis. La neurosis se caracteriza por muchas formas de evasión, especialmente la evasión de contacto. (Perls 1942: 11).

Ya desde aquí están planteadas algunas tesis centrales de las primeras etapas del pensamiento de Perls, que habrán de desarrollarse más adelante. Baste con incluir por ahora algunas de las nociones más básicas:

3.2. El organismo, el ambiente y el campo

Un organismo es un ser viviente que tiene medios de orientación y que tiene una organización interna. El ser humano constituye hasta ahora el organismo conocido de mayor complejidad.

El organismo nunca está aislado sino que es siempre y en todo momento parte de algún campo, y tiene un límite, al que denominamos límite de contacto, o frontera de contacto (no límite del Ego, ni límite del Yo)[2]. Este límite separa lo que es el organismo de lo que no lo es, de *lo otro*, que constituye su ambiente.

---

[2] A diferencia de "límite de contacto", la noción de "límite del Ego" o "límite del Yo" no refiere al límite *real* entre el individuo y el entorno, sino a lo que éste acepta que está dentro de su límite; lo que naturalmente se ve distorsionado por las falsas identificaciones, la introyección y la proyección. Desarrollo este tema más adelante.

Tenemos entonces cuatro conceptos: el organismo, el ambiente en el que está inmerso y el límite de contacto que los separa. Juntos, el organismo y el ambiente constituyen el campo.

El organismo no es un conjunto que pueda dividirse en partes, ni es explicable mediante explicaciones causales o lineales, sino que es una totalidad en la que convergen simultáneamente una gran cantidad de procesos. Lo que mejor nos ayuda a comprenderlo es la concepción taoísta de la organicidad, el principio de Li, que implica además que la totalidad está comprendida en cada uno de los procesos. En el plano práctico, considérense los ejemplos no sólo de la medicina holística sino de la iridiología o la reflexología, que nos permiten comprender e incidir en el comportamiento del conjunto del organismo humano desde el iris del ojo, la palma de la mano o la planta del pie. (Véase Watts 1976).[3]

El organismo está en contacto permanente y es inter-dependiente de su ambiente: tiene muchas necesidades y tiene que mantener su equilibrio, de modo que para sobrevivir toma continuamente de aquél los satisfactores que necesita. A cada momento, algún suceso tiende a perturbar su equilibrio y el organismo tiende a restablecerlo.

En este momento estamos respirando, lo que nos permite mantener el nivel de oxígeno necesario para nuestro funcionamiento, sin el cual moriríamos. Al mismo tiempo, nuestro nivel de azúcar en la sangre se está regulando, de modo que nuestro organismo dispone de la energía necesaria para sus actividades. Nuestro nivel de agua se mantiene dentro de ciertos límites. Y lo mismo sucede con la temperatura, y con toda una serie de minerales, hormonas y enzimas que se mantienen en determinado nivel para que el organismo funcione bien.

Muchos de estos procesos son inconscientes, en otros sin embargo el organismo colabora conscientemente en el proceso. Piénsese por ejemplo en el nivel del agua. El éxito del organismo en este esfuerzo por mantener su equilibrio constituye la salud. En palabras de Perls:

> *El proceso de autorregulación, u homeostático, es el proceso mediante el cual el organismo mantiene su equilibrio y por lo tanto su salud, en condiciones que varían, el proceso mediante el cual el organismo satisface sus necesidades... el proceso ho-*

---

[3] Lo que no quita también que alguno de los procesos juegue un papel determinante en muchas situaciones: considérese el bacilo de Koch en la generación de la tuberculosis o la insulina en el control de los niveles de azúcar. Para una aproximación sencilla al papel de la ciencia positiva y su inclusión dentro de un modelo orgánico más amplio recomendamos la *Introducción al Pensamiento Complejo* de Edgar Morin. (2001).

meostásico transcurre todo el tiempo... Cuando el proceso homeostásico falla en alguna medida... el organismo está enfermo. Cuando el proceso homeostásico falla, el organismo muere. (Perls 1955-56: 20-21).

3.3. Los procesos psicológicos

Al igual que necesidades fisiológicas, el organismo también tiene necesidades emocionales o psicológicas. Los procesos psicológicos no pueden separarse de los fisiológicos, cada uno contiene elementos del otro. En nuestro organismo están presentes simultáneamente una gran cantidad de procesos, y el proceso de autorregulación sucede siempre, aunque pueden mostrarse o ser evidentes en mayor o en menor grado, cada uno de estos procesos incluye tanto un componente "mental" como un componente "físico". Contrastando con las interrupciones llamadas fisiológicas, las interrupciones sicológicas o neuróticas ocurren a un nivel consciente, o en el que pueden llegar a serlo. (Kepner 1987: 36-37. Perls 1955-56: 21.)

En los procesos psicológicos, la emoción es la fuerza básica que energetiza nuestra acción. Una emoción es un estado afectivo, una reacción subjetiva al ambiente, que viene acompañada de cambios orgánicos (fisiológicos y endocrinos). Las emociones surgen como una adaptación orgánica al entorno. (Plasencia 2006: 30).

Las emociones están presentes en toda situación vital, y son el lenguaje del organismo, el medio natural del organismo para relacionarse con su entorno; son los impulsores más importantes de nuestro comportamiento. *De acuerdo a la situación* ante la cual nos encontramos, la excitación se transforma en emociones específicas y a su vez las emociones son transformadas en acciones sensoriales y motoras.

Cada emoción tiene un componente fisiológico y otro psicológico, un componente físico y otro mental. Todo el excitamiento necesario para crear y para hacer frente a la situación *proviene del organismo*, y no hay excitamiento innecesario. Una emoción como la rabia o la tristeza no se produce sin que entren en juego sus componentes tanto fisiológicos como psicológicos. La palabra emoción viene del latín e (hacia fuera) y *movere* (mover): significa "mover hacia fuera", el proceso de autorregulación del organismo implica el contacto con la *emoción* y su transformación en acción, en autoexpresión e integración. (Perls 1955-56: 36-38. Véase también: 88, 110; Perls 1942: 42, Perls 1968b: 75-76; Kepner 1987: 13; Tolle 1999: 46)

3.4. La formación figura / fondo y la autorregulación

Este proceso de autorregulación es posible mediante el principio de la formación figura/fondo, o de la formación y destrucción de las gestalts, que posibilita que la necesidad más importante para el organismo emerja y atraiga su atención –se convierta en figura–, mientras el resto permanece en el fondo.

> *Al formular este principio en términos de la Psicología de la Guestalt podemos decir que la necesidad dominante del organismo, en cualquier momento, se convierte en la figura en primer plano y las demás retroceden, al menos temporalmente, al fondo… Para que el individuo satisfaga sus necesidades, para crear o completar la gestalt y pasar a otro asunto, tiene que ser capaz de sentir lo que necesita y debe saber cómo manejarse a sí mismo y a su ambiente. (Perls 1955-56: 23. Polster 1973: 44).*

> *El organismo sano acomete con todas sus potencialidades hacia la gratificación de sus necesidades más destacadas. Apenas una tarea se completa y concluye, ésta retrocede al fondo y permite que emerja hasta el primer plano la que ahora se ha vuelto más importante. Éste es el principio de la autorregulación organísmica. (Perls 1948: 56) (Véase también Perls 1942: 50-51).*

Es decir que, si no se le interfiere, la necesidad más apremiante emerge como figura (principio de formación figura/fondo, o de formación de las gestalts) y el organismo avanza hacia su satisfacción y asimilación. Este hecho: que la necesidad más apremiante emerja como figura es, en realidad, el principio de organización que le permite al organismo orientarse en el todo, si no fuera por este principio nos perderíamos en el caos que es la realidad. Sin esta capacidad para formar gestalts, el organismo se perdería y no podría sobrevivir. Es éste el principio de organización, y es el principio de la sobrevivencia misma del organismo. (Perls 1957: 10; Perls 1948: 55).

3.5. La interferencia (externa) de la autorregulación: la neurosis

Ahora bien, este proceso de autorregulación es con frecuencia interferido. Para Perls, el conflicto más importante se da entre las necesidades biológicas del individuo y las necesidades sociales. Lo que es bueno desde el punto de vista social puede no ser bueno para el organismo: la regulación externa se opone a la autorregulación. En lugar de fiarnos de la sabiduría del organismo, está la patología del control del ambiente, de las normas sociales, los *deberías* o las formas ideales como deberíamos ser, que nos exigen estar a la altura de un concepto o fantasía creado por nosotros mismos o por los demás. (Véase Perls 1942: 78; 1966a: 14-15; 1966b: 28; 1968b: 28).

Esta interferencia genera que la situación o la necesidad no se resuelva y que permanezca como situación inconclusa. La acumulación de estas situaciones inconclusas da origen a la neurosis. Aunque lo desarrollo más adelante, es importante destacar que Perls es enfático en que esta interferencia es *externa*, en oposición al proceso de regulación *interna* del propio organismo. Más aún, plantea con claridad que esta interferencia es realizada "por algo que no es el sí mismo" (non-self). Cito:

> Yo creo que nuestro organismo es tan complicado que cada vez que algo le sucede, y es experienciado por él, nosotros somos sacados fuera de equilibrio y en cada momento tenemos que recuperar este balance. Los científicos le llaman a este estado "homeostasis", el eterno intento de recuperar nuestro equilibrio.
>
> Ahora, en esta interrupción del equilibrio, si algo pasa mientras, a través de algo que no es el sí mismo ("non-self") tenemos una situación inconclusa. ¿Qué quiere decir esto?... En donde sea que encontremos una situación inconclusa, quiere decir o significa que todavía estamos cargando con nosotros algún asunto del pasado que tendríamos que terminar. (Perls 1957: 4).

3.6. La interrupción

Si la emoción es, por otra parte, la fuerza básica que energetiza nuestra acción, el medio a través del cual el organismo se moviliza y responde a la situación en transcurso, y si el proceso de autorregulación del organismo implica la transformación de esa emoción en acción, en autoexpresión e integración, la interferencia externa de este proceso es también la interferencia del proceso de contacto con, o de expresión, de esta emoción, de modo que en el plano de los procesos psicológicos, *una situación inconclusa es básicamente una emoción que no se ha expresado*. Que se generó en algún momento como una respuesta del organismo a la situación entonces presente, pero cuya expresión se interrumpió y de la que es muy probable que ahora ni siquiera seamos conscientes. (Di Grazia 2006).

3.7. Una síntesis inicial

Bueno, éste es el proceso de autorregulación. Lo que hemos hecho hasta ahora ha sido básicamente organizar una síntesis de planteamientos dispersos a lo largo de una serie de trabajos. De cualquier manera hemos recuperado o hecho ya algunos énfasis que no están muy presentes, o que a menudo suelen perderse, y que quizá convenga destacar:

a. Que aunque se muestren o sea evidente en mayor o en menor grado, tanto los procesos fisiológicos como los psicológicos incluyen siempre un componente mental y uno físico, que no es posible separar.

b. Que en los procesos psicológicos *la emoción* es la fuerza básica que energetiza nuestra acción.

c. Que esta emoción proviene del organismo, y que es el medio principal con que éste cuenta para contactar y responder a la situación en la que se encuentra.

d. Que la emoción incluye un componente fisiológico (físico) y uno psicológico.

e. Que el proceso de autorregulación implica el contacto con la emoción, su expresión e integración.

f. Que la formación figura/fondo, o el proceso de la formación y destrucción de las gestalts, constituye el principio de organización que le permite al organismo orientarse en su medio y sobrevivir.

g. Hemos establecido la relación entre esta formación figura/fondo con el proceso de autorregulación del organismo.

h. Hemos planteado desde ahora que la interferencia al proceso de autorregulación es una interferencia *externa*, que no proviene del sí mismo.

i. Y que en el plano de los procesos psicológicos esta interferencia interrumpe el contacto o la expresión de la emoción en transcurso, de modo que una situación inconclusa es básicamente una emoción que no se ha expresado y de la que a menudo no se es consciente.

Ya hay hasta aquí material para la discusión. No es la intención sin embargo profundizar ahora, volveremos sobre estos planteamientos en el apartado respectivo. Pero antes de seguir es necesario detenernos en algunas nociones que constituyen puntos de conexión o de vínculo muy importantes con el resto de los elementos de la Terapia Gestalt:

3.8. La autorregulación *sucede en, y es la base del trabajo en el ahora*

La autorregulación del organismo sucede *en el ahora*. Mientras permanecemos en el ahora, el organismo tiende a autorregularse sin interrupción. En el momento en el que abandonamos el ahora para irnos al *como si*, al mundo de la fantasía, al pasado o al futuro, en el momento en que interrumpimos el contacto, interrumpimos también el proceso de autorregulación.

Desde el punto de vista terapéutico, la autorregulación del organismo *es de hecho la base que posibilita el trabajo en el ahora*. *La fe* en que, si no se le interfiere, la situación inconclusa más importante emergerá en terapia. Si estamos pensando en que "no debo", o se evita el contacto con la sensación, no pasa nada y la situación se va. Pero si se permite la emergencia, la situación más apremiante va a emerger. Y ésta es una noción central de la Terapia Gestalt.

Porque sin este proceso de autorregulación, el trabajo en el ahora sería algo así como un capricho. ¿Por qué trabajar en el ahora en lugar de revisar la infancia, que de acuerdo a X teoría es más importante? ¿No sería necesario más bien rastrear las causas, ir al origen, pensando en que es necesario resolver éstas para poder abordar lo actual? ¿Con base en qué elegiría trabajar con la situación actual que enfrenta mi consultante? En realidad no tendríamos otra base que el buen o mal tino del terapeuta.

Sin la confianza en el organismo y en el proceso de autorregulación, *en la formación figura/fondo*, en que la situación más importante va a emerger, perdemos el poder del método dialéctico, del trabajo en el ahora *como método*.

La autorregulación es en este sentido también directriz heurística, directriz metodológica, el hilo conductor del proceso. Porque entonces tenemos que poner atención a la autorregulación: a las formas como la evitamos, o la interferimos, y a los recursos para volver a ella y concluir el proceso de la situación interrumpida, el ciclo de la experiencia o de la autorregulación.

3.9. La autorregulación del organismo en la Psicología Humanista de Carl Rogers

Este proceso y esta fe en la autorregulación del organismo, por otra parte, no es patrimonio solamente de la Terapia Gestalt, sino común y distintivo de buena parte de la Psicología Humanística. Carl Rogers, quizá el más representativo de sus exponentes, no sólo construye sus planteamientos de manera muy similar a los de la Gestalt, sino que, a través de la noción de *tendencia actualizante*, enfatiza la *fe* en la sabiduría y la valoración del organismo y su tendencia hacia el crecimiento y la realización.

El constructo de *tendencia actualizante* es quizás el más importante en cuanto al concepto del hombre. Implica *una profunda fe* en el ser humano, en su capacidad de ser, de crear(se) y de recrear(se), a partir de una tendencia direccional –que le es esencial–, hacia el crecimiento, la totalidad y la realización de sus potencialidades. Dice Rogers:

> ... *se puede confiar en que las conductas de un organismo están dadas en la dirección de mantenerse, mejorarse y reproducirse. Esta es la naturaleza misma del proceso que llamamos vida (...) Cuando hablamos en un sentido básico de lo que*

"*motiva*" *la conducta de los organismos, esta tendencia direccional es lo fundamental. Esta tendencia opera siempre, en todos los organismos.* (Rogers 1980: 165-166).

La tendencia actualizante es la movilización básica de la conducta humana, la fuente de energía a partir de la cual el organismo humano se mueve. Esta función la realiza el organismo total y no alguna de sus partes. Es la tendencia actualizante la dirección natural hacia la realización y el mejoramiento y no sólo hacia el mantenimiento del organismo (Rogers 1980: 168).

Ahora bien, si el ser humano tiende por naturaleza al crecimiento, la armonía y la totalidad, ¿qué pasa entonces con los hombres y mujeres de hoy? ¿Cómo entender la conducta humana que con frecuencia se dirige al individualismo y la autodestrucción? Para Rogers, el problema reside en que las personas están

en guerra consigo mismas, alienadas de su propio organismo. Aunque el organismo puede ser motivado en una forma constructiva, es cierto que a menudo los aspectos conscientes aparentan lo contrario... ¿Cómo explicamos lo que a menudo parecen ser dos sistemas motivacionales en conflicto dentro del individuo? (Rogers 1980: 168).

El individuo se forma un concepto de sí mismo de acuerdo a lo que le fue requerido para ser querido y aceptado por sus padres y/o personas significativas. Así, aprende a negarse a sí mismo, a negar el flujo organísmico que de manera natural lo llevaría al crecimiento y al desarrollo de sus potencialidades. En palabras de Rogers:

...El amor de los padres o de las personas significativas es condicional. Se da sólo con la condición de que la niña (o el niño) introyecte ciertos constructos y valores como suyos. De otra manera ella no sería percibida como valiosa o digna de amor.

...Si las condiciones de valor impuestas a un niño son muchas y significativas, entonces la disociación puede ser muy grande, y las consecuencias psicológicas pueden ser muy graves. (Rogers 1980: 171).

La brecha interna (disociación) que se abre entre la tendencia actualizante (movimiento natural organísmico hacia el crecimiento) y nuestra vida y decisiones conscientes es la base de toda patología psicológica y de toda patología social (1980: 172). Obsérvese la gran similitud entre este desarrollo y las bases del pensamiento de Perls de las primeras etapas. (Quizá la analogía más clara se encuentra en Perls 1955-56: 37-45 y 51-52.)

El constructo de valoración organísmica, por otro lado, parte del reconocimiento de que el organismo humano es un sistema dinámico que contiene en sí mismo la capacidad de auto-organizarse y trascender. Así, la persona encuentra en su organismo un medio digno de confianza para llegar a la conducta más satisfactoria en cada situación existencial. La valoración organísmica es el proceso mediante el cual la persona, confiando en su sabiduría organísmica, simboliza sus experiencias adecuadamente y las valora de acuerdo a la satisfacción que éstas le proporcionan. (Rogers 1978b: 44)

El proceso de valoración organísmica se basa en lo que Rogers llama *centro de valoración*, que es la fuente a partir de la cual una persona aplica los criterios para la valoración de sus experiencias. El centro de valoración es interno cuando la persona parte de sí misma para evaluar su propia experiencia, pero es externo cuando la valoración se realiza desde escalas de valores de otras personas.

Mancillas resume lo que Rogers considera el proceso de valoración organísmica en una persona madura:

> ...*ocurre cuando una persona percibe y confía en sus experiencias organísmicas, funciona según un sistema de valores propio, reemplazando el formado, en buena parte, a través de introyecciones, por un proceso continuo de evaluación organísmico y fluido.* (1998: 35; véase también Rogers 1986: 306-307)

Así, la persona madura "se deja invadir por la vivencia inmediata, para sentir y esclarecer todos sus complejos significados" y... "es capaz de integrar elementos y estímulos externos manteniendo el centro de evaluación en sí mismo" (Rogers 1986: 306). O en palabras de Eugene Gendlin: "permite que la experiencia fluya sin negar sentimientos y vivencias por no concordar con un sistema de valores previamente establecido". (Gendlin 1971: 138).

En síntesis, esta división entre la regulación del organismo y la regulación externa es base no sólo del sistema de Perls, sino también del de Rogers y el Enfoque Centrado en la Persona. Rogers es enfático también en que son las introyecciones (*distintas* de la sabiduría del organismo y del proceso de valoración de éste) las que interfieren con este proceso.

Y como en el caso de Perls, es ésta también una noción que *es eje* y que está presente a lo largo de todo el desarrollo de su sistema. Concluyo con una cita muy anterior, de 1957, en la que describe "la visión que un terapeuta tiene de la vida plena"

> *Simpatizo poco con el concepto de que el hombre es básicamente irracional y que sus impulsos, si no son controlados, conducirán a la destrucción de otros y de sí mismo. La conducta del hombre es exquisitamente racional, se mueve con ordenada y perspicaz complejidad hacia las metas que su organismo se esfuerza por alcanzar. La tragedia para la mayoría de nosotros es que nuestras defensas nos impiden darnos cuenta de esta racionalidad, de suerte que de manera consciente nos movemos*

en una dirección mientras que organísmicamente nos estamos moviendo en otra. Pero en una persona que está viviendo el proceso de la vida plena habría un número cada vez menor de dichas barreras, y crecientemente sería un participante en la racionalidad de su organismo. El único control de impulsos que existiría o que demostraría ser necesario es el interno y natural balance de una necesidad contra otra... Participaría en las ampliamente complejas actividades autorreguladoras de su organismo –los controles termostáticos tanto psicológicos como fisiológicos– en forma tal que le permita vivir en creciente armonía con él mismo y con los demás. (Citado por él mismo en Rogers 1978b: 32).

CAPÍTULO 4

El *ahora*... Significados y alcances

¿Qué es lo que encierra la palabra ahora?
¿Por qué toma años y años entender el significado de una pala-
bra como ahora?"

(Perls 1968b: 53).

*E*l *ahora* es no sólo una de las nociones centrales y la base del método de la Terapia Gestalt, sino también el constructo más representativo y a través del cual
ésta es conocida. Castanedo, por ejemplo, llama a su libro: *Terapia Gestalt. Enfoque
Centrado en el Aquí y el Ahora.* (Castanedo 1983).

Pero paradójicamente, y quizá debido a su sencillez u obviedad, el concepto del
ahora no es un concepto fácil de comprender. No solamente incluye un gran número de aspectos o de acepciones que deben ser asimilados, sino que culturalmen-
te proviene de otro paradigma, –propio del pensamiento dialéctico y de las tradiciones espirituales orientales–, e implica una epistemología distinta al positivismo
dominante en nuestra cultura. Es además una noción que escapa al mundo del
pensamiento y que incluye sentimiento y sensación, que necesita ser *vivenciada y*
que implica darse cuenta de sí mismo y de la realidad.

La comprensión del ahora implica lo que Husserl llama *epojé* filosófica: ser capaz
de poner entre paréntesis las propias ideas y conceptos para acercarse a la realidad
sin prejuicios, y poder vivenciarla *como es,* lo que no es sencillo para un occidental. Perls llega de hecho a preguntarse: "¿Qué es lo que encierra la palabra ahora?
¿Por qué toma años y años entender el significado de una palabra como *ahora*?"
(Perls 1968b: 53).

Sobre el alcance del *ahora* él mismo parece dar algunas pistas: "Ahora incluye todo
lo que existe. El pasado ya no es, el futuro aún no es. Ahora incluye el balance de
estar aquí, el vivenciar, compromiso, fenómenos, awareness (darse cuenta)." (Perls
1968b: 56). O más adelante: "Autenticidad, madurez, responsabilidad de los propios actos y vivir en el ahora, con la creatividad del ahora a nuestra disposición,
es todo la misma cosa… Únicamente en el ahora estamos en contacto con lo que
ocurre." (Perls 1968b: 64).

De manera similar, C. Naranjo hace una descripción un poco más amplia de las acepciones o de los aspectos relacionados con el *ahora*. Cito:

> *Podemos descubrir, por ejemplo, que el asunto de la actualidad (el ahora) no sólo*
> *se relaciona (1) con la valoración del tiempo presente y (2) el lugar presente, sino*
> *con la valoración (3) de la realidad concreta, (4) de sentir y experienciar en lugar de*
> *pensar e imaginar, (5) con el percatarse (darse cuenta) y (6) la auto-determinación.*
> (Naranjo 1990: 28. Los números son nuestros y sólo para favorecer el punteado
> de los aspectos).

Naranjo señala también que, específicamente, la disposición a vivir en el momento es inseparable del asunto de la apertura a la experiencia (relacionado con el punto 4, sentir y experienciar), de la confianza en el funcionamiento de la realidad y la discriminación entre la realidad y las fantasías (con el 3), de la rendición del control y la aceptación de la frustración potencial (nuevamente con el 4), y de una visión hedonista. Todos estos asuntos son facetas de una experiencia única de estar en el mundo (Naranjo 1990: 28). Una descripción amplia del término –que es una buena introducción también sobre su utilización terapéutica–, puede encontrarse en el Capítulo 3 del mismo texto: "El Centrarse en el Presente como Técnica, Prescripción e Ideal" (Naranjo 1990: 27-52).

Además de recuperar el énfasis en que "únicamente en el ahora estamos en contacto con lo que ocurre", es decir que tanto el proceso de autorregulación del organismo como la formación figura/fondo (y el ciclo de autorregulación, por tanto) *suceden en el ahora,* y que el abandono de éste es al mismo tiempo la interrupción del proceso y el origen de la situación inconclusa, en este apartado desarrollo algunos de los principales aspectos o alcances del término.

4.1. El presente

El *ahora* es el presente, el momento presente. Nada existe excepto el ahora, nada más que el momento presente. El pasado ya pasó, ya no está, y el futuro no ha llegado aún. Lo único que tenemos es el momento presente, del que podemos darnos cuenta.

Tanto el pasado como el futuro no existen más que en mi mente, en mi fantasía. Tienen algún grado de existencia en cuanto que son re-traídos al momento presente. Pero no son reales. Toman su vida del presente, por así decir. Como dice Laura Perls:

> *Todo lo que existe existe ahora mismo. El pasado existe ahora mismo en nues-*
> *tros recuerdos, en nuestra nostalgia, en los remordimientos, en el rencor, en las*

fantasías, en las leyendas y en la historia. El futuro existe ahora en nuestras espe-
ranzas, en nuestros planes y ensayos, en nuestra expectativa o en nuestro temor y
desesperación. (L. Perls 1974: 163).

Esta valoración del presente es, desde el principio, uno de los puntos principales,
si no el principal, de la ruptura de los Perls con el Psicoanálisis: "Hay otro punto
en el psicoanálisis clásico que no puede resistir el escrutinio del pensamiento dialéctico –el complejo "arqueológico" de Freud, su interés unilateral por el pasado."
(Perls 1942: 114)... "El centro de nuestro tiempo como acontecimientos humanos
conscientes en tiempo y espacio es el presente. *No hay otra realidad más que el*
presente. Nuestro deseo de conservar más del pasado o del futuro podría cubrir
por completo este sentido de realidad" (Perls 1942: 119). Y está presente hasta el
final: "El gran error del psicoanálisis consiste en considerar que el recuerdo es realidad... [ ] El psicoanálisis estimula el estado infantil, al considerar que el pasado
es responsable de la enfermedad. (Perls 1968b: 54-55).

Esta primera noción: la no-existencia, la no-realidad del pasado tiene en sí misma
muchas implicaciones. El pasado ya pasó, ya no es. Y sin embargo en nuestra vida
acarreamos mucho del pasado, acarreamos con nosotros todas las situaciones que
han quedado inconclusas o han sido interrumpidas.

En términos del ciclo de la experiencia o de la autorregulación, cuando una situación avanza, cuando nos damos cuenta de la sensación y de la figura, establecemos
contacto y la resolvemos, la situación se asimila, se cierra y pasa ya a ser parte de
nosotros. Cuando el proceso se interrumpe, en cambio, porque no nos permitimos
hacer contacto con la situación o con la emoción que en realidad está emergiendo,
o porque interrumpimos la expresión y el contacto necesarios, la situación permanece abierta y sigue activa, como una situación inconclusa o una gestalt incompleta. Estas situaciones inconclusas son las que son activas en terapia, la materia del
proceso terapéutico.

Una noción más complicada pero que es necesario plantear es que *el pasado, la*
situación inconclusa, está también en nuestro cuerpo, *tiene un referente corporal.*
Este referente está bloqueado o interferido, de manera que la situación inconclusa
no alcanza a emerger en la conciencia. El sentido de la terapia es en alguna medida
posibilitar la emergencia de estas situaciones, que pueden aflorar desde la permanencia en el ahora, o conectadas con otra situación con la que estamos trabajando.

Es necesario distinguir, entonces:

a.   El estar en el pasado, o irnos al pasado, a los recuerdos o a las fantasías, con lo
     que en realidad evitamos la vivencia del presente, del proceso en transcurso.

49

b. La situación o escena del pasado que emerge desde la permanencia en el ahora o la concentración corporal, –o bien conectada a otra situación con la que estamos trabajando, asociada a la emoción o a la sensación–, que en realidad corresponde al mensaje del organismo, a la situación inconclusa que está aflorando *ahora*, cuando permitimos o posibilitamos su emergencia.

4.2. El aquí

La vivencia del ahora implica también estar aquí, que mi atención se encuentre puesta en lo que sucede en el lugar **físico** en el que me encuentro. Y lo que define el aquí es lo que está dentro del campo en este momento, de lo que puedo darme cuenta, –en oposición a lo que está fuera del campo–. Esta noción se encuentra tan asociada a la del ahora que por lo general se utilizan juntas: *aquí y ahora*.

En un proceso de terapia, la mayor parte del aquí que compartimos con nuestro consultante se da en la sesión de terapia. Y de la misma manera es significativa en cuanto que implica mantenerse o evadirse del proceso. La manera como nuestro consultante deja de estar aquí es también la forma como evade la responsabilidad por su situación de vida y por la acción en su campo concreto. A medida que aprende a *estar aquí,* y a permanecer en el proceso, aprende también a confrontar a las personas con las que convive y a enfrentar y resolver sus situaciones de vida concretas. Aprende a responsabilizarse por la situación de su campo y a luchar por su transformación o humanización, a procurarse una mejor situación de vida.

Por otra parte, esta vivencia del *aquí* está también relacionada con el proceso de crecimiento del consultante. A medida que el proceso avanza y el consultante va cerrando sus situaciones inconclusas más significativas, los problemas debieran estar referidos con mayor frecuencia a lo que le está sucediendo en su campo de vida principal, y no a situaciones remotas o de las que ya es ajeno.

4.3. Lo real. Lo que aparece, el fenómeno

El ahora es lo real, en oposición a lo imaginado o a lo fantaseado. Es lo que aparece, la superficie, lo obvio, lo que está ahí, lo que tenemos enfrente. Es lo que desde Hegel en la Fenomenología se denomina "el fenómeno" que significa lo mismo que todos los términos anteriores, *la forma aparente que toman las cosas.*

Dado que no somos sólo receptores de la información que captan nuestros sentidos, sino que cada uno de nosotros jugamos siempre una parte activa en la percepción: esta distinción no puede nunca ser absoluta: además de la realidad, cada percepción de lo real incluye siempre una *actividad* del sujeto que percibe. El darse cuenta implica al mismo tiempo una parte *subjetiva*: el acto de darme cuenta, y una *objetiva*: el contenido de lo que me doy cuenta. Pero en cuanto al origen del conocimiento, esta posición ante la realidad define a la Gestalt como una posición *realista crítica*. La realidad existe, aunque nuestra percepción sea siempre subjetiva y siempre relativa.

Y no solamente existe, sino que representa el punto de partida de la terapia, que implica poner atención a lo obvio, a lo que está ahí, *al fenómeno,* a todas las maneras como el organismo se expresa a través del lenguaje verbal, no verbal o corporal. Todas ellas son *la expresión aparente de lo real*, de un sujeto que se está expresando, –independientemente de que éste tenga o no acceso consciente a ellas–, y son más importantes que el prejuicio o la interpretación que pudiera tener o hacer el terapeuta. (Perls 1955-56: 38-39).

Esta referencia inmediata al presente, a lo real, a lo que está sucediendo ahora, define a la terapia gestalt como fenomenológica: el ahora es *de inicio* el fenómeno, lo que aparece, lo obvio, lo inmediatamente dado. Es en el ahora, en lo real, en donde establecemos contacto y en donde permitimos que emerja toda la realidad esencial que no se ha expresado en superficie.

La Terapia Gestalt se guía por lo que existe ahora y no por lo que ha existido o lo que imaginamos que debe existir. Es un enfoque existencial fenomenológico y por lo tanto experiencial. (L. Perls 1974: 164).

4.4. Las sensaciones corporales están en el ahora

En el ahora están las sensaciones corporales, nuestras sensaciones corporales están sucediendo ahora. En palabras de Perls: "las propiocepciones, las sensaciones internas, las sensaciones musculares kinestésicas no tienen tiempo y únicamente pueden vivenciarse en el aquí y el ahora". (Perls 1955-56: 90)

A diferencia de lo que sucede cuando evadimos o negamos la experiencia, cuando la percepción se vuelve desagradable o incómoda y nuestra atención se mantiene en la fantasía, en el pasado o en el futuro, poner atención en lo que estamos sintiendo y percibiendo en nuestro cuerpo implica que nuestra conciencia se concentre en lo que está sucediendo, que nuestra conciencia se una con nuestra percepción y expresión, en lo que Polster llama la experiencia sináptica. (Polster 1970: 75)

Este tipo de experiencia es de hecho tan significativa que lleva al vacío fértil y a la emergencia profunda de la imagen asociada a la situación inconclusa, o bien a la conciencia viva del ahora y al estado energético intenso asociada a ella.

En síntesis, cualquier tipo de sensación corporal está en el ahora. Y a diferencia de las cosas que imaginamos o fantaseamos, que son una forma de *evitar la realidad* y la emoción o la experiencia, la atención y la conciencia de nuestras sensaciones nos lleva a escuchar el mensaje del organismo, a la emergencia y eventual conclusión de la gestalt, al crecimiento y a la vivencia plena del presente. Volveremos ampliamente sobre esta noción en la parte metodológica y técnica de este trabajo.

4.5. La mente escapa del ahora. La zona intermedia no es el ahora

Si las sensaciones corporales suceden en el momento presente, y la conciencia de ellas nos mantiene en el ahora y permite el proceso de la experiencia y el cierre de la gestalt, es la mente en cambio la que escapa del ahora e interfiere con la experiencia.

Cuando el momento presente es desagradable o difícil de aceptar, la mente trata de negar el ahora y escapar de él... La mente trata de encubrir el momento presente con el pasado y el futuro a fin de conservar el control. (Tolle 1999: 54). Tan pronto la experiencia se vuelve desagradable –por ejemplo cuando se presenta una emoción que nos resulta difícil de manejar–, tratamos de evitarla, escapamos hacia la fantasía o la ensoñación, viviendo una realidad que no existe pero que momentáneamente nos parece más aceptable o menos difícil de llevar. O bien vamos hacia los recuerdos del pasado, que es otra forma de evitar lo actual, a menudo recreando la culpa o el resentimiento. O nos vivimos en el futuro, pre-ocupándonos de lo por venir, por lo que aún no llega y llenándonos de angustia o ansiedad.

Al tratar de evitar la emoción real del organismo, evitamos la conciencia de la emoción y la sensación real, el darnos cuenta de la situación, y la gestalt no puede cerrarse. Al evitar el dolor o el coraje, paradójicamente, porque nos resultan amenazantes o desagradables, la situación queda inconclusa y en realidad perpetuamos el sufrimiento. *Evitamos la formación de la figura real*, la que corresponde a la necesidad del organismo, y en lugar de ella formamos una pseudo-figura que proviene de la zona intermedia y cuya aparente resolución no conduce al desarrollo del proceso ni a nada significativo.

Toda esta actividad, propia de lo que Perls llama la zona intermedia, el bla bla bla o la computadora, evita la experiencia en curso y nos aleja del ahora.

El "darse cuenta" cubre, por así decirlo, tres estratos o capas: el darse cuenta de sí mismo (self); el darse cuenta del mundo y el darse cuenta de lo que está entre medio —la zona intermedia de la fantasía—, que impide que la persona esté en contacto consigo misma y con el mundo...

Esta pérdida de contacto con nuestro yo auténtico y con el mundo se debe a esta zona intermedia, la gran área de maya que llevamos con nosotros. Esta gran área de actividad fantasiosa se apodera en tal medida de nuestra excitación, energía y fuerza vital que nos deja muy poca energía para estar en contacto con el mundo.

Si queremos lograr que una persona sea entera, en primer lugar tenemos que discernir lo que es meramente fantasía e irracionalidad y descubrir dónde está en contacto y con qué. Muy a menudo, al vaciar la zona intermedia de nuestra fantasía, aparece la vivencia del Satori, el despertar. Súbitamente el mundo entero está aquí. Se despierta de un trance como quien despierta de un sueño. Nuevamente estamos enteros aquí. El objetivo de la terapia, el objetivo del crecimiento, está en olvidar cada vez más la "mente" y despertar a los sentidos. Estar más en contacto, más en contacto con uno mismo y con el mundo, en vez de únicamente en contacto con las fantasías, prejuicios, etc. (Perls 1968b: 61).

4.6. El *darse cuenta* sucede en el ahora

Si las cosas que imaginamos o fantaseamos son una forma de evitar la realidad, ¿el ahora incluye sólo la zona interna y la externa? ¿No hay nada en el ahora en el nivel cognitivo?

Sí hay: la *consciencia* o el *darse cuenta*, si bien incluye sensación y emoción, incluye también la parte mental o cognitiva, *la figura*, asociada a este proceso. Pero como ya hemos visto, corresponde al ahora cuando implica *darnos cuenta* del proceso del organismo, de la sensación y/o la emoción y de la necesidad más importante.

El problema no es la mente en sí misma, sino su funcionamiento neurótico, su *des-conexión* del ahora, de la sensación y del proceso del organismo. Cuando nos mantenemos en el pasado, o cuando imaginamos o fantaseamos, (aun y cuando estos pensamientos o fantasías nos generen sufrimiento), al mantenernos en la zona intermedia, en el diálogo interno, nos estamos evadiendo de lo real, estamos evitando el ahora, vivenciar la emoción que no nos permitimos o la responsabilidad en la situación concreta. Esto no resuelve sino que evita la resolución de la situación.

Desarrollo en el siguiente capítulo con mayor amplitud la noción del *darse cuenta*. Valga plantear ahora que este proceso *sucede siempre en el aquí y el ahora* (Yontef 1995: 173, 192) y que incluye la consciencia de la zona interna (la sensación), de la externa (o en su caso la figura) y de la emoción asociada al proceso.

4.7. La consciencia en el ahora, el tiempo útil y el tiempo neurótico

Esta distinción entre la zona intermedia y el darse cuenta puede hacerse más nítida si consideramos las tres formas de utilización del tiempo que distingue Eckhart Tolle, en *El Poder del Ahora*:

a.   Uno es el tiempo de la conciencia, cuando estoy *en el ahora*, permanezco en el momento presente y estoy consciente.

b.   Otro es el tiempo que Tolle llama "tiempo del reloj" –y que yo prefiero llamar "tiempo **útil**"– que es el tiempo en que utilizo mi cabeza para planificar, para pensar, para estudiar.

c.   Pero luego también está el "tiempo psicológico" que es todo el tiempo en el cual me fastidio a mí mismo con sentimientos de culpa, de resentimiento, de ansiedad; o con falta de auto–aceptación: "debo cambiar esto, debo cambiar lo otro, tengo que hacer esto", y todo el juego de la autotortura. Yo prefiero llamar a este tiempo el: "tiempo neurótico". En el tiempo neurótico estamos fuera del ahora. Dice Tolle:

> *Toda negatividad está producida por una acumulación de tiempo psicológico y una negación del presente. Inquietud, ansiedad, tensión, estrés, preocupación… son aspectos del miedo, y todos ellos están producidos por un exceso de futuro y una falta de presencia. Culpa, lamento, resentimiento, pena, tristeza, amargura y todas las demás facetas de la falta de perdón están causados por un exceso de pasado y una presencia insuficiente en el ahora.* (Tolle 1999: 77).

Ahorita, en el momento en que me encuentro escribiendo, clarificando las ideas y reflexionando sobre la mejor manera de acomodar el texto, o en el momento en el que usted se encuentra leyendo y confrontando su experiencia, estamos en realidad en el *tiempo útil*. No nos estamos produciendo sufrimiento, sino que estamos en una discusión que puede ser fértil y rica para nosotros. Nuestra mente realiza muchas actividades así, útiles para nuestra vida: reflexiono y aprendo sobre mi experiencia, planifico por dónde me voy a ir, o qué voy a comer. Tolle insiste sin embargo en que entre el 80 o el 90 % de nuestro tiempo sería tiempo neurótico (Tolle 1999: 42) y en la necesidad de liberarnos de este tiempo psicológico:

> *Aprende a usar el tiempo en los aspectos prácticos de tu vida… pero regresa inmediatamente a la conciencia del presente cuando estos asuntos prácticos estén resueltos. Así no habrá una acumulación de "tiempo psicológico", que es la identificación con el pasado y la continua proyección compulsiva hacia el futuro.*

El tiempo (práctico) no se limita a concertar una cita o planear un viaje. También puedes aprender del pasado para no repetir los mismos errores una y otra vez; establecer objetivos y avanzar hacia ellos...

El principal foco de atención de la persona iluminada está siempre en el ahora, aunque sigue manteniendo una conciencia periférica del tiempo. En otras palabras: continúa usando el tiempo del reloj, pero es libre del tiempo psicológico. (Tolle 1999: 73-74).

4.8. Las emociones básicas están en el ahora. Y no los sentimientos neuróticos

Hay en lo planteado hasta ahora algunas nociones que en la Teoría de la Gestalt no resultan suficientemente claras, que no están suficientemente desarrolladas y que se prestan a confusión. Afirmamos arriba, por ejemplo que:

...la emoción es la fuerza básica que energetiza nuestra acción. Las emociones... son el lenguaje del organismo, el medio natural del organismo para relacionarse con su entorno; son los motores más importantes de nuestro comportamiento.

Y también que:

Todo el excitamiento necesario para crear y para hacer frente a la situación proviene del organismo, y no hay excitamiento innecesario... el proceso de autorregulación del organismo implica el contacto con la emoción y su transformación en acción, en autoexpresión e integración. (La Autorregulación del Organismo, no. 3.3.)

En donde reconocemos a las emociones como provenientes del organismo y como parte del proceso de autorregulación de éste. Y sin embargo también afirmamos que:

Tan pronto la experiencia se vuelve desagradable –por ejemplo cuando se presenta una emoción que nos resulta difícil de manejar–, tratamos de evitarla, escapamos hacia la fantasía o la ensoñación, viviendo una realidad que no existe pero que momentáneamente nos parece más aceptable o menos difícil de llevar. O bien vamos hacia los recuerdos del pasado, que es otra forma de evitar lo actual, a menudo recreando la culpa o el resentimiento. O nos vivimos en el futuro, pre-ocupándonos de lo por venir, por lo que aún no llega y llenándonos de angustia o ansiedad. (En este apartado sobre el Ahora, no. 4.5.).

Y planteamos implícitamente que sentimientos como la culpa, el resentimiento, la angustia o la ansiedad no corresponden a este proceso, sino a su evitación. Planteamos incluso que es *la evitación* de la emoción que nos resulta difícil de manejar la que nos lleva a estos sentimientos.

> *Al tratar de evitar la emoción real del organismo... evitamos la formación de la figura real, la que corresponde a la necesidad del organismo, y en lugar de ella formamos una pseudo-figura que proviene de la zona intermedia y cuya aparente resolución no conduce al desarrollo del proceso ni a nada significativo. (Ibid.)*

Es necesario entonces detenernos y precisar. Estamos planteando en realidad emociones o sentimientos *de dos órdenes distintos:* a las primeros vamos a llamarles *emociones básicas,* o simplemente emociones, a los segundos, *sentimientos neuróticos.* Y aunque se suelen manejar como equivalentes, estos dos tipos de emociones o sentimientos corresponden efectivamente a situaciones distintas. Mientras las primeras corresponden al proceso del organismo, los segundos responden a su evitación.

Las emociones básicas:

a. Están *en el ahora,* sea porque la situación está aconteciendo en el momento presente o porque estamos *presentificando* un suceso o escena del pasado.

b. Responden a un estímulo real.

c. Corresponden al proceso del organismo, son "el lenguaje del organismo". Provienen del sí mismo.

d. Si bien implican una reacción ante la realidad exterior, en lo interno son emociones *unitarias.* Mi organismo no está dividido sino que *está unido* en la sensación y en la emoción en proceso.

e. Son momentáneas o temporales, si no se interrumpe su ciclo duran mientras el estímulo permanece o mientras son necesarias para su procesamiento.

f. Este procesamiento implica el proceso de darse cuenta de la emoción y el de expresión (autoexpresión) o contacto.

g. A cada una de ellas corresponde una forma concreta de expresión, *una explosión,* –si bien ésta no es necesariamente dramática–, que permite su liberación y la reconstitución del sí mismo.

h. En la medida que se expresan y el ciclo concluye, se cierran y se integran. Desaparecen, *se van*, –en ocasiones más rápidamente de lo que uno esperaría–, y el organismo los asimila y queda re-constituido.

Los sentimientos neuróticos, por el contrario:

a. No están en el ahora, sino a menudo en el pasado o en el futuro.

b. No responden a un estímulo real, presente ahora, sino a algo que sucedió hace tiempo, o que aún no sucede. Están en nuestra fantasía.

c. No corresponden por tanto al proceso del organismo, sino que son una forma de evitación de lo real, de lo que acontece ahora.

d. No sólo implican una "no aceptación de la realidad", sino que en lo interno implican una división.

e. Pueden *durar años*, muchos, incluso aunque la situación ya no esté presente en el campo.

f. Se originan cuando se interrumpe el proceso de darse cuenta o el de expresión y contacto.

g. Permanecen como situaciones inconclusas.

h. No tienen forma de expresión y de liberación como tales. El paso a su resolución implica dejar el pasado o el futuro y hacer contacto en *el ahora,* sea porque la situación reaparece en el momento presente o bien mediante la *presentificación* y resolución de la escena y la situación inconclusa.

¿Y *cuáles son* las emociones básicas? Perls (1966b: 30) habla de 4 explosiones básicas: la aflicción (tristeza, o dolor que usamos como sinónimos), la ira (el *coraje* o enojo), la alegría (que yo prefiero llamar *gozo*) y el deseo sexual.

Nosotros consideramos también *el miedo,* el miedo real, a un objeto presente en el campo –como en el ejemplo del Doberman–, o el miedo que aparece cuando revivenciamos en el presente una escena en la que fuimos abusados o agredidos; y que es diferente a la ansiedad, y también diferente al "miedo al dolor" o a la evitación neurótica de otras emociones. Este miedo está en el presente, en el ahora, y es una emoción básica.

Y si bien no "el amor", cuyo significado se presta a muchas confusiones, sí *la ternu-*

ra, – que es en una emoción distinta de la tristeza o del deseo sexual, y que se da en el presente, tiene claramente un componente corporal y cumple todos los criterios mencionados arriba–, como emoción correspondiente a toda la parte amorosa del ser humano, y sin la cual ninguna teoría terapéutica puede estar completa. Gran parte de las neurosis tienen que ver con esta ausencia o incapacidad para expresar la ternura.

Son sentimientos neuróticos, en cambio, que no constituyen vivencias directas y no están en el ahora:

➤ La *culpa* y el *resentimiento*, que implican una idea o sentimiento de "le debo" o "me debe" pero se encuentran ambos en el pasado: "me porté mal", "lo defraudé", "no hice lo que se esperaba", "lo traicioné", "le hice daño" o bien "me engañó", "me hizo esto a mí, que además fui tan buena con él";

➤ La ansiedad y la angustia, –que en términos de Perls son "la brecha entre el ahora y el después" y que se diferencian del miedo en que se refieren a algo que podría ocurrir, y no a algo que ya está ocurriendo. En la ansiedad nos encontramos en realidad en el futuro, en el "pánico de escena" o la preocupación; (Perls 1968b; Tolle 1999: 61-62. Sobre los aspectos relacionados con la ansiedad véase también Bilbao 2010: 16-51).

➤ El estrés, que en la literatura psicológica es definido de varias maneras pero que en esencia representa *un estado de ansiedad que se ha hecho permanente*. A diferencia de la ansiedad, que suele desvanecerse cuando desaparece el factor que le da origen, el estrés representa también un estado de pánico de escena, de "no voy a cumplir" o "no voy a poder" pero donde el factor que le da origen no es eventual y no desaparece sino que permanece.

➤ La vergüenza, que por lo general está también en el pasado (aunque esto puede variar) y que implica también una clara división interna entre el "evaluador" y el evaluado. (Naranjo 1990: 70, 101; Perls 1948:66).

4.9. La relación dialogal *Yo-Tú* sucede en el ahora

Dice Yontef que un diálogo existencial es lo que ocurre cuando dos personas se encuentran como personas, donde cada una es impactada y responde a la otra, en el diálogo Yo-Tú. Y también que… "la literatura de la terapia gestáltica discute el contacto sin dejar claro que lo que se necesita para una relación terapéutica exitosa es el tipo particular de contacto señalado por Buber… Este es el medio de relación a través del cual se incrementa el Darse Cuenta y se restablece el crecimiento del paciente". (Yontef 1995: 190, 197).

Necesitamos avanzar en dos sentidos: por una parte, en comprender mejor *lo que estamos haciendo efectivamente en sesión*. No quedarnos sólo en nociones generales, sino tener clara al menos *la estrategia general* de la sesión, qué es lo que está pasando. Y necesitamos también un estilo de relación mucho más dialogal, más profundamente respetuoso, que implique encontrarnos existencialmente con nuestros clientes. Y esto sin volver a enfoques de tipo rogeriano ni perder el poder metodológico y técnico de la Gestalt. Si se comprende adecuadamente, la técnica es en realidad *un instrumento al servicio del encuentro existencial*, y de ninguna manera su alternativa y mucho menos la prioridad.

Volviendo del paréntesis, digamos que para Buber solamente es posible pronunciar la palabra primordial *Yo-Tú* desde el ser entero, es decir, con la totalidad de la existencia personal. Esto implica compromiso con aquél (la) hacia quien se dirige la relación y, al mismo tiempo, requiere la disposición de dejarse modificar por él Tú. Decir Tú con el ser entero, no con los labios, es habitar e instalarse en el lenguaje originario que hace posible el encuentro del Yo con el Tú. (Ure 2001: 57).

Y comenta que para que se dé el encuentro existencial Yo-Tú existen tres obstáculos. Además de la objetivación (dirigirme a mi interlocutor como un objeto o un Ello) y la imposición, el primer obstáculo tiene que ver con el ser y el parecer... para que se establezca una verdadera comunicación, es necesario que cada uno de los interlocutores, no se esfuercen por dar una imagen de sí que no se corresponda con su ser. Si una persona no se muestra tal cual es, el diálogo se frustra y la comprensión resulta imposible. Comprender quiere decir también llegar al ser, descubrir los secretos de aquel al que le digo Tú. (Ure 2001: 81-82).

El encuentro existencial implica entonces, por un lado, abrirse desde el ser entero, no estar dividido, y por otro, mostrarse tal cuál se es, desde el sí mismo, sin dar una imagen de sí que no corresponda con su ser.

Buber es enfático también en que el mundo de la relación Yo-Tú *se corresponde con el presente*. La presencia o actualidad, que es lo mismo que la relación Yo-Tú, se da justamente en el presente, en ese instante de plenitud existencial y encuentro entre ambos seres, los cuales componen la relación. Esto es posible cuando hay presencia, encuentro, relación. Para Buber, incluso, sólo porque el Tú se encuentra presente surge la actualidad:

> *El presente...el instante realmente presente y pleno, sólo existe si hay presencia, encuentro y relación. La presencia nace cuando el Tú se torna presente... El Yo de la palabra primordial Yo – Ello... sólo tiene objetos, y los objetos subsisten en el tiempo que ha sido... Los seres verdaderos son vividos en el presente, la vida de los objetos está en el pasado.* (Buber 1927: 14)

En el encuentro, *que se da en el instante presente*, el Yo y el Tú se enfrentan uno al otro. Por el contrario, la relación Yo- Ello es "la cesación, el detenerse..." (2001: 55).

4.10. La dimensión espiritual *es en el ahora*. Presencia y conexión con el Ser

En el ahora va también la semilla del placer... la vida en el ahora es placentera, es más rica, menos tensa, más relajada, más agradable. Implica liberarnos de las culpas y resentimientos que ya no están presentes, dejar la angustia, la ansiedad y el estrés que origina la preocupación y abrirse a la posibilidad de disfrutar lo que la vida *es*.

Aun cuando la realidad de nuestros pueblos es muy dolorosa, la vivencia del ahora es curativa. Lo que hace daño es quedarse pegado en el sufrimiento, que es la evitación del dolor. Pero el dolor es curativo: implica reconocimiento de la realidad, y de uno mismo, y te reconstituye. Crecemos desde el dolor. Y una vez que se acepta, la emoción desagradable avanza y fluye; y lo que queda es una forma de vida en la que estamos abiertos a una mayor *presencia*, a una mayor *consciencia*. Una mayor conciencia del ahora, por otra parte, implica una mejor posibilidad de manejar los conflictos desde el diálogo y el respeto profundo a las necesidades y los derechos de las personas. Y de evitar la parte neurótica de los conflictos, sin duda la más dañina.

El ahora es una forma de vida que implica consciencia, y esta conciencia conlleva un funcionamiento más relajado de nuestro cerebro y de nuestro organismo y una mayor vibración del campo energético. Cuando una persona está en el ahora, en este estado de conexión interna está mucho más consciente, más despierto que en el estado de identificación con la mente, y su campo energético es mucho más intenso que cuando está interferido. Mientras en un estado de vigilia "habitual", correspondiente a la actividad mental cotidiana del estudio o el trabajo, las ondas eléctricas de la actividad cerebral oscilan en un nivel beta (14 a 30 Hz) y en un estado de alteración, de ansiedad o crisis emocionales llega al nivel gama (30 a 40 Hz); la tranquilidad y la armonía emocional propia de la conciencia del ahora nos conducen suavemente hacia el estado de relajación conocido como nivel alfa (7.5 a 14 Hz), y en ocasiones de relajación profunda incluso hasta el nivel theta (3.5 a 7.5 Hz) en donde nuestro cerebro funciona mucho mejor y nuestro organismo mantiene una mayor presencia energética. (Véase Tolle 1999: 40; Plasencia 2006: 93-94).

Desde la antigüedad, los maestros espirituales han apuntado hacia el ahora como la clave de la dimensión espiritual. El término Buddha, el iluminado, significa "el que siempre está despierto, el que siempre está en el ahora". Y son innumerables también las referencias al ahora del hombre de Nazareth. Las experiencias místicas de Francisco de Asís, Teresa de Ávila o Juan de la Cruz, por mencionar algunas, son experiencias cumbre de presencia en el ahora. Es esta presencia en el ahora, la intensificación de nuestra conciencia y nuestro nivel energético, –y no la adscripción a algún credo o idea religiosa–, el verdadero camino a la espiritualidad:

> *El Ser es la vida una, eterna y omnipresente, más allá de la miríada de formas que están sujetas al nacimiento y a la muerte. Pero el Ser no sólo está más allá, sino también en lo profundo de cada forma, como su esencia más invisible e indestructible. Esto significa que puedes acceder a él ahora mismo porque es tu yo profundo, tu verdadera naturaleza. Pero no trates de comprenderlo con la mente, no intentes entenderlo. Sólo puedes llegar a conocerlo cuando la mente está en silencio, cuando estás presente, plena e intensamente en el ahora.* (Dicarlo 1999: 14).

4.11. El *ahora*: síntesis existencial, dialógica y espiritual

Con base en lo desarrollado hasta aquí, podemos concluir ya que *el ahora* es la noción cuya conciencia y experiencia resume la dimensión existencial, dialógica y espiritual de la Gestalt.

Es sólo desde el ahora desde donde hago contacto significativo, como puedo dejar el diálogo interno, las interferencias y evitaciones cotidianas y acceder a mi conciencia y a la dimensión profunda de mi existencia. Es desde el ahora desde donde puedo hacer contacto con mi Tú, mi Tú actual en forma de consultante, de terapeuta o de compañero(a) y permitir el encuentro existencial que me sana, que me da sentido y hace posible mi crecimiento. Y es desde el ahora desde donde puedo permitir que la experiencia intensa del momento presente me permita acceder a la presencia del Ser, de la vida una, eterna y omnipresente que vive en mi interior.

4.12. El ahora: *el método* de la Terapia Gestalt

Y también podemos comprender ya por qué planteamos que la permanencia o el trabajo en el ahora constituye en realidad el método y la esencia de la Terapia Gestalt.

Hay de hecho en el texto de C. Naranjo: "Centrarse en el presente, como técnica, prescripción e ideal" para mí una cierta dificultad con el título. Y es que el título: "centrarse en el presente como técnica", se presta a que la permanencia o acción en el presente se entienda como una técnica, –elegible o prescindible por tanto–, de la Terapia Gestalt. Esta referencia al ahora no constituye para mí una técnica sino en realidad *el método* de la Terapia Gestalt, el criterio con base en el cual sabemos incluso si determinada técnica o forma de trabajo es una técnica gestáltica o no.

El ahora como *método* de la Terapia Gestalt implica por lo menos tres temas:

a. *El continuum del darse cuenta*, o continuum de conciencia, el método por el cual nos planteamos permanecer en el ahora, lo que nos permite tanto ejercitarnos en ese sentido como la emergencia y eventual resolución de la situación inconclusa.

b. *La presentificación* de escenas del pasado o del futuro, y de los sueños y fantasías, como el método que posibilita re-vivenciar en el ahora, de la manera más completa posible, las escenas o situaciones del pasado o de nuestros sueños que permanecen como situaciones inconclusas, expresando las emociones no expresadas y re-significando o re-escribiendo las escenas de manera que resulten asimilables para el Yo y que avancen por tanto hacia su asimilación y cierre.

c. Y el ahora como *criterio* para la elección y discriminación de las técnicas vivenciales de la Terapia Gestalt y de las que no lo son. Como el criterio que nos permite movilizar la energía ahora y resolver de esta manera las interrupciones o bloqueos; y plantear que cuando estamos devolviendo introyecciones, o trabajando un sueño e identificándonos con las partes proyectadas, o deshaciendo una retroflexión y expresando la agresión, en cada caso lo estamos haciendo en el ahora.

La vivencia en el ahora es entonces criterio de identificación de las técnicas afines a la Terapia Gestalt. Hay muchas técnicas bioenergéticas que se experimentan en el ahora que pueden incorporarse a la Gestalt. Muchas técnicas provenientes de la PNL, o técnicas de expresión a través del arte –que salvo el teatro en general han sido poco aprovechadas–, son también técnicas gestálticas. Y es también el criterio desde donde planteamos que las técnicas de análisis que van hacia las causas o a revisar la situación en el pasado, o las técnicas que buscan la modificación de la conducta sin pasar por el darse cuenta y la vivencia del ahora no son en principio técnicas gestálticas.

Tanto a estos tres aspectos, como a la manera en que relacionamos la vivencia del ahora con el proceso de terapia y con las situaciones que nos plantea el consultante, nos referimos de entrada en el capítulo sobre metodología y técnica.

CAPÍTULO 5

El darse cuenta

5.1. El darse cuenta: *la consciencia del proceso*

"En Gestalt, *el único objetivo es el darse cuenta*" dice Gary Yontef. (1995: 140, 190.) Sirva de entrada esta formulación para, aunque sea brevemente, rescatar la importancia del tema para la Terapia Gestalt.

En realidad tocamos ya en los apartados anteriores varios de los aspectos centrales del darse cuenta. Planteamos ya que el proceso de darse cuenta sucede en el ahora; y que es un proceso del organismo total, que implica sensación y emoción, pues si no es así estamos en realidad en la zona intermedia o el *como si*.

Permítanos insistir en la importancia de esta conexión; porque nuestra impresión es que se suele perder con mucha facilidad. En realidad, usted está en el proceso de darse cuenta cuando está en contacto con lo que está sucediendo en el campo, y cuando se permite sentir su cuerpo, la sensación, y en su caso la emoción con la que está respondiendo. Puede ser que lo que esté vivenciando le produzca tristeza, coraje, ternura, etc., o puede ser que esté realmente *en paz* en el ahora. En cada caso, el darse cuenta está conectado con el proceso de todo el organismo, y con el campo, con lo que está sucediendo. O puede que usted se retraiga hacia el contacto con su sensación y permita la emergencia de la imagen que surge desde ahí, lo que corresponde también al proceso del darse cuenta y al mensaje de la situación inconclusa.

Pero cuando decimos "yo me estoy dando cuenta que debo bajar de peso" o "yo me estoy dando cuenta que no debo hacer esto", esto no es el darse cuenta. En realidad estamos en un proceso de no-aceptación, de juicio o división interna, y estamos en la interrupción, en el como si o en el juego de roles (a menos que usted sea capaz de darse cuenta que la voz que dice "deberías bajar de peso" no es en realidad usted, lo que le permite distanciarse de su zona intermedia y abrir su conciencia, su darse cuenta, a lo que está sucediendo, a su conciencia del ahora).

5.2. El darse cuenta no es igual a la atención

Hay otros elementos del darse cuenta que conviene tener en cuenta. Por ejemplo: el darse cuenta no es igual a la atención. Yontef dice que el darse cuenta se puede definir vagamente como estar en contacto con la propia experiencia, con *lo que es*. (Yontef 1995: 134). Perls lo define como "la melliza desdibujada de la atención", mencionando también que "el darse cuenta es más difuso que la atención, e implica una percepción relajada en lugar de una percepción tensa, llevada a cabo por la persona total." (Perls 1955-56: 25).

El darse cuenta entonces no es igual a la atención. En todo caso, es *la unidad de la percepción y la atención*, lo que Polster llama "la experiencia sináptica." (Polster 1970: 75 ss.) Si yo estoy percibiendo, y al mismo tiempo mi conciencia está puesta en lo que estoy percibiendo, y la percepción y la atención están unidas, ese es el darse cuenta.

Pero la pura atención no es darse cuenta. El darse cuenta implica un componente emocional y sensorial que no necesariamente está presente en la atención. Pongamos el caso de un ajedrecista que está jugando ajedrez rápido o "ping-pong": está súper atento, su atención está concentrada al máximo: en cuanto mueve su oponente él reacciona inmediatamente. Sin embargo *no se está dando cuenta*, no tiene conciencia de sus sensaciones y la conciencia de su cuerpo está perdida. La atención es entonces distinta del darse cuenta: el darse cuenta implica una percepción relajada y un componente sensorial, emotivo y cognitivo.

Y en ese sentido se presta a confusión el término de C. Naranjo, que traduce *continuum de la atención,* en lugar de *continuum del darse cuenta* (o *continuum de consciencia)*, que sí indican de lo que se trata. Como tampoco es necesario (aunque en este caso no tiene importancia) el intento de cambiar el uso del término "darse cuenta" por el de "percatarse" que en realidad significa lo mismo y en castellano tiene muy poco uso. (Naranjo 1990: 7). El uso común ha dejado "darse cuenta" como traducción de awareness, e "insight", para el insight, que implica un darse cuenta más significativo, un "ahá", y el reacomodo de la situación, por lo general como resultado de la experiencia terapéutica, como se dice comúnmente "que te caiga el veinte".

5.3. *El darse cuenta*: condición para el cierre de la gestalt

El darse cuenta y la autorregulación del organismo van de la mano. Este proceso de darse cuenta es necesario para que emerja la situación inconclusa, para hacer contacto y para que la que la gestalt pueda completarse.

> Y creo que entender esto es una gran cosa: el "darse cuenta" per se –por y de sí mismo–, puede ser curativo. Porque con un awareness pleno uno se da cuenta de esta auto-regulación organísmica, uno puede permitir que el organismo se haga cargo

sin interferir, sin interrumpir; podemos fiarnos de la sabiduría del organismo. En contraste con todo esto, está la patología de la auto-manipulación, control del ambiente y todo lo demás, que interfiere con este sutil auto-control organísmico. (Perls 1968b: 28).

En realidad, la autorregulación abarca más que el darse cuenta consciente, ya que muchos procesos autorregulatorios no son conscientes o no están en el momento en el darse cuenta. Pero el darse cuenta permite que aparezca la necesidad más apremiante del organismo, la formación de la gestalt, y que el organismo se movilice para satisfacerla. Y en el plano de los procesos psicológicos la satisfacción de la necesidad o la emoción inconclusa, la conclusión del ciclo de autorregulación o de la experiencia, dependen del darse cuenta. (Cf. Yontef 1995: 201).

Ahora bien, aquello de lo que somos conscientes *es el mensaje de la situación inconclusa*, y si no se interfiere este darse cuenta, el mensaje puede ser muy fuerte. (Perls 1966b: 39). Y esto es importante en terapia porque en la medida en que permanecemos en el darse cuenta y se empieza a tocar la sensación normalmente aparece algo significativo.

Perls insiste también en que "sólo somos capaces de concentrarnos por completo en aquellos objetos que significan la complexión de un todo incompleto", es decir que la concentración como técnica se enfoca de manera natural en la situación inconclusa. (Perls 1942: 246). Esta concentración refiere también a la unidad de la atención y la percepción –aunque ya focalizada en el área significativa–, y a la imagen que surge.

Dicho de otra manera, permanecer en el darse cuenta lleva a la experiencia del *vacío fértil*, en donde algo nuevo y significativo va a surgir – y esto que surge también corresponde *a la imagen de la situación inconclusa*, proveniente del contacto con el organismo–. (Véase Peñarrubia 1998: 108-110. También Naranjo 1990: 61; Perls 1955-56: 100-101).

El darse cuenta constituye entonces *el proceso que posibilita el surgimiento de la situación inconclusa* y su posterior resolución. Y esta imagen de la situación inconclusa es también lo que en el ciclo de autorregulación llamamos *la formación de la figura*, lo que nos articula de manera natural con la comprensión de este proceso.

El darse cuenta es pues el hilo conductor de la Terapia Gestalt. Perls definía la persona neurótica como aquélla que es incapaz de darse cuenta del mundo y de sí mismo, y sostenía que darse cuenta *per se*, puede ser curativo. (Perls 1968b: 28). Y Naranjo plantea que todas las técnicas de la Terapia Gestalt son en realidad una reformulación del "date cuenta". Al darse cuenta, una persona puede ver cómo se produce sus dificultades, y dándose cuenta de sus interrupciones, puede llegar a conectarse con su verdadero sí mismo. La autorregulación, el ahora, el darse cuenta, *son en realidad un mismo proceso*.

5.4. Los énfasis de Yontef

Gary Yontef ha resumido y elaborado este tema del darse cuenta, agregando algunos énfasis importantes que no estaban presentes (Yontef 1995: 169-188). Señala Yontef:

> *El darse cuenta es una forma de vivenciar, es el proceso de estar en contacto alerta con la situación más importante del campo ambiente/individuo, con un total apoyo senso-motor, emocional, cognitivo y energético... Siempre va acompañado de la formación gestáltica...* (Yontef 1995: 171).

Y plantea que:

> *El darse cuenta va acompañado de pertenencia, es decir, el proceso de conocer nuestro poder sobre (la situación), nuestra opción (elección), y responsabilidad por la propia conducta y sentimientos.* (Yontef 1995: 172).

A esta noción de *pertenencia*, entendida como el proceso de conocer nuestro poder sobre la situación y nuestras posibilidades de incidir sobre ella, prefiero llamarla *empoderamiento*, –que refiere mejor a lo que se define: darse cuenta de cuál poder se tiene y cuál no se tiene, así como al hecho mismo de que ese poder proviene en gran parte del interior de uno mismo y al proceso mismo de hacer surgir ese poder.

El darse cuenta implica en ese sentido *empoderamiento*, (que es también una *vuelta a lo real*, y darme cuenta de mis posibilidades en la realidad), elección y responsabilidad por mis sentimientos y mi conducta. Abordamos estos aspectos en el capítulo sobre el *Yo*.

Yontef elabora tres "corolarios", aspectos o derivaciones a tener en cuenta sobre el darse cuenta:

a. Corolario Uno: *El Darse Cuenta es eficaz solo cuando está basado en y energetizado por la necesidad dominante actual del organismo... sin la energía, estímulo y emocionalidad del organismo que se está instalando en la figura emergente, ésta carece de sentido...*

a.   Corolario Dos: El Darse Cuenta no está completo sin conocer directamente la realidad de *la situación y cómo está uno en ella.* En la medida en que la situación, externa o interna, sea negada, el darse cuenta se distorsiona.

a.   Corolario Tres: *El Darse Cuenta está siempre Aquí y Ahora, y está siempre cambiando, evolucionando y trascendiéndose a sí mismo.* El darse cuenta es sensorial... El acto de *Darse Cuenta* es siempre aquí y ahora, aunque su contenido puede estar distante. Saber que "ahora estoy recordando" es muy diferente a deslizarse en un recuerdo sin Darse Cuenta. (Yontef 1995: 173. Véase también: 192; 134-135).

Tanto al contenido del corolario uno como al del corolario tres nos hemos referido ya con amplitud: el darse cuenta sucede en el ahora, y es sensorial, cognitivo y afectivo. Y si bien nuestra redacción del primero ha sido un poco diferente, distinguiendo el darse cuenta proveniente del organismo de las pseudofiguras o el material que corresponde al *como si* o al juego de roles, coincidimos plenamente también con su formulación: el darse cuenta tiene sentido sólo cuando corresponde a la necesidad dominante del organismo y carece de sentido sin *la emocionalidad* o *la energía* de éste.

5.5. El darse cuenta del campo en cuanto tal

Pero quisiera detenerme en el corolario dos, que me parece significativo. En la formulación de Yontef se trata no sólo de darse cuenta del campo, de la situación o figura y de nuestra reacción ante ella, sino de *conocer directamente la realidad de la situación,* la situación externa, y de no negarla. Éste es un planteamiento que por lo general se deja de lado: que el darse cuenta implica también conocer la realidad de la situación, darse cuenta del campo en cuanto tal. Y es un planteamiento importante porque con frecuencia pareciera que darme cuenta de mí mismo –aun de mi reacción ante el ambiente– fuera suficiente incluye

Y es que si bien la concepción de la realidad de la Terapia Gestalt es la de la totalidad, la de la totalidad dialéctica[4], *el hecho de que Perls concibiera al individuo*

---

[4]   Aunque Perls usa también con frecuencia el término "campo", el planteamiento de la Gestalt parece desprenderse de la noción de *totalidad,* que incluye aspectos no siempre contenidos en aquélla. Para esta apreciación sugerimos la revisión de *Yo, Hambre y Agresión*: Perls 1942: 16-17; 20; 21-22; 25; 41; 48; 55; 77-78; 114; 119-120; 154-157; 167; 191; 239; y en general los capítulos referentes a "La Neurosis", donde se aborda el conflicto del individuo con la sociedad, así como de "Retroflexión y Civilización". Perls es explícito en cuanto a que no retoma la formulación marxista por el contenido ideológico que esto implica, y que busca cómo fundamentarla recurriendo a otras fuentes (1942: 16). Sobre la formación marxista de Perls, particularmente en su etapa en Berlín, véase el trabajo de Bernd Bocian, *Fritz Perls en Berlín,* 1893-1933, que detalla su cercanía con los círculos de izquierda radical y la influencia no sólo de Friedlander sino del filósofo húngaro George Lukács (*Historia y Conciencia*

y a su ambiente como opuestos dialécticos, (Perls 1955-56: 31) si bien le permite desarrollar toda su concepción terapéutica de manera dialéctica y en términos *del límite de contacto*, –en donde suceden todos los procesos significativos–, también le lleva a perder la concepción dialéctica del campo mismo (a la que seguramente tuvo acceso) y las configuraciones realmente existentes al interior de éste, es decir: la forma como se articulan u organizan las fuerzas (o si se prefiere los subsistemas) al interior del campo, y de su correlación y su actuación en éste. Y esto deja a los terapeutas sin muchas herramientas para acompañar esta parte del proceso –más allá de la propia percepción del sujeto–, lo que no deja de ser una paradoja dada su formación marxista.[5]

Y es por ello que el planteamiento de Yontef, en el sentido de que "el darse cuenta no está completo sin conocer directamente la realidad de la situación" es una llamada de atención importante en esta dirección, además porque en nuestro contexto actual la mayoría de los estudiantes de Terapia Gestalt no tienen práctica ni formación en filosofía o en ciencias sociales, con lo que la psicoterapia deviene con facilidad en un ejercicio individualista. En su "Introducción a la Teoría de Campo" Yontef (1995: 267-304) hace una amplia explicación de la necesidad de esta visión:

> *Un análisis de campo abarcaría todo el contexto de trabajo, especialmente las re-*
> *laciones interpersonales. Un análisis de campo traería a primer plano los procesos*
> *familiares, grupales y otros procesos sociales, suavizando el individualismo.* (1995:
> 269)… *En terapia gestáltica estudiamos a las personas en su campo organismo/*
> *ambiente. El ambiente de un campo organismo/ambiente puede ser una escuela,*
> *un negocio, la familia, la pareja, un grupo de entrenamiento, un individuo en su*
> *espacio vital, etc.* (1995: 278).

Yontef desarrolla una introducción a la teoría de campo, y plantea como características de éste:

1.   Un campo es una red sistemática de relaciones.

---

de clase) o Walter Benjamin; así como del ala izquierda del psicoanálisis alemán y en particular de Wilhelm Reich, su analista didáctico.

Laura Perls comenta por su parte que en Sudáfrica "estábamos bastante metidos en la política de izquierda" y que "algunos de nuestros amigos sudafricanos estaban en la Cuarta Internacional". (L. Perls 1984: 55-56). Para una aproximación puntual a la dialéctica y a la noción de totalidad en Marx, véase el texto de Kosik, ya citado, o la *Introducción al Estudio de Marx,* de Roger Garaudy. Para la comprensión de la dimensión humanista de su pensamiento, Erich Fromm: *Marx y su Concepto del Hombre,* México, FCE, 1962.

[5] La forma de esta concepción del individuo y su ambiente como opuestos dialécticos *cambia* después de la aparición del "perro de arriba y el perro de abajo" (por primera vez en "Resolución", hacia 1959); pero de cualquier manera Perls no considera propiamente el análisis del campo en cuanto tal –lo que por otra parte no es sencillo de integrar en su esquema–.

2. Un campo es un continuo en espacio y tiempo.

3. Todo es de un campo.

4. Los fenómenos son determinados por todo el campo.

5. El campo es un todo unitario: todo afecta a todo lo demás en el campo.

Su artículo es una muy buena introducción a la cosmovisión de la totalidad, o de la teoría de campo, útil para ampliar la perspectiva, si bien no desarrolla aún elementos de cómo elaborar o construir esta visión en un campo concreto o de cómo integrarla en la práctica terapéutica. (Yontef 1995: 278 y ss.)

En la maestría que tuve el gusto de coordinar, esta necesidad nos llevó a añadir una línea de formación en Mediación y Resolución Noviolenta de Conflictos, posibilitando herramientas para el análisis del conflicto y para una intervención en la que, desde una perspectiva humanista en la que todas las relaciones son en principio relaciones de derechos, se toman en cuenta no sólo las posturas sino los intereses y las verdaderas necesidades de cada una de las partes en el campo.

Desde una perspectiva compatible y con metodologías cercanas a la Gestalt, buscamos el desarrollo de habilidades y competencias prácticas, de manera de poder integrar, también, la perspectiva *del campo en cuanto tal*, y valorar desde este punto de vista la necesidad y las posibilidades de intervención en cada caso. Y lo que descubrimos a menudo son situaciones en las que antes de pensar en psicoterapia, o paralelo apenas al inicio de ésta, es necesaria una intervención concreta en términos de campo: en la mediación y resolución del conflicto, o de facilitar por lo menos un acuerdo temporal que posibilite las condiciones del proceso. Aunque aún es temprano para una evaluación más de fondo, esta integración se ha revelado en principio como muy rica.

5.6. El darse cuenta, conexión con la espiritualidad

Es necesaria finalmente una palabra sobre la unicidad del proceso de darse cuenta y la dimensión espiritual. No tenemos la capacidad de darnos cuenta, *somos* la capacidad de darnos cuenta, como decíamos ésta es una capacidad del organismo total. Y la vivencia plena del darse cuenta es una vivencia unitaria que nos conecta con nuestra conciencia y nuestra dimensión espiritual profunda.

Es conocida la formulación de Perls en el sentido de que todo es un proceso de darse cuenta, que todas las cosas, aún rudimentarias, tienen darse cuenta y que

este darse cuenta constituye la unidad de todo lo dado. (Perls 1969a: 176-177).
En lugar de este enunciado voy a traer ahora el de E. Tolle en *El Poder del Ahora,*
formulado en términos más espirituales y que sin embargo pareciera tomado del
anterior:

> *Todo lo que existe tiene Ser, tiene esencia divina, tiene algún grado de conciencia.*
> *Incluso la piedra tiene una conciencia rudimentaria; si no fuera así, no sería, y*
> *entonces sus átomos y moléculas se dispersarían. Todo lo que existe está vivo: el Sol,*
> *la tierra, las plantas, los animales, los seres humanos... todos somos expresiones de*
> *la conciencia en sus diversos grados, conciencia manifestada en la forma... Mira*
> *los millones de formas de vida existentes tan sólo en este planeta, en el mar, en la*
> *tierra, en el aire... su conciencia es la esencia divina expresándose en la forma. Pero*
> *no llegas a saber realmente que esto es así hasta que alcanzas tu esencia divina, la*
> *conciencia pura.* (Tolle 1999: 111).

La riqueza de la Terapia Gestalt es que a través de la presencia en el ahora y el darse
cuenta nos posibilita y nos acerca a esta conexión. Y más aún, el trabajo sobre las
situaciones inconclusas nos facilita un llamado de atención constante, permanente, una vuelta continua al ahora, lo que constituye una gran ventaja sobre los métodos tradicionales de meditación como acercamiento a la iluminación –difíciles
además en el mundo occidental–:

> *Gran parte del trabajo guestáltico consiste en encontrar y ejercitar la división, de*
> *modo que las partes de la unidad puedan volver a juntarse. Así, alejados de nuestro*
> *propio cuestionamiento y nuestras exigencias, podemos disfrutar de la unidad del*
> *darse cuenta, donde la división dentro del yo desaparece al igual que las divisiones*
> *entre yo y los demás, entre yo y el resto del mundo. Un solo darse cuenta universal.*
> *(Perls 1959: 78).*

CAPÍTULO 6

El Sí Mismo, *Self*[6]

— Y todo esto del sí mismo, toda esta discusión –que está muy padre–, ¿qué tiene que ver contigo?

Rubén Ibarra.

(Entonces mi terapeuta, en una sesión en 1999.)

El concepto del *sí mismo* (*self*) es quizá el constructo central, la bisagra más importante de la teoría de la Terapia Gestalt. Es la noción del *self* la que nos permite articular la parte organísmica del proceso: los planteamientos sobre la *autorregulación*, el ahora y el *darse cuenta*; con la concepción de la neurosis y el como si o el estrato falso; y también con el constructo del *Yo*, la responsabilidad y el necesario balance de las capacidades de elección y de espera. Y la que, por otra parte, nos permite articular estos fundamentos con el resto de las herramientas del proceso terapéutico: la definición de los *bloqueos o mecanismos neuróticos, las polaridades*, el alcance y utilización terapéutica de la *fenomenología*, y de manera particular el sentido del *método, la estrategia y las técnicas* de la Terapia Gestalt.

Esta articulación *no puede hacerse*, y la teoría de la Terapia Gestalt no puede avanzar gran cosa, sin una comprensión adecuada de la noción del sí mismo, o *self*. Pero por otra parte es éste uno de los conceptos difíciles de la Gestalt, y encontramos confusiones importantes aun en los teóricos principales de cada una de las corrientes.[7] Su discusión entonces se vuelve inaplazable, en términos que queden claros y que no dejen lugar a dudas, a generalidades o a contradicciones internas. Vamos a fondo.

6.1. El sí mismo: el proceso del organismo

El constructo del sí mismo es difícil porque es un constructo *fenomenológico* y dialéctico, que sigue esta lógica y no la de la definición habitual de un concepto. El sí mismo *define un proceso*, y no una cosa.

---

[6] Una versión resumida de este capítulo se publicó en *Cambio Social, Revista de la Asociación Española de Terapia Gestalt* no. 32. Madrid.
[7] Yontef dice por ejemplo que el sí mismo "tiene por lo menos quince significados diferentes y contradictorios", lo que no da sino una idea del nivel de la confusión existente. (Yontef 1995: 251-252).

En sus principales acepciones, lo utilizamos para expresar:

➤ *La totalidad o el conjunto de un organismo,* de uno mismo. *"Lo propio" (the self)* que se diferencia de "lo otro" (the otherness) a través del límite de contacto. (Perls 1968b: 19-20).

➤ Pero por otro lado *la parte sana, la parte organísmica,* que es capaz de regularse a sí misma sin interrupciones –que sigue el proceso y el ciclo de autorregulación–; y su expresión, la *"autoexpresión".* Dicho en una sola frase, el sí mismo, o *self*:

Es el organismo que tiende a su autorregulación.

O bien: la autorregulación *es el proceso del sí mismo* sin interrupción.

En una persona "absolutamente sana", cuya existencia fuera "completamente auténtica", (sin interrupciones, sin *como si,* o juego de roles) estas dos concepciones serían sinónimas.

Sin embargo nosotros tenemos una parte auténtica, *el sí mismo,* que se expresa en el nivel de lo real, de lo actual, que está en contacto con lo que acontece ahora, en contacto con nuestros sentimientos, con nuestros sentidos, y otro nivel o estrato falso al que Perls denomina *"maya, fantasía, el como si"* (Perls 1968b: 58). Este estrato falso, que corresponde al *como si* o juego de roles, se ha conformado mediante interrupciones o introyectos, y constituye un estrato o capa que se interpone e interfiere con la vivencia en curso, la *zona intermedia o el pseudo Yo* que nos impide el contacto con el mundo y con nosotros mismos. (Perls 1968b: 58, 61, 67, véase también Salama 1999: 46.) Dedico el siguiente capítulo a este estrato.

6.2. El *self*: distinto a la frontera o al límite de contacto

Pero antes detengámonos en la primera de las formulaciones: el sí mismo como la totalidad o el conjunto del organismo, de uno mismo: el sí mismo, lo propio (the self) se diferencia de lo que le es ajeno, de lo otro (the otherness) a través del límite de contacto.

Esta definición, poco más o menos con las mismas palabras, se encuentra desde el principio y es común a la mayoría de los autores de la Terapia Gestalt, y es tan clara aun en los términos de la lógica formal (un límite divide dos o más cosas, y no puede ser igual a una de las cosas que divide, porque entonces sería esta cosa y no el límite) que realmente este inciso no sería necesario a no ser por las confusiones de Goodman y los intentos recientes de recuperar su "teoría del Self". (Goodman 1951: 187-305 y especialmente 187-202). Voy entonces a algunos textos que permitan puntualizar esta diferencia, empezando desde el texto de Perls de 1942. La cita es de Polster:

> Perls observa: *"las fronteras, los lugares de contacto, constituyen el Ego. Sólo donde y cuando se encuentra el Sí mismo con lo que es "ajeno" a él, empieza a funcionar el Ego, surge a la vida y demarca la frontera entre el campo personal y el impersonal"* (Polster 1970: 107).

La frontera delimita entonces, es el lugar donde se encuentran, lo que es el sí mismo de lo que es ajeno a él. Esta distinción aparece más clara y precisa en *Finding Self Through Gestalt Therapy*:

> *Entonces, ¿qué es este "sí mismo"? El "self" no puede ser entendido de otra manera que a través del campo... el "sí mismo" ha de ser encontrado en el contraste con lo otro (the otherness). Hay una frontera (boundary) entre el self y lo otro, y este límite (boundary) es la esencia de la psicología... la psicología está exclusivamente interesada en, y su lugar es exclusivamente, donde el sí mismo y lo otro se encuentran. O, si usted está afuera del campo, donde la persona y la sociedad chocan, donde un organismo está arrojado en su ambiente* (Perls 1957: 2).

O más adelante:

> *El fenómeno del límite del ego es algo muy peculiar. Llamamos límite del ego al lugar en que se diferencian "lo propio" y el "sí mismo" (self) de "lo otro" (otherness).*
>
> *Sí mismo no significa nada aparte de ser algo definido por lo otro. "Lo hago yo mismo" significa que soy yo, este organismo, quien lo hace, y no otro.* (Perls 1968b: 19, 20).

Y es éste por lo demás el significado más común del término. Veamos, por ejemplo, la manera cómo define Yontef las alteraciones en el límite de contacto:

> *Alteraciones del límite de contacto: Cuando el límite entre el sí mismo y lo otro se hace difuso, impermeable o se pierde, se produce una alteración de la distinción entre sí mismo y otro, alteración tanto del contacto como del darse cuenta.* (Yontef 1995: 132).

O la manera como se afecta este límite en la confluencia o el aislamiento:

> *El límite de contacto se pierde de manera opuesta polar en la confluencia y el aislamiento. En la confluencia (fusión), la separación y distinción entre sí mismo y lo*

otro se torna tan difusa que se pierde el límite. En el aislamiento, el límite se hace tan impermeable que se pierde la conexión, es decir, se pierde el darse cuenta de la importancia de los demás para el sí mismo. (Yontef 1995: 132).

O inclusive un texto de Isadore From, a quien se atribuye la recuperación del texto de Goodman:

El sitio primero de la experiencia psicológica, hacia donde la teoría y la práctica psicoterapéuticas deben dirigir su atención, es el contacto en sí mismo, el lugar en donde el self y el entorno organizan sus encuentros y se implican entre sí. (From y Miller 1994: xxx).[8]

Que el organismo sea siempre y en todo momento parte de algún campo, y que no pueda sobrevivir fuera de éste, así como la gran importancia que tiene en Gestalt la noción del límite de contacto, (basten los textos anteriores) no pueden llevarnos a confundir lo que el organismo es, el self, con el límite que lo distingue del ambiente. La definición misma de la palabra self es "lo que es uno mismo": sí mismo, mí mismo, lo propio, y esto es definido en oposición a lo ajeno, a lo otro, the otherness, a través del límite del contacto:

Digamos que hay una frontera peculiar entre ustedes y yo. O como diría Buber, un famoso existencialista judío: Entre el Yo y el Tú. Esto es, ahora la esencia del Sí Mismo. El Sí Mismo es esa parte del campo que está opuesta a "lo otro" (the otherness). (Perls 1957: 2).

Para decirlo en otras palabras: que la casa tenga que tener siempre una pared, y que si no hubiera pared no habría tampoco casa, no puede hacernos confundir la casa (the home) con la pared. La pared es lo que divide la casa de lo externo, en este caso, el límite divide el self de lo externo. Pero la casa no es la pared, y es necesario criticar enfáticamente a Goodman, porque ésta es precisamente la confusión de base en su "Teoría del Self". Goodman confunde gravemente el self con el límite de contacto, o con lo que sucede en el límite de contacto, y convierte al self en algo así como "las funciones de la frontera de contacto", lo que equivaldría a decir algo así como que "la casa son las funciones de la pared".

Más adelante hay un apartado en el que desarrollo algunas de las principales confusiones en relación al sí mismo, y abordo nuevamente a Goodman. Baste por ahora.

---

[8] El año corresponde al de la "Introducción" de Isadore From y M.V. Miller a la edición para The Gestalt Journal de *Terapia Gestalt: Excitación y crecimiento de la personalidad humana*, de Perls, Hefferline y Goodman.

6.3. Las interrupciones no son el sí mismo

Decíamos que el sí mismo es el organismo que tiende a su autorregulación; o bien que ésta es el proceso del sí mismo cuando no se le interrumpe, lo que es también igual a la complexión del ciclo de autorregulación. Pero las interferencias no son el sí mismo, no son el proceso del organismo, sino la interrupción o el bloqueo del proceso. A estas interrupciones Perls les llama incluso non-self, no–sí mismo.

> *Yo creo que nuestro organismo es tan complicado que cada vez que algo le sucede, y es experienciado por él, nosotros somos sacados fuera de equilibrio y en cada momento tenemos que recuperar este balance. Los científicos le llaman a este estado "homeostasis", el eterno intento de recuperar nuestro equilibrio.*
>
> *Ahora, en esta interrupción del equilibrio, si algo pasa mientras, a través de algo que no es el sí mismo ("non-self") tenemos una situación inconclusa. ¿Qué quiere decir esto?... En donde sea que encontremos una situación inconclusa, quiere decir o significa que todavía estamos cargando con nosotros algún asunto del pasado que tendríamos que terminar.* (Perls 1957: 4).

El ciclo de la experiencia o de la autorregulación, el proceso mediante el cual se recupera el balance del organismo y se satisface la necesidad más significativa, es el proceso del sí mismo. La interrupción de este proceso no es el sí mismo, y la situación interrumpida permanece como situación inconclusa. En términos de Salama: "cuando predomina el No-Yo, no hacemos contacto con nuestras necesidades" (Salama 1999: 54). Cuando el ciclo se interfiere no se satisface la necesidad.

Si en el *como si, o Seudo yo*, no hacemos contacto con nuestras necesidades, y si las interrupciones no son el sí mismo, es necesario precisar *qué son* las interrupciones. Estas interrupciones son en principio los bloqueos o mecanismos neuróticos. Vamos por partes.

6.4. Las introyecciones no son el sí mismo

El self o sí mismo se construye con lo que el organismo asimila. Lo que es asimilado deja ya de ser algo externo y pasa a ser parte del organismo. Cuando la necesidad es satisfecha, la situación avanza y pasa mediante la integración a la construcción del sí mismo. En el modelo gestáltico del desarrollo humano, el crecimiento y la formación del sí mismo implican que la persona sea capaz de darse cuenta de la necesidad o de la reacción del organismo ante el entorno –de la emoción en curso–, y de hacer contacto o establecer la interacción necesaria para poder expresarse adecuadamente, de manera que la situación pueda concluirse. (Véase por ejemplo Kepner 1987: 10).

Pero las introyecciones *no son el sí mismo*. Son algo externo, que permanece sin digerir, y no son parte del organismo. No forman parte nuestra –aunque presenten la apariencia de serlo–, sino que aún son parte del ambiente.

Y son en realidad *interferencias* al proceso del sí mismo, en cuanto que evitan la expresión (y a menudo incluso la consciencia) de las emociones básicas del organismo. Un introyecto como "los hombres no lloran", por ejemplo, que en realidad proviene del exterior (de papá, o de mamá) interfiere con el proceso del sí mismo en cuanto que evita la expresión de la tristeza o la pena genuina –en este caso la emoción del organismo– y orilla a que ésta permanezca como situación inconclusa. Y lo mismo pasa con "las niñas buenas no se enojan", "el sexo es pecado" o cualquier otro introyecto que interfiere la expresión de las emociones básicas del organismo.

Que las introyecciones no son el sí mismo, sino algo externo al organismo, es una noción fundamental de la Terapia Gestalt, *desde su inicio*, porque en realidad todo el esquema de la autorregulación (vs. la regulación externa) se construye desde aquí. La definición misma de la introyección: como material externo que no se asimila y que permanece sin digerir, lo precisa así.

Y sin embargo –y a pesar de su claridad–, esta noción está negada o confundida en buena parte de la teoría de la Terapia Gestalt, que confunde la necesidad de comprender y/o asimilar las resistencias, –en particular el "perro de abajo" en el esquema de las polaridades–, con la pretensión de que éstas también sean el sí mismo, lo que genera una gran confusión.

Por esta razón, y a riesgo de resultar reiterativo, voy a referir algunos de los textos en los que Perls aborda claramente esta noción. No pretendo elaborar el concepto, solamente fundamentarlo con la mayor claridad y amplitud posible:

> *Toda introyección, total o parcial, debe pasar por el molino de los molares trituradores para no convertirse en un cuerpo extraño o seguir siéndolo, un factor aislado y alterador en nuestro sistema...* (Perls 1942: 171).

> *... El material introyectado permanece fuera del organismo propiamente dicho y por ello se percibe correctamente como algo extraño al Ser* (Perls 1942: 212).

> *Sobre todo, evite usted el peligro de la introyección, evite tragar trozos mentales y físicos destinados a seguir siendo cuerpos extraños en su sistema. Para comprender y asimilar el mundo tiene que emplear plenamente sus dientes...* (Perls 1942: 252)

> *Respecto a la introyección estoy en desacuerdo con Freud, quien veía como fenómeno patológico sólo a la introyección total, considerando a la introyección parcial como un proceso saludable que proporciona los ladrillos con los que se construye el ego. Yo sostengo que cada introyecto, sea parcial o total, es un cuerpo extraño dentro del organismo.* (Perls 1948: 67).

También podemos decir que el conflicto neurótico es simplemente el conflicto entre dos tipos de discriminación, una discriminación "introyectada" o alienada (las elecciones de algún otro que hemos incorporado) y la discriminación del organismo. Como discriminación introyectada... Freud usó para esto el nombre de súper-yo. (Perls 1955: 41).

Veamos si podemos conectar todos estos hilos. El crecimiento del organismo toma lugar al integrar nuestras experiencias, esto es, con la asimilación al organismo de las sustancias físicas, emocionales e intelectuales que el ambiente ofrece y que satisfacen una necesidad.

Si no hay asimilación, nos quedamos con los introyectos, las cosas son tragadas enteras, no hacemos propio el material foráneo... Esa es una digestión incompleta de los modelos de padres, profesores y sociedad. Quizás parte de este alimento no fue hecho para ese organismo; nunca debió probarlo siquiera; sin embargo, lo tragó a la fuerza. Todo esto debe ser vomitado... (Perls 1955: 45).

Podemos crecer únicamente si en el proceso de tomar, digerimos plenamente y asimilamos plenamente. Lo que hemos asimilado verdaderamente del ambiente pasa a ser nuestro para hacer lo que nos plazca... Pero lo que tragamos íntegro, aquello que aceptamos indiscriminadamente, lo que ingerimos en vez de digerir, pasa a ser un parásito, un cuerpo extraño que hace de nosotros su morada. No forma parte nuestra aunque presente la apariencia de serlo. Aún es parte del ambiente. (Perls 1955-56: 43).

Conceptos, datos, patrones de conducta, valores morales, éticos, estéticos y políticos, todos provienen originalmente del mundo externo... tienen que ser digeridas y dominadas si han de convertirse verdaderamente en propias, verdaderamente en una parte de la personalidad. Pero si sencillamente aceptamos por así decir, el chancho entero sin críticas, la palabra de otra persona... entonces yacen pesadamente en nosotros. Son realmente indigeribles. Continúan siendo cuerpos extraños aunque hayan tomado nuestras mentes por su morada. Tales actitudes, modos de actuar, de sentir y de evaluar sin digerir en sicología se les llama introyectos y el mecanismo mediante el cual estos cuerpos extraños son agregados a la personalidad nosotros lo denominamos introyección. (Perls 1955-56: 43-44). La introyección es la tendencia a hacer al sí mismo (self) responsable de lo que de hecho es parte de ambiente... (Perls 1955-56: 45).

Figura 1: La introyección

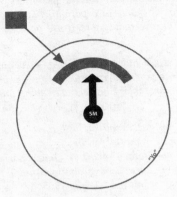

Como resume puntualmente Yontef:

La persona auto-regulada... toma lo que es nutritivo para ella y rechaza lo que es tóxico... para integrar las partes nutritivas al sí mismo (asimilación) y rechazar o excretar lo inservible. Admitir cualquier partícula del todo, sin este proceso de asimilación, es introyección. (Yontef 1995: 170).

O John L. Swanson, en el artículo que abre el debate en torno a los mecanismos neuróticos en el volumen XI del Gestalt Journal:

Introyección y Proyección. Son procesos fronterizos distintos y están relacionados a polos opuestos. Al introyectar, se hacen responsables de lo que realmente es parte del ambiente. Al proyectar, hacen responsable al ambiente por lo que realmente se origina en el ser. (Swanson 1988: 8).

Esta distinción entre asimilación e introyección resulta de gran importancia en el método terapéutico; porque es esta asimilación la que permite al consultante llegar al auto-apoyo, pararse en sus propios pies e ir reduciendo la necesidad de apoyo y aprobación externa. Y se revela también de gran importancia porque –aunque sencilla y rudimentaria, si se quiere–, constituye la base de lo que pudiéramos llamar *una teoría del aprendizaje* de la Terapia Gestalt.

Pero deténganse un momento a considerar lo que realmente es el súper-ego. Si no es parte del sí mismo, del "yo", del ego, por necesidad debe ser entonces un montón de introyectos, de actitudes no asimiladas y de planteamientos impuestos al individuo por el ambiente... De hecho, el niño no introyecta las actitudes y la ética de los padres "buenos", las asimila... él no puede hacer lo mismo con las "malas" actitudes de sus padres; no tiene medios para encararlas y ciertamente ningún deseo innato para hacerles frente. Así es como tiene que tomarlas como introyectos indigeridos. Y ahí comienzan los problemas. Porque ahora tenemos una personalidad compuesta no ya de ego y super-ego, sino de yo y no-yo, de sí mismo y autoimagen. Una personalidad tan confusa que se hace imposible distinguir una de la otra. (Perls 1955-56: 51).

Observemos como la primera parte de la cita refuerza nuevamente la idea de que el super-ego o el montón de introyectos *no son parte del sí mismo*. Y mientas este último se forma con "las actitudes y la ética de los padres buenos"; a las "malas" actitudes, para las que no tiene todavía medios para encarar o para hacerles frente, tiene que tomarlas como introyectos, y de aquí se originan los problemas que llevan a la pérdida del contacto y de la autenticidad, que tornan neurótico al niño. De aquí se desprende la gran importancia que tiene, en el proceso de formación del niño, el acompañamiento que le permita comprender y asimilar sus experiencias más difíciles o significativas.

Esta misma distinción nos va a llevar, más adelante, a la necesidad de distinguir entre lo que es una expresión de la emoción genuina, pongamos por caso de pena, y los intentos de manipulación a través de la queja, el berrinche o cualquier otra forma parecida. Tanto el terapeuta como el educador gestáltico acompañan e incluso alientan la expresión de una emoción genuina, pero no se prestan a la manipulación y buscan la manera de potenciar el surgimiento de la expresión genuina y del autoapoyo.

6.5. Los mecanismos neuróticos interrumpen el proceso del sí mismo

Si las introyecciones no son el sí mismo, los demás bloqueos o mecanismos neuróticos no son tampoco representativos del sí mismo. Para Zinker, Castanedo o Salama son interrupciones en el proceso del *ciclo de la experiencia*, puntos en los que la energía se bloquea y la necesidad no puede ser satisfecha. Para Perls los mecanismos neuróticos son una conducta que no es representativa del sí mismo y que evidencia la falta de autorresponsabilidad del paciente, de modo que el terapeuta tiene que vérselos con ellos a medida que aparecen. (Perls 1948: 66; 1955-56: 84).

6.6. La proyección: alienación del sí mismo. Y vivencia en el *como si*

En la proyección lo que hay es una negación o alienación de lo que en realidad sí es el sí mismo, rechazando aquellas partes de nosotros mismos que en realidad nos resultan desagradables o amenazantes. Por ejemplo, mi deseo sexual, que en realidad sí soy yo, como resulta que el sexo es malo, o es pecado, aparece entonces proyectado y digo: "los hombres me persiguen", o "él quiere conmigo". Si los hombres no lloran, entonces las ganas de llorar no son mías, sino de los débiles, y yo me asumo como un hombre orgulloso de su fuerza que tiende incluso a reaccionar de manera agresiva. O en el caso del coraje, que en realidad sí soy yo, como las niñas buenas no deben enojarse, aparece proyectado y digo: "mi mamá está enojada conmigo", por tanto yo algo malo he de haber hecho, y encima me siento culpable. (O puede aparecer retroflectado: estoy enojada conmigo misma).

La proyección es entonces una alienación y negación de lo que sí es el sí mismo. Pero el autoconcepto resultante de la proyección, –como en todos los casos anteriores– no es de ninguna manera el sí mismo, sino la evitación o el bloqueo del proceso. Si yo digo "los hombres no lloran" y niego o encubro mi tristeza detrás de mi imagen de hombre fuerte, esta alienación está en el *como si*, o en el juego de roles: me comporto como si fuera un hombre fuerte, y esto es una evitación del proceso en curso y no la expresión de la necesidad del organismo.

Por eso en el trabajo con la proyección, la reidentificación con las partes proyectadas *implica la recuperación de los aspectos negados*, y de su potencial, *para el sí mismo*. Si por ejemplo, yo asumo mi tristeza, mi ternura y mi debilidad como parte de mí mismo, –en lugar de proyectarla– entonces tengo acceso a muchas posibilidades que antes no tenía y mi habilidad para responder a las situaciones se incrementa. O de igual manera si asumo mi parte perseguidora, fuerte, como parte de mí misma(o), o cualquiera de las partes desagradables o de las sombras de la personalidad.

Figura 2: La proyección

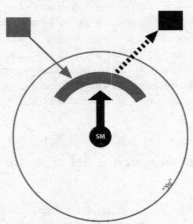

6.7. La retroflexión: división del sí mismo

La retroflexión significa volver hacia atrás una acción; la emoción o la acción que originalmente iba dirigida hacia el ambiente es devuelta hacia el propio sujeto. Mediante la retroflexión me hago a mí mismo lo que en realidad me gustaría hacer a otros. Digo: "estoy enojada conmigo misma", cuando en realidad estoy enojada con otra persona y el enojo tendría que ir dirigido hacia el ambiente. O también "tengo que controlarme a mí mismo", o "tengo vergüenza de mí misma" lo que en realidad esconde mi propio deseo de controlar o de avergonzar a otros.

Como tal, la retroflexión *implica una división del sí mismo*, el sujeto se divide entre "el hacedor" y "al que le hacen", entre la parte que controla y la que es controlada, entre la que está enojada y la que recibe el enojo. (Perls 1955-56: 50-52).

Figura 3: La retroflexión

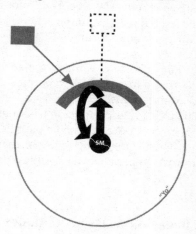

E introduzco aquí un elemento de discusión importante: esta parte de mí mismo, *la que recibe la agresión*, está perdida en la teoría de la Terapia Gestalt. Se suele plantear la retroflexión como "polaridad" entre el impulso de expresar la agresión y la resistencia a la expresión de esta agresión –en realidad el introyecto que poco más o menos diría "tú no debes enojarte", "si te enojas pierdes", "si te enojas no te van a querer" o cualquier otra cosa; e incluso de los procesos corporales o musculares involucrados en la expresión o represión de tales impulsos. (Véase por ejemplo Kepner 1987: 147-149).

En realidad, como puede verse ya con claridad después de lo planteado, se trata de tres partes y no de dos: el impulso, el introyecto o el mensaje que detiene el impulso y la parte que en realidad lo recibe. Y *la polaridad correcta es entre el impulso (o el hacedor) y al que le hacen, entre el agresor y el agredido,* que divide efectivamente por dos al sí mismo, y no entre el impulso y el introyecto.

La retroflexión es entonces en alguna medida una división del sí mismo: *yo me hago a mí mismo* lo que en realidad me gustaría hacer a otros. La persona sin embargo no es consciente de esto, y lo procesa como que en realidad tiene que controlarse o está enojada consigo misma; o bien como que siente el enojo pero que *ella* no debe enojarse. En otras ocasiones, –por ejemplo en la depresión–, ni siquiera es consciente de su agresión o de su emoción real. (Para una visión desde la Gestalt de la depresión véase Schnake 2001: 107-128).

Pero sea lo que fuese: que sienta que está enojada consigo misma, que *ella* no debe enojarse, o que confunda no sólo el blanco sino que ni siquiera se dé cuenta de su emoción real, el autoconcepto de la persona que retroflecta es una interrupción del proceso en curso, está en el *como si* y no corresponde al proceso del sí mismo. La figura asociada a la necesidad real (que implica tanto la emoción como el blanco hacia el cuál ésta va dirigida) no se forma.

Y sin embargo, una vez que aparece el verdadero blanco de la retroflexión, y el impulso o la agresión se vuelca hacia el blanco correcto, por ejemplo si en lugar de decir "estoy enojada conmigo misma", digo: "estoy enojada *contigo, mamá*", y esto responde a la realidad, ésta es una emoción básica que *proviene del sí mismo* y corresponde al proceso en curso. Y este sencillo paso deshace la división interna y deshace la retroflexión. (Queda por supuesto la expresión de la emoción y, en su caso, el trabajo con el introyecto para hacerla posible o para manejar la culpa que pudiera surgir).

6.8. La proflexión: negación de las necesidades del sí mismo

La proflexión es un mecanismo neurótico o "proceso de frontera" propuesto originalmente por Silvia Crocker. En palabras de Crocker: "En la proflexión las personas les hacen a otros lo que les gustaría que les hicieran a ellos. Con la proflexión, la energía fluye hacia afuera. (Crocker 1981: 19, citado en Swanson 1988: 8). Coincido con la conveniencia de incluir a la proflexión entre los "procesos de frontera" o mecanismos neuróticos de la Gestalt. Swanson la coloca como opuesta a la retroflexión: "La retroflexión y la proflexión: también son claramente procesos fronterizos y se relacionan como opuestos"... (Swanson 1988: 12; véase también Peñarrubia 1998: 131).

A su vez, Castanedo lo incluye en el ciclo de la experiencia como una de las interrupciones en la fase de la acción:

De la movilización de energía se llega a la fase denominada acción... La acción puede interrumpirse por medio de la retroflexión. La persona que retroflecta se hace a sí misma lo que quisiera hacer a otras... El opuesto de la retroflexión es la proflexión. El proflector hace a otra persona lo que desea que le hagan. (Castanedo 2001: 33)

En términos del sí mismo, en la proflexión lo que hay es una falta de contacto con, o una negación, del sí mismo, y la proyección por tanto de la necesidad real. Le hago a otros lo que en realidad quiero para mí, porque no merezco, porque lo mío no es importante, porque debo agradarlo.

En términos del self, la proflexión se parece bastante a la proyección. Se diferencia de ésta sin embargo en que, mientras en esta última el impulso original del sí mismo va dirigido hacia fuera, de manera que aparece ahora invertido y dirigido hacia el interior (pensemos en el coraje que se proyecta y se convierte en auto-acusación y culpa, o en miedo o ansiedad como en el paranoico; o en el deseo sexual que se proyecta y se desposee la responsabilidad), aquí se trata de un impulso hacia sí mismo, que es sin embargo negado y desviado hacia el ambiente. También se diferencian en que, mientras en la proyección el límite se encuentra corrido a favor nuestro, de manera que desposeemos nuestros partes o impulsos desagradables (Perls 1955-56: 49), la proflexión va en contra del proflector.

La persona que proflecta tiene por lo general habilidad para sentir las necesidades de los demás, y sin embargo una gran dificultad para sentir las propias. Su auto-concepto la hace verse como una persona servicial, que está para agradar a los demás, que *no merece* y que no tiene en cambio apenas necesidades propias. Y de esta manera evita también lo real, el proceso en curso del sí mismo, y se encuentra en *el como si*.

Figura 4: La proflexión

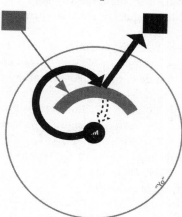

Sin contacto con sus necesidades, el ciclo del proflector se interrumpe y **éste** no puede obtener su satisfacción.

6.9. Los mecanismos neuróticos: en el *como si*

El sí mismo es el proceso del organismo. Los mecanismos neuróticos son las interrupciones de este proceso, –que además permanecen ajenas al darse cuenta– y no son por tanto representativos del sí mismo.

Más que discutir ampliamente las implicaciones y la forma de trabajo con cada mecanismo, para la comprensión del sí mismo nos interesa por ahora dejar clara esta noción: que los bloqueos o mecanismos neuróticos son interferencias o interrupciones, y no son por tanto el proceso del sí mismo, la expresión de las necesidades del organismo.

Cada uno de los mecanismos considerados hasta ahora no sólo no corresponden al proceso del sí mismo, sino que en ellos no alcanzamos a hacer contacto con la necesidad real del organismo, el autoconcepto *no permite la emergencia de la gestalt, y la figura real no se forma. Todos los mecanismos neuróticos están en el como si.*

6.10. La deflexión: interrupción de un proceso que sí era del sí mismo

La noción de la deflexión fue propuesta originalmente por Polster como "una maniobra tendiente a soslayar el contacto directo con otra persona, un medio de enfriar el contacto real". (Polster 1973: 95-96). Si bien la definición es más o menos similar, el lugar que Castanedo y Salama le asignan en su ciclo de la experiencia le da una connotación distinta, –especialmente las formulaciones de éste último–.

Si bien en su planteamiento del ciclo Zinker no utiliza el término (Zinker 1977: 83-96, especialmente 84), Castanedo y Salama ubican la deflexión en una fase del *ciclo posterior* a la formación de la figura. Para Salama: "este bloqueo se halla dentro de la fase de pre-contacto. El organismo evita enfrentar al objeto relacional dirigiendo su energía a objetos que son alternativos y no significativos." (Salama 1992: 42). Y caracteriza la deflexión de la siguiente manera:

> La frase característica de la persona que deflecta es: Lo evito.
> El mensaje asimilado: No te enfrentes.
> La característica negativa: la cobardía.
> El temor básico: a enfrentar. (Salama 1992: 49, 51, 56, 61).

En este planteamiento la persona formaría la figura correcta, la que responde efectivamente a su necesidad, y sin embargo no establecería el contacto con dicha figura por temor a enfrentarla.

Por ejemplo: tengo una situación que me hace sentir mucho coraje con mi jefe. Me doy cuenta de la sensación, ahí está el coraje en mi estómago o en mis músculos. Y formo la figura correcta: sé que el coraje es contra mi jefe, y sé bien cuál es el motivo. (No lo proyecto y pienso que él es el que está enojado, ni retroflecto y pienso que estoy enojado conmigo mismo, *formo la figura correcta*). Y sin embargo a la hora de expresar la emoción, no enfrento y evito hacerlo. O igualmente: sé que quiero a mis hijos, son el motivo de mi vida y trabajo denodadamente por ellos. Y sin embargo y aunque desearía profundamente hacerlo, no puedo expresarles mi cariño, abrazarlos o decirles que los quiero.

Considerada así, esta deflexión (que no significa lo mismo que la definición de Polster), implica una interrupción del proceso del sí mismo *ya posterior* a la formación de la figura, antes de la expresión o del contacto y puede constituir un elemento valioso para la teoría de la Terapia Gestalt. A diferencia de los mecanismos neuróticos anteriores, aquí el autoconcepto de la persona "yo estoy enojado con mi jefe" o "quiero abrazar a mis hijos" corresponde a lo real, al darse cuenta y al proceso del sí mismo; y el proceso se interrumpe *sólo en la expresión,* en la fase de acción o contacto.[9]

Considerada desde el darse cuenta, esta "deflexión" es incluso consciente. *El sujeto se da cuenta que decide no hacer el contacto.* Se trata entonces, en cierta medida, de una elección libre de alternativa y no de un mecanismo neurótico. En todo caso, lo que puede ser neurótico es la razón de la evitación, de la que el individuo no se da cuenta, lo que muy probablemente se deba a alguna introyección.

6.11. El autoconcepto: distinto del sí mismo y a menudo su interferencia

Entendemos el autoconcepto, o la noción de personalidad, como la idea o el conjunto de ideas y creencias que la persona tiene de sí misma.[10] Esta idea puede corresponder a la realidad, al proceso en curso, y por tanto al sí mismo, aunque con

---

[9] Aunque la emoción sea consciente, si no se expresa y encuentra cauce de alguna manera, puede volverse después contra uno mismo, e incluso perderse la conciencia de la emoción original, convirtiéndose en una retroflexión, como es el caso a menudo en la depresión.

[10] Esta noción del autoconcepto se parece mucho a la del construto del *Yo*, como símbolo de identificación/alienación: "yo soy esto o no soy esto" que desarrollamos en otro capítulo, si bien el autoconcepto refiere más a una idea permanente: "yo soy una persona madura y las personas maduras no se enojan", y no sólo al proceso actual: "no estoy enojado".

mucha frecuencia no solamente no corresponde a éste sino que representa incluso su interferencia.

Si yo pienso que "yo soy un hombre y los hombres no lloran", o que "soy una persona madura porque no me enojo, y las personas maduras no se enojan" este autoconcepto es en realidad el *como si* (me comporto como si fuera un hombre fuerte), el juego de roles que está evitando que emerja la emoción del sí mismo, y *no es el sí mismo ni es representativo de éste.*

Más aún, cuando la emoción emergente está en desacuerdo con el autoconcepto que la propia persona tiene de sí misma, este autoconcepto interfiere con el proceso del sí mismo, evitando el contacto necesario para la expresión de la emoción, y a menudo incluso la conciencia de ella.

Esto es así para cada uno de los bloqueos o mecanismos neuróticos. El autoconcepto de la persona que introyecta y que se identifica con la introyección, que dice "yo debo" o "yo no debo..." representa tal cual la interrupción del proceso. Y lo mismo sucede en el caso de la proyección, la retroflexión o la proflexión, como ya vimos, o de la persona que está sencillamente en el *como si*: el autoconcepto está en realidad *confundido*, no corresponde al proceso real y significa en la práctica su interrupción. Perls es enfático en que el autoconcepto no es el sí mismo:

> *El paciente ha trabajado mucho para proveerse de un autoconcepto... (A menudo es un concepto completamente erróneo de sí mismo, cada rasgo representa el opuesto exacto de su realidad.) Este autoconcepto no le puede brindar al paciente ningún apoyo; por el contrario, se ve ocupado reclamando, desaprobándose a sí mismo, aplastando cualquier índice de autoexpresión genuina...*

> *al faltar el apoyo provisto por la autoapreciación, el resultado es una constante necesidad de apoyo externo, la necesidad de ser estimado y apreciado por los demás. Y debido a que este apoyo ambiental es buscado para el autoconcepto, nunca puede llegar a contribuir al crecimiento del sí mismo...*

> *Sin embargo, con toda la discusión del autoconcepto y su superestructura, la terapia rara vez logra penetrar verdaderamente en el sí mismo. Opino que esto se debe a que, en la mayoría de las formas de terapia, no se le presta suficiente atención al estrato de confusión que existe entre el sí mismo y el concepto de sí mismo (o autoconcepto).* (Perls 1955-56: 57-58).

En ocasiones el autoconcepto puede sí corresponder al proceso en transcurso; puede tratarse *del darse cuenta* o de la formación de la figura correcta. "Estoy triste, tengo ganas de llorar..." O en el terreno más permanente, responder a una idea más adecuada de lo que soy, de mi poder, de mis posibilidades y limitaciones y de lo que mis capacidades realmente son.

El autoconcepto, o la noción de personalidad, es entonces esta idea que tengo acerca de mí mismo, la manera como me describo, y puede identificarse con lo que soy realmente, con el proceso del sí mismo: tengo hambre, tengo coraje, tengo ganas de llorar, lo que implica una identificación sana.

Pero tiene mucho de falta de auto-aceptación, de construcción con base en los deberías o los falsos ideales. A menudo el autoconcepto es lo que la persona cree que debería ser, más que lo que es en realidad; y entonces refleja más bien a los introyectos o el *como si* resultante de los diferentes bloqueos o mecanismos neuróticos. Solamente una persona muy sana tiene en realidad un autoconcepto ligado a lo que en realidad es. Y aún las personas sanas necesitan terapia y batallan para ver sus sombras.

Por ejemplo, una compañera se describe a sí misma como muy alegre, buena onda y optimista. Y quizá lo es efectivamente. Pero a la hora que hay que hacer contacto con las emociones, no tiene acceso ni al coraje, ni al dolor, y en realidad casi ni a la ternura. Y sin embargo de esto no tiene conciencia. Su autoconcepto dice "soy optimista" y no: "evito sentir el dolor". El autoconcepto funciona a menudo como una conducta aprendida, como una especie de máscara con la que yo me comporto y me mantengo en el juego de roles aprendido. El autoconcepto tiene entonces estas dos acepciones. Pero ciertamente no es el sí mismo, en muchos casos incluso es su interferencia.

Y es necesario detenernos en ello porque la pretensión de Goodman, de incluir a la personalidad (en realidad al autoconcepto), como una de las funciones del self introduce mucha confusión. Como hemos desarrollado, el autoconcepto no es el self, ni puede confundirse con él. Y ¿de qué nos sirve la noción del self si pretendemos que la interferencia, lo que interfiere al *self*, es también parte del self, y además ni siquiera nos damos cuenta de ello?

6.12. La zona intermedia o de la fantasía: distinta del sí mismo

No sólo el autoconcepto, sino la actividad mental en general, la "zona intermedia" entre nosotros y el mundo, no representa el sí mismo sino que evita que la persona esté en contacto con éste:

> El *"darse cuenta"* cubre, por así decirlo, tres estratos o capas: el darse cuenta de sí mismo (self); el darse cuenta del mundo y el darse cuenta de lo que está entre medio –la zona intermedia de la fantasía–, que impide que la persona esté en contacto consigo misma y con el mundo. (Perls 1968b: 61).

Para Perls, la pérdida de contacto con nuestro yo auténtico, y con el mundo, se debe a esta zona intermedia, la gran área de fantasía o *maya* que llevamos con nosotros. Esta distinción corresponde también a la del proceso de autorregulación del organismo contra la regulación externa o a la interrupción de aquél. Cuando negamos la experiencia nos vamos a la zona intermedia, –lo que es una evitación del proceso del sí mismo–, con lo que las situaciones no se resuelven y permanecen inconclusas:

> *Quisiera subrayar aquí una cosa, a saber: la atención y la percepción no se integrarán, no se integrarán en el caso de la mayoría de la gente, tan pronto la percepción se vuelve desagradable, penosa o incómoda. En ese momento negamos la experiencia, nuestra atención se interna en la ZIM y empezamos a aporrear la mente, empezamos a asustarnos. De esa manera la Gestalt no puede concluir, no puede ocurrir ningún surcamiento, y la consecuencia es que no puede haber ninguna maduración.* (Perls 1969b: 147-148).

Aspecto nodal en la Terapia Gestalt, esta distinción resulta esencial también en el budismo zen, que busca reducir la actividad mental para volver al estado de quietud y de paz interior que representa el ahora y el contacto con los sentidos. El término Buddha, que significa "el iluminado" "el que siempre está despierto" refiere a ese estado en el cuál la preocupación y el diálogo interno se han aquietado para dejar espacio a la conciencia del mundo y a la conciencia de sí. La iluminación, la conciencia del ahora, es así el final de la esclavitud que produce el pensamiento incesante.

Tolle dedica el capítulo 1 de su texto: "No eres tu mente" precisamente a esta diferenciación de la actividad mental de lo que *realmente es:*

> *La identificación con la mente crea una pantalla opaca de conceptos, etiquetas, imágenes, palabras, juicios y definiciones que bloquean toda verdadera relación. Esa pantalla se interpone entre tú y tú mismo, entre tú y tu prójimo, entre tú y la naturaleza, entre tú y Dios; crea la ilusión de la separación, la ilusión de que tú y el "otro" estáis totalmente separados.* (Tolle 1999: 37).

6.13. El sí mismo requiere sensación y emoción

Si la permanencia en la zona intermedia es entonces una forma de evitación, el proceso del sí mismo, self, es una expresión de la persona total, y en este sentido, requiere de sensación y de sentimiento (entendido éste como emoción básica).

El proceso del sí mismo requiere hacer contacto con la sensación, de manera que puedan emerger la emoción y las necesidades ante la situación en curso, que el proceso pueda fluir y que la gestalt pueda completarse.

Este proceso requiere de consciencia, de darse cuenta, que es al mismo tiempo sensorial y afectivo. (Yontef 1995: 134-135). Sin una sensación clara perdemos el contacto con nuestras necesidades, con el estado de nuestro organismo. Perdemos nuestra base en el mundo, el proceso del sí mismo. Y sin esta base, los significados que creamos y las acciones que emprendemos no están relacionados con nuestras necesidades reales y a menudo se basan en conjeturas, se quedan en el como si. (Kepner 1987: 95).

Y lo mismo sucede si negamos la emoción real ante la situación, evitándola o ahora sí que des-figurándola (impidiendo la formación de la figura real, a través de cualquiera de los mecanismos neuróticos). Tanto en una u otra situación, que en realidad son coincidentes, el proceso del sí mismo se interrumpe y no avanza hacia su resolución.

Por el contrario, el contacto con la sensación y la emoción del organismo, provenientes del si mismo, permiten la emergencia de la gestalt y su eventual contacto, expresión y resolución.

6.14. La manipulación o apoyo ambiental ≠ al sí mismo

Al igual que el pensamiento, la acción puede constituir una evitación de la vivencia y de la toma de conciencia, y no es difícil ver cuántas de nuestras acciones están dirigidas a evitar la experiencia o el darnos cuenta y a la minimización de la incomodidad.

La manipulación de otros, que también podemos entender como una auto-manipulación dirigida a manipular a otros… compromete todo el rango de conductas de "juego". Un "juego" siempre involucra la esperanza de un objetivo y puede ser visto más bien como una manipulación para obtener una ventaja que como un acto de expresión. Perls vio los juegos como una capa externa de la personalidad, como "la capa falsa" o el representar roles, –ajena por tanto al sí mismo o al proceso del organismo–, y para trabajar con él exigía a sus pacientes que "dejaran de hacer eso". (Naranjo 1990: 73-76).

La representación de roles o las manipulaciones no son malas en sí mismas. En la cultura en que vivimos, para satisfacer nuestras necesidades de alguna manera tenemos que representar roles. El problema no es cuando manipulamos (somos corteses o atentos, adulamos o somos amables) para satisfacer nuestras necesidades reales. El problema es cuando esa representación de roles es una fijación o compulsión que enmascara la necesidad interna, a menudo sin que nos demos cuenta. En palabras de Perls:

Podríamos resumir el enfoque terapéutico presentado aquí y la utilización por parte del terapeuta diciendo que el terapeuta debe frustrar aquellas expresiones del paciente que reflejan su autoconcepto, sus técnicas manipulatorias y sus configuraciones neuróticas. Y debe satisfacer aquellas expresiones del paciente que son verdaderamente expresiones del sí mismo del paciente. Si ha de ayudar al paciente en cualquier forma de autorrealización, deberá, por definición, disuadir cualquier satisfacción de las configuraciones que impiden la autorrealización (la neurosis) y estimular las expresiones del sí mismo esencial que el paciente está tratando de encontrar. (Perls 1955-56: 113).

Hago un paréntesis para referirme a la manera como se desarrolla en el niño esta capacidad de manipulación –junto al carácter neurótico–, y a la importancia que tendría en esta sencilla "teoría gestáltica del aprendizaje" a la que nos referíamos en párrafos anteriores:

Ahora volvamos al proceso de maduración. En el crecer hay dos alternativas: o el niño crece y aprende a sobreponerse a la frustración o se transforma en un malcriado... Puede que se eche a perder porque cada vez que desea algo lo consigue –porque el niño "debe tenerlo todo, porque el papito nunca lo tuvo" o porque los padres no saben cómo frustrar a los niños–...

Cada vez que el niño es mimado para evitarle una frustración, se le está condenando. Porque en vez de usar su potencialidad para crecer, la usa para controlar a los adultos, para controlar el mundo. En vez de movilizar sus propios recursos, crea dependencias. Invierte su energía en manipular el ambiente para conseguir apoyo. Controla a los adultos empezando por manejarlos, descubriendo sus puntos débiles. A medida que el niño empieza a desarrollar sus medios de manipulación, adquiere lo que se llama carácter. Mientras más carácter tiene una persona, menor es su potencial...

¿Y cuáles son los rasgos de carácter que un niño desarrolla? ¿Cómo controla al mundo? ¿Cómo manipula el ambiente, su ambiente? Exige apoyo direccional. ¿Qué debo hacer?... O el niño sabe inflar la autoestima del otro para que se sienta regio y le dé algo en retribución... un "niño bueno". Ahí siempre hay un badulaque resentido. Pero haciéndose el que está de acuerdo, al menos en la superficie, soborna al adulto. O se hace el tonto y exige apoyo intelectual: hace preguntas, síntoma típico de estupidez... También muy importante es jugar al indefenso, al incapaz. "Yo no me puedo ayudar, ¡ay de mí! Tú tienes que ayudarme. Tú eres tan hábil, tienes tantos recursos. Estoy seguro de que puedes ayudarme". Cada vez que uno se hace el desvalido, creamos una dependencia, se juega un juego de dependencia. En otras palabras, nos hacemos esclavos. Especialmente si la dependencia es una dependencia de la autoestimación... (Perls 1968b: 44-45).

6.15. El cuerpo, a menudo el sí mismo negado

Un aspecto primordial del self, desarrollado por J. Kepner y que a menudo se encuentra subestimado, si no es que olvidado, en la teoría de la Terapia Gestalt, lo constituyen los elementos corporales alienados y cuyo acceso se encuentra bloqueado o negado a nuestra conciencia. El cuerpo se vuelve así el sí mismo negado. Dice Kepner:

> *... aspectos del sí mismo que el entorno rechaza se vuelven alienados. Las cualidades del sí mismo (el impulso a la curiosidad, la falta de amor, la capacidad para la vulnerabilidad, los sentimientos sexuales) son alienadas o, en el uso clínico común, negadas.* (Kepner 1987: 10).

> *Al convertir el sí mismo corporal en "eso" y al relegar al "yo" o sí mismo identificado a la mente, nuestro cuerpo en cierto sentido se vuelve el sí mismo negado... Entonces experimentamos mucho de lo que nos llega en forma de experiencia corporal como algo alienado del sí mismo y por lo tanto irracional, y la mayor parte de lo que llega bajo la forma de pensamiento y expresión verbal como algo racional y por lo tanto aceptable a la imagen que tenemos de nosotros mismos... muchas de las funciones organísmicas que debemos negar están arraigadas en nuestra naturaleza física. Así, negar esos aspectos... requiere que neguemos los aspectos corporales del sí mismo que están implicados.* (Kepner 1987: 11).

Ante el rechazo del entorno, alienamos (negamos, bloqueamos) gran parte de la experiencia corporal, que nos resulta irracional, dolorosa o avergonzante, como consecuencia de las introyecciones o de los abusos sufridos: Siento que mi cuerpo es malo, y me amenaza el coraje, el deseo, o lo que siento... O bien viví situaciones de abuso que me hicieron incluso disociar mi identidad, como separada del cuerpo. Entonces hay una negación, una des-posesión del cuerpo como yo mismo. El cuerpo se convierte así en "el sí mismo negado".

Conviene detenernos un poco en estas afirmaciones. Y observar cómo este proceso se encuentra presente en realidad en la base y en la generación de todas las situaciones inconclusas.

Una situación inconclusa se genera cuando una función organísmica, arraigada en nuestra naturaleza física, (esto es: un impulso o una emoción que proviene del organismo, del sí mismo) es negada, de manera que no es expresada y permanece incluso fuera de nuestra conciencia. Pero aun y cuando no nos damos cuenta, el impulso "está arraigado en nuestra naturaleza física" y no puede ser suprimido del todo, queda contenido, (obstruido, reprimido) y se almacena de alguna manera en el cuerpo, genera una memoria corporal, que permanece viva, y que se expresa de alguna manera como tensión, como opresión o como dolor.

Esta energía contenida no puede ser liberada, normalmente, más que a través del contacto con y la expresión de la emoción asociada, lo que permite la liberación de las tensiones musculares y de la energía bloqueada en la situación. Y en realidad puede ser re-asimilada sólo si la situación es reescrita o resignificada de manera que resulte asimilable para el Yo y aceptable para el individuo.[11]

La situación inconclusa –el sí mismo negado, el impulso o la emoción que no se ha expresado–, tiene entonces un referente corporal. El impulso original del organismo ha sido interferido por la introyección o por la sociedad, por nuestro autoconcepto, por el *como si*. Por la confusión generada por los mecanismos neuróticos.

Pero es susceptible de emerger si permitimos la conciencia en el ahora, si somos capaces de concentrarnos y de escuchar el mensaje del organismo. Porque aun y cuando se encuentre interferido, el organismo busca de alguna manera la emergencia de la situación inconclusa, para su resolución. Y aun y cuando no tengamos conciencia, el mensaje del sí mismo se hace presente a través de toda una serie de posturas, movimientos y expresiones corporales y no verbales.

De ahí la importancia que tiene el trabajo con la sensación, que se convierte así no en una posibilidad igual a otras, sino en el criterio de verdad en cuanto a lo significativo o no de una situación inconclusa. Y de la comprensión adecuada de la fenomenología y el trabajo con las expresiones no verbales, que se develan como el medio de acceso privilegiado hacia el sí mismo.

Observemos cómo Kepner previene también sobre el riesgo de identificar el autoconcepto con el sí mismo, en el mismo sentido planteado en párrafos anteriores: "Aceptamos así, lo que nos llega bajo la forma de pensamiento o expresión verbal, a la que consideramos "racional" como algo aceptable a la imagen que tenemos de nosotros mismos, y negamos la experiencia corporal"...

Varios de los desarrollos de Kepner en torno al sí mismo, a los procesos corporales y al trabajo con la sensación constituyen aportes significativos a la Terapia Gestalt.

6.16. El sí mismo, diferente de *el cuerpo*

—¿Entonces el cuerpo es el sí mismo?

—No, no exactamente. Como no podemos decir que toda la parte cognitiva sea la interferencia. El sí mismo es el organismo que tiende a su autorregulación, y esto incluye de manera primordial el cuerpo. El proceso del sí mismo incluye el contacto con el organismo, con el cuerpo, que establecemos mediante la percepción de

---

[11] Digo normalmente porque en ocasiones puede bastar el trabajo fenomenológico, corporal o desde la sensación para la resolución, aun cuando y no se forme la *figura* correspondiente. Me tocó presenciar varios trabajos de este tipo de C. Castanedo.

las sensaciones. E incluye la emergencia del excitamiento y de la emoción ante la situación, que tiene también un componente corporal, es decir: el coraje es, está, en alguna parte del cuerpo: siento el coraje en el estómago, o en los dientes, o la tristeza en el pecho, y esto implica una actividad corporal, con la que hacemos contacto.

Sin embargo –y esta es una noción que es importante distinguir– el cuerpo no es el sí mismo. El cuerpo es el cuerpo.

Hemos estado distinguiendo la noción del sí mismo, self, como el organismo que tiende a su autorregulación, y el cuerpo es fundamental en este proceso. Sin embargo, el mismo cuerpo se compromete también en el bloqueo de las emociones. Las ganas de llorar, por ejemplo, pueden ser retenidas. Es decir, una emoción que proviene del sí mismo tiene que ser retenida, y en esa retención nos apoyamos en la tensión muscular: saco el pecho, o tenso los músculos de la cabeza para detener el llanto. En palabras de Kepner:

> *... mostrar los sentimientos de uno puede ser difícil. Si tratar de establecer contacto con alguien es criticado o rechazado, se vuelve un riesgo mostrar la propia necesidad de amor, y la musculatura de los brazos y el pecho (sobre el corazón) se tensa para contrarrestar este hecho. Si se reacciona... contra la ira, entonces los movimientos de ira deben evitarse. Si "los niños grandes no lloran" o un niño está circunscrito en el papel de ser el fuerte, la capacidad para suavizarse hacia la vulnerabilidad y permitirse uno mismo sollozar debe ser contrarrestada a través de los músculos.* (Kepner 1987: 14).

> *El trabajo de mantener esta escisión y de conservar el sí mismo negado fuera de nuestra conciencia es ayudado por la naturaleza corporal de la represión misma. Para el terapeuta Gestalt, la represión no es un mero mecanismo "mental"...* (Kepner 1987: 11).

Al igual que la persona en cuanto tal, el cuerpo es entonces también una síntesis, una componenda entre el impulso del sí mismo y las interferencias.

Y lo que estoy planteando es que estas interferencias, que aquí se aprecian como tensiones o corazas musculares, (como las llaman Reich o el mismo Lowen), en realidad van ligadas a las introyecciones. Cuando la persona se dice "no llores", ese "no llores", o ese "los hombres no deben llorar", es no solamente un introyecto mental, sino que tiene también una expresión corporal: se apoya en el levantamiento y acorazamiento del pecho, o en la tensión de los ojos y la cabeza hacia atrás para no llorar, o en el endurecimiento de la garganta hacia abajo... Y esta retención corporal se vuelve después automática y contribuye incluso a mantener la emoción fuera de la consciencia.

Si alguna persona o elemento externo me invade o me ataca y mi organismo necesita defenderse, se produce de manera natural la emoción del coraje. Pero si me veo obligado repetidamente a contener ese coraje, ante el "no debes enojarte", entonces el cuerpo interviene para "ayudar" en ese proceso, y sumo el pecho, encorvo y adelanto los hombros… Y en esta posición no sale el coraje. Esta forma de reacción del cuerpo, que se ha hecho mecánica, compulsiva, en realidad es parte de la introyección. Aunque sea corporal, en realidad es la resistencia al proceso del sí mismo, es el componente corporal de la introyección.

Laura Perls lo plantea de hecho en términos parecidos:

> *Todos sabemos que la educación normal de un niño interrumpe el proceso espontá-*
> *neo de desarrollo y crecimiento: "No hagas eso, no toques aquello, no me respondas,*
> *no seas llorón, compórtate, domínate, etc." El resultado es la autointerferencia, las*
> *tensiones y contracciones de los músculos que Wilhelm Reich identificó como la*
> *armadura de la personalidad, las actitudes fijas…* (L. Perls 1974: 167).

El síntoma (digamos el dolor de cabeza) es en realidad entonces un compromiso (compromise), una componenda entre el impulso que proviene del sí mismo y la interferencia en la que también se ha involucrado el cuerpo. La tensión de los nervios de la cabeza para no llorar, por un lado, y de la emergencia de las ganas de llorar, que siguen queriendo emerger, por otro, es lo que genera el síntoma, el dolor de cabeza.

Estoy precisando entonces esta noción: es necesario distinguir la interferencia o la coraza muscular como el componente corporal de la introyección, y por tanto como algo que no es el sí mismo. Esto nos va a permitir mucha mayor claridad a la hora de los distintos trabajos. (Véase el capítulo 2 de Kepner 1987. También Perls 1942: 244-245; 1948: 44; 1955-56: 58, 63, 74).

6.17. El sí mismo: *algo a lo que hay que llegar*

Si las cualidades o impulsos del sí mismo permanecen inconclusos y se encuentran alienados, negados, de manera que no son expresados y permanecen incluso fuera de nuestra conciencia, el sí mismo se convierte entonces en algo a lo que hay que llegar, que a menudo el consultante ha tenido que evitar y que no va a aparecer o se va a permitir fácilmente.

No sólo Kepner sino también Perls hacen énfasis en esta situación. Así, el sí mismo es algo "que posiblemente podamos alcanzar en el proceso", –a lo que por lo demás la terapia convencional "no llega", o en donde "rara vez logra penetrar verdaderamente"–, que es necesario "descubrir" y ayudar a expresar (Perls 1955-56: 57-58,

82, 165, 176; 1966b: 29). Y a lo que no se llega a través de la mera descripción de lo que aparece en superficie, sino permaneciendo en el presente, en contacto con la sensación, o de manera que el vacío estéril pueda convertirse en vacío fértil y la imagen proveniente del sí mismo pueda emerger, o deshaciendo o reorganizando los bloqueos o mecanismos neuróticos a través de los cuáles el paciente se evita la vivencia del sí mismo. Y contactando finalmente con éste a través de la explosión, que constituye la vía de acceso o de restablecimiento del sí mismo y el camino a la vivencia de la emoción.

6.18. *Llegar a y ayudar a expresar el sí mismo*: el método de la Terapia Gestalt

Y este llegar al sí mismo, *self*, y facilitar o completar su expresión constituye el método de la Terapia Gestalt. Es esta la noción central que nos permite comprender el conjunto de su teoría, la que nos permite dar coherencia a los diferentes constructos desarrollados hasta ahora y articular la parte metodológica y técnica. La Terapia Gestalt en conjunto, y de manera especial su método y su técnica, pudieran formularse como un intento de dejar el mundo de la apariencia, el *como si* o el juego de roles, nuestra existencia inauténtica, y ser un poco más nosotros mismos.

Una de las características del neurótico es precisamente que no llega dentro de sí mismo. Y si no logra retraerse se queda en la vida de la fantasía, y no llega al verdadero sí mismo. No puede tampoco por tanto expresar-se a sí mismo. Facilitar el contacto a nivel del sí mismo, llegar al sí mismo, es también entonces el criterio para orientarnos y el objetivo en sesión. (Perls 1959: 165).

Un terapeuta puede trabajar de muchas formas y tener su propio estilo, pero sea cuál sea su mapa o la manera en que trabaje, necesita poder distinguir *el self* de lo que no es el self. Perderlo de vista conduce a frecuentes errores en terapia, que iremos abordando en los apartados relativos al método y la técnica. Pero si el terapeuta no logra facilitar el contacto consigo mismo de su consultante, llegar al sí mismo, se puede quedar toda la sesión platicando y sin embargo no lograr acción relevante. Podrá brindarle apoyo, acompañar las quejas o las manipulaciones de su paciente, pero difícilmente facilitar su proceso de crecimiento.

Esta necesidad de llegar al sí mismo constituye a tal grado el centro del método de la Terapia Gestalt que en realidad las diferentes nociones metodológicas y técnicas están construidas desde aquí.

> Las preguntas iniciales a través de las cuáles el terapeuta busca establecer con-

tacto: "¿qué estás haciendo?" "¿qué es lo que sientes?" "¿qué es lo que quieres?" "¿de qué tienes miedo?" son un modo de llegar al sí mismo del paciente. Son preguntas que lo llevan a establecer contacto con sus emociones en curso, que buscan el contacto y la emergencia del sí mismo. (Perls 1955-56: 82, 83). Estas preguntas, junto a aquéllas ya más específicas sobre la emoción en curso: ¿y qué es lo que te duele?, ¿cómo es tu tristeza? ¿dónde sientes la tristeza? ¿con quién estás enojada?, etc. son preguntas específicamente dirigidas al sí mismo, y se diferencian nítidamente de todas aquellas preguntas que no llevan a contactar, que sólo piden más información y que mantienen por tanto al paciente en el rollo o en el *como si*.

➤ La frustración –no sólo de las preguntas sino en general de los intentos de queja o de manipulación del paciente– busca facilitar la responsabilidad por la propia situación y las propias emociones y la emergencia del sí mismo.

➤ La "fenomenología", las diversas manifestaciones no verbales (tono, volumen, velocidad y quiebres de la voz), y corporales (expresión, gestos, postura, movimientos) que aparecen en la expresión del paciente, representan en realidad mensajes del sí mismo de los que la persona por lo general no es consciente, y la atención a ellos y en su caso su ampliación y exageración constituye una forma privilegiada de acceso al sí mismo.

➤ El trabajo con los diferentes mecanismos neuróticos es una forma de restablecer el contacto con el sí mismo del paciente –que se ha disociado de él mediante la introyección, la proyección, la retroflexión, etc.–, de manera que la figura real pueda formarse y el ciclo pueda avanzar hacia su resolución. Cada uno de los bloqueos implica de hecho *una forma particular de confusión del sí mismo,* que es necesario restituir para la conclusión de la situación inconclusa. (Perls 1955-56: 83).

➤ De hecho, el continuum de conciencia y la permanencia en el ahora son un medio de reducir o evitar la actividad de la zona intermedia (la zona de la fantasía, el pasado o el futuro) y de permitir la emergencia de la situación inconclusa.

➤ La concentración –quedarse con la sensación, y en particular con cualquier molestia o síntoma–, posibilita la emergencia de la situación inconclusa profunda y el desarrollo del contacto con el sí mismo negado. Como señala Kepner, el sí mismo corporal negado sólo puede comunicarse en forma no verbal con el "receptor" (nuestra conciencia) y con frecuencia tiene que recurrir a cosas drásticas: migrañas, dolores de espalda, impotencia, úlceras para atraer nuestra atención; y estos procesos corporales deben ser vistos como mensajes existenciales de partes negadas del sí mismo. (Kepner 1987, 66-67; véase también Perls 1955-56: 74).

▸ El paso del vacío estéril al vacío fértil, que el paciente "abra la cortina" y se permita el contacto con la imagen que aparece, –y en general el trabajo con técnicas de visualización–, es una manera de hacer surgir material significativo que constituye un mensaje que proviene del sí mismo. (Perls 1955-56: 100).

▸ El trabajo con sueños es una forma de re-identificarnos con y de reasimilar material que en realidad es propio (parte del sí mismo) y que ha sido sin embargo alienado y negado, por lo que aparece proyectado en los sueños. En la medida en que nos re-identificamos con nuestras partes proyectadas y las reasimilamos vuelven a formar parte de nosotros mismos, lo que incrementa considerablemente nuestro potencial.

El agrupamiento de las técnicas de la Gestalt distingue por un lado *las técnicas supresivas*, a través de las cuáles buscamos la supresión del ruido, el bla bla bla, la manipulación y todo el discurso y la acción que no es representativa del sí mismo; y *las expresivas*, a través de las cuales buscamos el surgimiento y la expresión que proviene del sí mismo. (Naranjo 1990: 55-108; Salama 1992: 57-65).

6.19. La explosión: conexión con el sí mismo

En su última etapa, Perls desarrolló el esquema de "las capas de la neurosis". Este esquema es en realidad una serie de pasos, un camino para llegar al sí mismo y conectar con la parte auténtica de la persona.

Perls plantea la necesidad de trabajar primero las capas más superficiales, de "quitar los roles", y de atravesar luego el impasse y el estrato implosivo, hasta que la implosión se convierte en explosión. Estas explosiones conectan con la personalidad auténtica, con el verdadero sí mismo (self); y constituyen el nexo con lo auténtico de la persona, que es capaz de vivenciar y expresar sus emociones. (Perls 1968b: 67-68; 1966b: 29-30).

Perls aclara que no se trata siempre de una explosión violenta (1968b: 68-69) y que puede tratarse más bien de una *fusión* (1966b: 30). Sin embargo, este volcarse de la energía *hacia fuera*, en lugar de hacia dentro, lo que constituye propiamente la explosión, es el medio para la reconstitución del sí mismo y la conexión con lo auténtico de la persona.

Tanto el papel de la explosión como este esquema de "las capas de la neurosis" son polémicos en el mundo de la Terapia Gestalt. El esquema de las capas de la neurosis da margen a terapeutas que "empujan demasiado", a menudo sin el suficiente respeto por el consultante y en ocasiones sin saber en realidad hacia dónde van. Para otros terapeutas, una de las maneras de deslindarse del trabajo de Perls es decir que "no se trata de hacer catarsis".

Hay algunos aspectos en los que es necesario detenerse:

a. La explosión significativa, la que proviene del sí mismo, refiere por lo general a los aspectos negados de éste: a las emociones a las que el paciente por lo general no tiene acceso, que no logra expresar con facilidad y de las que a menudo ni siquiera se da cuenta.

    No hay que olvidar que tanto el llanto como la conducta violenta, por ejemplo, pueden ser en realidad *conductas aprendidas,* y como tales *formas de manipulación.* (Y también el miedo, la ternura y la alegría). La explosión de pena de una mujer que llora frecuentemente puede ser relevante en algunas ocasiones, en el caso de algún duelo o pérdida significativa. Pero con mucha frecuencia se trata de una conducta aprendida, de la manera como manipula para hacerse la víctima y no responsabilizarse de lo que siente realmente, ni de su parte en el conflicto, de sus posibilidades reales y de sus elecciones. Y lo mismo sucede con un hombre violento. Esto corresponde a lo que Laura Ramos llama "la polaridad presente" que esconde en realidad la emoción significativa que proviene del sí mismo. (Ramos 2008: 51-65).

b. Dentro del Proceso de Autorregulación, la explosión corresponde a la fase de acción y de contacto. Pero el trabajo no termina ahí. Después de la explosión –o en ocasiones a través de ella–, es necesario el proceso de asimilación, que implica reescribir realmente la escena y re-significarla de manera que ahora resulta aceptable, y por tanto asimilable, para el *Yo.* E implica el proceso de *volver a la realidad,* con este nuevo darme cuenta, y de procesar cómo me quiero parar ahora en ella: qué necesito o qué quiero hacer en la situación concreta. Sin este proceso, –para el cual no existe apenas teoría en la Terapia Gestalt–, la situación inconclusa se vuelve a generar pronto y la explosión, aunque sea liberadora en ese momento, queda efectivamente como una catarsis que resuelve poco.

c. Por lo general una explosión aislada sirve de poco, si la persona no integra las herramientas para llegar a ella y de alguna manera se regresa al estado anterior. No es suficiente un estallido de pena, es necesario aprender a llorar, reconstituir el flujo de la pena y liberar o asimilar los introyectos y las "corazas musculares" que lo impedían. Ni basta con una explosión de ira, es necesario el proceso de empoderamiento que permite conectar con el propio poder y el propio grito, aprender a decir No y a establecer límites, y acceder a la expresión del coraje. Y esto implica un proceso.

Es necesario entender también que el camino de las "capas de la neurosis" representa en realidad una de las alternativas para llegar a la explosión, no el único, ni como tal el método de la Terapia Gestalt. Baste con volver al punto 6.8. y darnos cuenta cómo cada una de las alternativas que ahí se enumeran, conducen con mucha frecuencia a la explosión.

Pero con todos estos "asegunes", y entendiendo que no se trata siempre de una explosión violenta y que puede tratarse también de una *fusión*, es necesario decir que lo que constituye propiamente la explosión, ese *volcarse de la energía hacia fuera*, en lugar de hacia dentro, es lo que posibilita el verdadero contacto *y la liberación de la energía que se encontraba atorada* y sin expresarse, –lo que constituía propiamente la situación inconclusa–, y que como tal es el medio para la reconstitución del sí mismo y la conexión con lo auténtico de la persona.

Y a menos que conscientemente elijamos otra vía (trabajar con alguna técnica de PNL, dedicar la sesión al proceso de asimilación de alguna situación significativa, etc.) la explosión se convierte así en directriz heurística, o metodológica: *en el rumbo* hacia el cual nos dirigimos por lo general en la primera parte de la sesión, para facilitar la emergencia de la situación inconclusa y de la emoción que no se ha expresado.

Perls distinguía cuatro tipos de explosiones que conectan con el verdadero sí mismo: hacia la pena, hacia el orgasmo, hacia la ira y hacia la alegría. (Perls 1968b: 68; 1966b: 30). Tanto la explosión a la ternura –que en ocasiones se parece bastante a lo que él denomina *fusión*–, como hacia el miedo, ante un ataque inminente o ante la re-vivencia de una escena del pasado, (distinta como señalamos a la ansiedad o a la evitación de la situación inconclusa) son también explosiones que conectan con el verdadero sí mismo.

6.20. Otras explosiones. Ampliando el concepto de las emociones básicas

El miedo y la ternura han sido reconocidos ya como parte de las emociones básicas también por otros autores en la Terapia Gestalt. En su ya clásico trabajo, Greenberg y Paivio, clasifican el miedo junto a la tristeza y el enfado como las emociones primarias adaptativas (2000: 59-75). Antonio Ferrara a su vez comenta que "generalmente consideramos como emociones básicas la tristeza, la rabia, el miedo, la alegría" (Ferrara 2002: 167). Y A. Lowen, el creador de la Bioenergética, señala incluso que:

> *El miedo es más difícil de evocar y más importante de sacar a flote. Si no sale a la superficie el pánico y no se trabaja sobre el terror, el efecto catártico de liberar los gritos, la ira y la tristeza dura poco.* (1977: 115).

En cuanto a la reivindicación del amor, es C. Naranjo el que señala que "no deja de llamar la atención que se pretenda una teoría de la psicoterapia que no tome en cuenta el amor. Y sin embargo en la formulación teórica de la Gestalt el amor es una palabra inexistente" (Naranjo *et al.* 2002: 460-461); y dedica posteriormente un capítulo a este tema (2007: 227-231). Zurita y Chías refieren también que: "durante muchos años el hablar sobre el amor en psicoterapia ha sido y sigue siendo un tema tabú, perseguido, ignorado y descalificado". (Zurita y Chías, 2011: 219-223). Una aproximación a la ternura como emoción puede encontrarse en el bonito trabajo de Oscar Ekai: "La Ternura en la Terapia" (2002: 66-68).

Miriam Muñoz, por otra parte, incluye como emociones primarias o innatas en realidad las mismas 5 a las que hemos venido llegando nosotros, si bien llama afecto (en lo que incluye aceptación, amor y simpatía), a lo que nosotros preferimos llamar ternura. Y valida esta elección de las emociones primarias con la revisión de otros 10 autores, de los cuales, los 10 incluyen el miedo (si bien se incluye aquí la angustia, la anticipación y otros sentimientos que parecen estar más bien en el futuro). Los 10 autores referidos por ella incluyen también el enojo, 9 la tristeza, 8 la alegría o el gozo y 6 el afecto, y estas emociones son, en ese orden, las que cuentan con más menciones. (Muñoz 2010: 21-27). Entre otras aproximaciones, Duque y Vieco (2007: 14-15) clasifican también como emociones básicas primarias las mismas cinco que nosotros, si bien a la ternura también le llaman amor.

Tanto la expresión de coraje como la de pena son relativamente comunes en la práctica de la Terapia Gestalt por lo que creo que no es necesario que nos detengamos en ellas. Es conveniente en cambio referirnos brevemente a la explosión de gozo, y agregar algunas nociones sobre las explosiones de miedo y de ternura.

6.20.1. La explosión de gozo

Esta explosión tiene dos vertientes: una a través de la risa y otra a través del gozo como tal; y para muchas personas su acceso es tan difícil como el de las demás explosiones.

La explosión de risa se logra simplemente riendo a carcajadas durante un rato más o menos prolongado (para lo que puede requerirse facilitación) de manera que las tensiones musculares se sueltan y el cuerpo llega a fluir sin control consciente.

Ayuda reír desde diferentes posiciones corporales, (parado, sentado, acostado, con las piernas hacia arriba). Ayuda ubicar si existe algún punto contraído o con tensión y reír abiertamente de éste.

Cuando se conecta verdaderamente, la risa tiene un efecto tan liberador como la explosión de pena o de coraje profunda. No sólo libera y relaja considerablemente de los introyectos y del propio autoconcepto, sino que sus efectos fisiológicos son considerables. En palabras de Ángel Rodríguez:

> En los episodios de risa se pone en marcha en primer lugar el sistema nervioso simpático, para dar pronto paso al parasimpático, cuya acción es más duradera, con lo que las cifras de tensión arterial bajan y se regulariza la respiración, y también la digestión, pues al descender el diafragma se produce un efecto masaje, sobre el hígado y vesícula biliar... la risa es una emoción que está comprometida con los movimientos respiratorios y dentro de estos mayormente con la espiración...(por lo que) se originará una mejor oxigenación de todos los tejidos, incluidos también los del tubo digestivo...

> Con la risa se liberan endorfinas... Al liberarse endorfinas se rellenan los receptores opiáceos, proceso responsable de alcanzar un estado de placidez, de mayor confort, de "encontrarse bien". (Rodríguez 2002: 59-60).

La risa constituye también un antídoto eficiente contra varias formas de retroflexión y libera profundamente la burla y el deseo de avergonzar, en lugar de avergonzarse uno mismo. Al igual que en la expresión de otras emociones, terapéuticamente es conveniente formar la figura y trabajar de esta manera material significativo; con la ventaja de que –dado el papel de ablandador que tiene–, funciona tanto hacia afuera como hacia las propias formas de victimización o auto-manipulación.

También podemos ayudar a conectar la explosión de gozo. Una gran cantidad de personas tienen reprimido el gozo, a menudo más que otras emociones. (Yo prefiero el término gozo al de alegría porque es más claro el referente corporal, es todo el cuerpo el que se encuentra gozoso. El gozo es una sensación, mientras que la palabra alegría pudiera referir más a una disposición o estado del ánimo, que en ocasiones pudiera esconder incluso la evitación del dolor).

Cuando el paciente refiere que "está contento" o que "está muy contento" por lo general exploramos para ver si esto es real, si se trata de la situación y de un proceso del organismo, o si lo que declara es una manera de evitar tocar otra emoción y una forma de evitar el contacto. Pero cuando el gozo está presente podemos facilitar la expresión, la explosión.

Como en las otras emociones, preguntamos al consultante dónde se encuentra el

101

gozo, corporalmente. Le pido que se concentre en la sensación, y luego que la exagere y vea si puede intensificarla, y una vez que se intensifica puedo pedirle que se exprese desde esa parte, que deje salir todo el gozo que está ahí, o bien que busque él mismo de qué manera esa corriente se expande y va inundando todo su cuerpo, todo su sentido corporal.

Como con las otras emociones, el cliente a veces atora la explosión. Aparece una voz que dice "es que me siento ridículo", o "es que no puedo gozar, cuando hay otras personas que sufren", lo que puede implicar detenernos en un trabajo con los introyectos.

Pero cuando sucede es una verdadera explosión. A veces la gente grita, uuuaaaaauhhh, a veces baila, a veces llora, pero el sentido de conexión que se genera es maravilloso: como terapeuta no he podido dejar de sentirme impactado ante una explosión de gozo. Y –al menos por lo que refieren– para el consultante suele ser también una experiencia impactante.

Hay además en esto algo de contagioso. En mi clase de Gestalt en licenciatura, en una ocasión una de las alumnas compartió su experiencia al venir hacia la clase: "Me sentí muy rara, profe. Estaba lloviznando y sentía la brisa en la cara, y olía a tierra mojada. Yo venía cantando, muy contenta porque ya me tocaba esta clase. Y luego cuando llegué a la escalera y empecé a subir los escalones, empecé a bailar: un dos tres, pa adelante y para atrás… tara ra, pa' delante y para atrás. Y me sentí muy contenta, tanto que cuando llegué a la clase las muchachas me preguntaron que qué tenía. Y todavía estoy así, muy contenta".

Vi a Marina, una mujer delgada y con la cara redonda que además de estudiar psicología era actriz de teatro, y vi la expresión de su cara.

—P: A ver Marina, quiero pedirte algo: Quiero que pases al frente y que te conectes y le transmitas a todo el grupo eso que tienes ahora.
—M: Ay no, profe, no voy a poder.
—P: Yo sé que sí vas a poder… A ver… Adelante.

Entonces Marina pasó y se puso a bailar y a cantar, moviéndose y diciéndoles a todos cómo hacerlo, a medida que se iban metiendo y conectando. Y lo que sobrevino fue que todos nos pusimos a cantar y a bailar de una manera tan intensa y significativa que nos olvidamos de todo y el tiempo se fue, y cuando nos dimos cuenta ya era la hora y el momento de despedirnos, contentos y llenos de gozo. (Véase también De Mello 1988: 4-5).

No siempre el gozo es una experiencia fácil. Pero a veces *sucede*. Y creo que hay camino por andar en esto de permitir y conectar el gozo, que hay una buena noticia en este camino, y que la Terapia Gestalt, con su experiencia y su conciencia del ahora, tiene mucho que hacer en este sentido. Como dice C. Naranjo: "si el valor del presente no va a ser para un futuro tiene que ser intrínseco: el presente debe contener su propia recompensa" (Naranjo 1990:42). Si la consciencia del ahora ha de ser un ideal debe ser una consciencia gozosa, y con frecuencia la presencia en el ahora deviene en un estado de conciencia intenso que conlleva una gran sensación de gozo.

6.20.2. La explosión de miedo

Pero además de las 4 explosiones o emociones básicas de Perls es necesario detenernos en las otras dos: el miedo y la ternura. El concepto del miedo tiene por lo menos tres acepciones distintas en Gestalt, de manera que es otra de las nociones con frecuencia confundidas:

a. La primera tiene que ver con la ansiedad o la angustia. Si bien forman parte de "la familia del miedo", la angustia o la ansiedad son una evitación del presente, están en realidad en el futuro. Son pánico de escena, la brecha que separa el ahora del después. Son sentimientos neuróticos.

b. Otra forma de referirse al miedo tiene que ver con la evitación de la experiencia. Tenemos *"miedo al dolor"*, o a la emoción en curso, y esto nos lleva a interrumpir el proceso y permanecer en el *como si*. A esta evitación corresponde el trabajo a través de las técnicas supresivas para el establecimiento del contacto.

c. Pero, ¿qué hay del miedo real? *¿El miedo a una amenaza real, que se encuentra en el presente*, en la situación concreta, o bien en la presentificación de alguna escena? Volvamos al ejemplo del perro doberman: éste se encuentra en el presente, la situación está sucediendo ahora y el organismo reacciona para defenderse. *Este miedo es una emoción básica.*

Cuando enfrentamos una situación de miedo, podemos pasar a la defensa o el ataque y enfrentar la situación. U otra alternativa puede ser huir. Dependiendo del resultado del evento, es posible que nos quede coraje o dolor como situaciones inconclusas, –y tanto en uno u otro caso el miedo puede volver cuando reaparece el factor perturbador–, pero en principio la emoción miedo pudo expresarse y seguir su proceso.

Hay ocasiones, sin embargo, en que ante un factor o situación amenazante nos quedamos paralizados. Lo inesperado o lo fuerte de la agresión o la sorpresa nos impiden reaccionar y literalmente "nos tragamos el miedo". Este tragarnos el miedo es literal, al contraer el diafragma se siente incluso como nos tragamos la bolita

103

de aire. Y a menos que lo conectemos y lo expresemos posteriormente, este miedo congelado, asociado a esta escena, va a permanecer atorado como situación inconclusa. Es posible que muchas de las fobias o los temores no del todo conscientes provengan de situaciones así.

Este miedo como emoción básica cumple todos los criterios señalados arriba, incluyendo el de la explosión. La explosión de miedo implica movilizar la energía congelada y a ella se llega mediante el temblor, permitiendo e intensificando el temblor, la vibración, hasta que el grito empieza a aparecer y puede conectarse. El grito del miedo es diferente al del coraje, es el grito del "panic-atack": iiii iiiii iiiiiiaaaah aaah aaah aaahhhh aaaaaaaaaaaaaaiii ... Y una vez que se ha conectado el grito, tanto éste como el temblor permanecen hasta que la emoción se descarga.

Esta explosión de miedo cumple el mismo papel que la de coraje, permite descargar y liberar la emoción atorada; si bien por lo general no permite todavía reescribir o resignificar la escena. A menudo después de la explosión de miedo sobreviene otra de coraje o de llanto, por el abandono o la injusticia de la que se fue objeto. En este caso vamos al trabajo con la nueva emoción que surge.

Tanto por su forma como porque por lo general se trata de escenas en las que la (el) consultante ha sido fuertemente victimizada(o), la explosión de miedo es por lo general una explosión fuerte. Cuando es posible yo trato por lo general de evitarla, trabajando en el empoderamiento de la consultante, –sea a través de sub-modalidades o de su presencia como adulta(o) en la reedición de la escena–, lo que permite trabajar a partir del coraje y reescribir efectivamente la escena, integrando la situación de manera que resulta asimilable para el *Yo*. Esto es posible porque miedo y el coraje aparecen en realidad como los dos polos de una ecuación, en donde lo que hace la diferencia es el tamaño del agresor. Pero hay ocasiones en que la explosión de miedo sobreviene y es un recurso importante, que permite una gran liberación que de otra manera no es posible.

6.20.3. La ternura

La emoción básica faltante es entonces la ternura. Yo prefiero llamarla ternura, y no amor, porque la palabra amor es quizá una de las más manoseadas de nuestro lenguaje, por las maneras como se usa y por la comercialización e idealización de la que ha sido objeto. Más aún, la mayoría de las personas la utilizan para designar cosas que no son amor, y a menudo incluso más bien desamor. Cuando una mujer que se está separando nos dice, por ejemplo "es que todavía lo amo" lo más probable es que lo que venga sea un cuadro de codependencia y un montón de miedos, apegos, resentimientos e introyectos y, si hay suerte en el proceso, a veces hasta algo de amor.

Por otro lado, la palabra afecto nos resulta demasiado descafeinada, *light*, y refiere más a una situación permanente que a una emoción en el ahora: "te tengo afecto". La palabra ternura, en cambio indica más una emoción y refiere al componente físico, corporal: cuando sentimos o expresamos ternura esto remite a la sensación en el pecho, en la cara y a la fusión o enternecimiento del corazón.

Coincidiendo con el comentario de Naranjo, resulta difícil de entender la ausencia de la ternura en la teoría de la Terapia Gestalt. Porque, ¿qué es de un terapeuta que no siente compasión, ternura, por lo que está pasando su cliente? ¿Cuál es su resonancia, dónde queda su contacto?

Por lo demás y si bien hemos avanzado, la expresión de ternura está en nuestra sociedad todavía en ocasiones reprimida. Encontramos con frecuencia hombres, y también mujeres, que han acorazado el corazón para no experimentar la debilidad o la vulnerabilidad que implica la expresión de ternura. Pero ¿qué pasa cuando no le dices a la gente que la quieres, qué pasa cuando eres incapaz de pedir un abrazo, o de dar un abrazo, o de hacer una caricia? ¿Cuánto constriñe esto la propia vida?

Es de la mayor importancia pues la facilitación en terapia de la expresión de la ternura. Las más de las veces esto puede hacerse pidiendo al cliente directamente que lo diga, que lo exprese. También ayuda la expresión corporal: ¿de qué otra forma quieres expresarlo? dale un abrazo, hazle una caricia. La petición de sentir alternadamente el corazón, el labio y la mejilla izquierda, incluso con un leve movimiento, y el ojo izquierdo suele favorecer también. La explosión a la ternura es finalmente una fusión, un reblandecimiento del cuerpo, aunque puede ir también acompañada de llanto.

6.21. El *self*: primer y tercer momento, punto de partida y punto de llegada

La dificultad presente a lo largo de la teoría de la Terapia Gestalt, por otra parte, para comprender al *self* al mismo tiempo como:

›   *La totalidad o el conjunto de un organismo*, de uno mismo. "*Lo propio*" (*the self*) que se diferencia de "lo otro" (*the otherness*) a través del límite de contacto. (Perls 1968b: 19-20).

›   Y como el proceso del organismo que tiende a su autorregulación, pero que a menudo se encuentra negado o bloqueado, fuera de nuestra conciencia. Y que en ese sentido constituye *algo a lo que hay que llegar*, a lo que la terapia convencional no llega.

Se debe en buena parte a que éste responde a una noción dialéctica, *de proceso*, no lineal, y por tanto no fácilmente comprensible sin las herramientas del método dialéctico. Pero la noción es más familiar en otras tradiciones: ya nos hemos referido a la concepción taoísta del mundo como modelo orgánico.

Y esta forma de construcción del *sí mismo* en Perls tiene un paralelismo muy importante con el concepto de *realidad* de Marx, porque para Marx la realidad es al mismo tiempo el primero y el tercer momento en su método. En el método marxiano la realidad aparece primero al hombre como un todo caótico, como el lugar en el que tiene lugar su práctica cotidiana, acrítica, fetichizada. Es el mundo de la ideología, entendida como el mundo de la apariencia, el mundo de la interacción cotidiana en donde el hombre actúa en sus circunstancias, en el que se encuentra *arrojado*, pero en donde no alcanza a comprender la estructura ni el funcionamiento de la realidad.

Partiendo de esa realidad, Marx llega luego a abstracciones cada vez más simples, a través de las cuales construye las categorías, los conceptos que le van a permitir el análisis de la estructura, de la totalidad en su movimiento. Este es el momento de la abstracción, de la elevación de lo concreto a lo abstracto, de la división del todo en partes para poder acceder a su vez al análisis del todo.

Y la vuelta a la realidad es luego *el tercer momento* del método, porque después de la abstracción se vuelve nuevamente a la realidad, pero comprendiéndola ya de manera concreta, como un todo estructurado, que tiene un orden y que ahora se explica en su movimiento y en sus concatenaciones internas. Esta vuelta a la realidad es ya no sólo teórica sino práctica, porque es en la práctica finalmente donde se comprueba la potencia y la terrenalidad –así le llama él– de su pensamiento. Si no es en la praxis concreta donde el análisis se confronta, todo lo demás es discusión estéril y especulación "escolástica". (Marx 1845: 7-10; Marx 1857: 31-68.)[12]

Y acá el *self* es, en principio, el conjunto de la persona. Es el individuo que forma siempre parte de algún campo. Y el término *self*, o sí mismo, define lo propio, lo de uno mismo; y es definido en oposición a lo otro, *the otherness* (el ambiente), a través del límite del contacto. Dicho de otra manera, es el individuo que aparece frente a nosotros.

Pero al mismo tiempo y como lo hemos venido desarrollando, al igual que en

---

[12] Sobre el concepto de realidad en Marx véase la discusión de Adolfo Sánchez Vázquez con Althusser en *Ciencia y Revolución*, especialmente "La "Introducción" de 1857, de Marx, en la óptica althusseriana", pp. 87-99. También los capítulos 1-3 de la *Dialéctica de lo Concreto* de Karel Kosik, ya citada.

el método de Marx el sí mismo es *algo a lo que hay que llegar.* Que se encuentra oscurecido por toda una capa de componendas, por el autoconcepto o los roles que jugamos socialmente, por la capa que llamamos *el como si*: nos comportamos *como si* fuéramos niñas buenas, u hombres fuertes, o profesores sabios. Y esta capa, que proviene básicamente de las introyecciones y del control social, nos impide conectar con el sí mismo y con las emociones básicas que provienen de éste. Corresponde, tanto en términos de Perls como del existencialismo, a nuestra existencia inauténtica (Heidegger).

En terapia es necesario de alguna manera superar, rodear esta capa, "quitar los roles" para poder llegar al sí mismo. El sí mismo es también entonces *algo a lo que hay que llegar,* a lo que las explicaciones o la terapia convencional *no llegan,* algo "que quizá podamos alcanzar en el proceso".

Tanto en uno como en otro método, el mismo concepto: la realidad, o el sí mismo, indican *al mismo tiempo el punto de partida*, lo que aparece, el fenómeno, la superficie, lo obvio, lo inmediatamente dado, *y el punto de llegada* –al que no se llega sin superar el mundo de la apariencia, de la práctica fetichizada, el *como si*–, y que permite la expresión de la existencia auténtica, la comprensión del proceso y de la cosa *en sí*.

En *Yo, Hambre y Agresión*, Perls habla en repetidas ocasiones del poder del método dialéctico, del que:

> … *prefiere ahorrar discusiones acaloradas sobre el tema (ya que muchos lectores habrán adquirido o bien un entusiasmo o bien una idiosincrasia contra el método y la filosofía dialécticos) sin sacrificar el valioso núcleo contenido en el método dialéctico de pensar...* (Perls 1942: 16).

por lo que opta por buscar apoyo en otras corrientes, en este caso del pensamiento diferencial de Friedlander. En las condiciones de Perls en los años 40 y posteriormente en los Estados Unidos de los 50 esto era comprensible. Lo es también en nuestros días, en los que si bien las connotaciones políticas parecen ser menores, el número de simpatizantes del pensamiento dialéctico ha disminuido y éste pareciera ser cosa del pasado. Mencionar que el marxismo es una de las fuentes filosóficas de la Gestalt no va a generarnos simpatías.

Pero lo que sucede es que, sin el conocimiento del método dialéctico, un concepto como el del *self* resulta difícil de comprender. En la teoría de la Gestalt está de hecho perdido, confundido, y con ello se pierde también buena parte de la comprensión y del alcance del método fenomenológico, que suele entenderse sólo como la observación de lo que aparece a simple vista.

107

6.22. El encuentro existencial *Yo-Tú* y la relación dialogal: *al nivel del sí mismo*

La otra parte de este proceso de llegar al sí mismo la constituye por supuesto el terapeuta. Por eso siempre es saludable que el terapeuta pueda estar trabajando en el proceso desde su sí mismo. En principio para que el paciente modele esta parte: "si el terapeuta lo puede hacer, si él se muestra, yo también lo puedo hacer..." El problema es que a menudo nosotros también estamos afuera, en el como si.

Es saludable el énfasis en el contacto del terapeuta que hace por ejemplo Steve Vinay: "trabajo primero yo, hago contacto con mis sensaciones, y entro al cuarto sólo cuando estoy en contacto conmigo". Vinay insiste de manera particular en la necesidad de que el terapeuta sienta el efecto que produce en él la historia o el relato del consultante, que centre su atención en esto y que refleje profundamente lo que siente, su sensación o su sentimiento, en lugar de hacer muchas preguntas. "Esto es lo que me posibilita fluir con el paciente". (Vinay 2007).

Este contacto del terapeuta a nivel del sí mismo tiene una gran relevancia para el contacto con el consultante y el establecimiento de la relación dialogal. El terapeuta... "lo vivencia y acepta tal como es. Toma contacto con el paciente y al mismo tiempo se permite ser afectado por él y por su experiencia.

En esta práctica de la inclusión, "el terapeuta muestra su verdadero sí mismo". Su presencia es una presencia honesta, se muestra tal como es. El terapeuta muestra su verdadero sí mismo en vez de "aparentar"... muestra sus dudas personales, expresa limitaciones, rabia y aburrimiento, comparte observaciones de aspectos del paciente negados por éste... (Yontef 1995: 207-208).

Finalmente, el encuentro existencial, el Yo-Tú, se produce al nivel del sí mismo. El contacto significativo surge cuando tanto el terapeuta como el consultante dejan de aparentar y se permiten mostrarse en realidad como son, cuando el sí mismo de uno hace contacto con el sí mismo del otro. Es este contacto el que establece la comunión, la solidaridad, el que tiene realmente capacidad de sanación.

> *Cuando dos personas se muestran y expresan sus verdaderos sí mismos, en una actitud de reciprocidad Yo-Tú, a veces se produce un libre flujo de energía afectiva entre ellas...* (Yontef 1995: 209)

> *De todas las formas de contacto, el contacto del núcleo de una persona con el núcleo de otra es el que tiene el máximo poder para sanar las facciones en conflicto dentro de una persona...* (Yontef 1995: 207).

Y para Buber:

La relación con el Tú es directa. Entre el Yo y el Tú no se interpone ningún sistema de ideas, ningún esquema y ninguna imagen previa... Entre el Yo y el Tú no se interponen ni fines, ni placer, ni anticipación... Todo medio es un obstáculo. Sólo cuando todos los medios están abolidos se produce el encuentro. (Buber 1927: 13-14).

La palabra primordial Yo-Tú sólo puede ser dicha con la totalidad del ser. La concentración y la fusión en todo el ser nunca puede operarse por obra mía, pero esta concentración no se puede hacer sin mí. Me realizo al contacto con el Tú, al volverme Yo, digo Tú.

Toda vida verdadera es encuentro. (Buber 1927:13).

6.23. El *self* en el ciclo de autorregulación: *El self en proceso y el self en reposo*

Otra de las confusiones o problemas presentes en la teoría de la Terapia Gestalt, es la incapacidad de comprender que tanto el reposo como el contacto no son sino dos etapas o momentos del proceso, que el mismo organismo –*el self*, por tanto–, realiza para la satisfacción de sus necesidades.

Si el sí mismo es el organismo que tiende a su autorregulación, éste fluye o actúa cuando permitimos que la sensación y la emoción ligada a ella afloren a nuestra conciencia, cuando se forma la figura correspondiente y cuando pasamos al contacto con la situación y a la expresión de la emoción inconclusa. Y lo mismo está fluyendo una vez que la emoción se ha expresado o que las polaridades se han integrado y que nos acercamos a la fase de asimilación o reposo.

Aunque se expresa de distinta manera, esta confusión es común tanto a Goodman como a C. Naranjo. Goodman hace una equiparación del self a lo que sería el contacto intenso, y sólo con la zona externa, llegando a afirmar que "el self no es otra cosa que el contacto" (Goodman 1951: 245) o que "el *self* no existe sino específicamente como ajuste a los problemas más difíciles e intensos, cuando estas situaciones están en reposo o se acercan al equilibrio, el *self* disminuye" (Goodman 1951: 190) o bien que "para encontrar el alimento, el hambre, la imaginación, el movimiento, la selección y la acción de comer están llenos de *self,* en el tragar, en la digestión o la asimilación hay poco o ningún *self.* (Goodman 1951: 191.)

En el otro extremo, Naranjo reduce el self al centro o punto cero que se encuentra una vez que se han integrado las polaridades, (lo que a menudo equivale al punto de reposo); pero pierde de vista el sí mismo en proceso, el que está haciendo emerger la necesidad del organismo a través de la sensación o el que se está expresando en la descarga de una emoción (lo que, aunque él lo pretende, no puede atribuirse a Perls, y como veremos adelante lo lleva a serias confusiones) (Véase por ejemplo Naranjo 1990: 215)

Este tema aparece mejor tratado en el esquema del ciclo de la experiencia de Zinker y Castanedo, en donde el sí mismo aparece más claramente presentado a lo largo del ciclo, tanto en la fase de reposo como en las de sensación, formación de la figura o darse cuenta, acción, y contacto. La formulación del ciclo de la experiencia como *el ciclo del self* es más explícita en Castanedo que, refiriendo a Brewer, señala que en los tres primeros estadios del ciclo predomina un darse cuenta de algo que representa una parte alienada del *self,* mientras que en los tres últimos estadios se produce la integración y la parte alienada se reincorpora a la estructura del *self.* (Castanedo 1990: 94-95). Volveremos a esto más adelante.

CAPÍTULO 7

El estrato falso: el *como si*, o juego de roles

7.1. La capa inauténtica

Hemos desarrollado ya la parte auténtica, *el sí mismo*, que se expresa en el nivel de lo real, lo actual, que está en contacto con lo que acontece ahora, con nuestras emociones y nuestros sentidos. La interrupción de este proceso, evitar la gestalt, va siempre de la mano con que la atención se evade hacia otras esferas, con la distracción mental o el fingimiento. Es necesario precisar ahora la otra capa, lo que Perls denomina el estrato falso, *"maya, fantasía, el como si"*. (Perls 1942: 245; 1968b: 58, 61).

Como he desarrollado más arriba, este estrato se ha conformado básicamente mediante introyectos, y constituye un estrato o capa que se interpone e interfiere con la vivencia en curso. Yontef dice por ejemplo que: "por medio de la introyección se absorbe material ajeno sin discriminación o asimilación. Tragarse todo crea una personalidad del tipo "como si" y un carácter rígido." (Yontef 1995: 132).

Pertenecen o corresponden a este nivel o estrato falso, distinto del *sí mismo*:

> La persona "como si" de Helene Deutsch, o la zona de fantasía o "como si" de Vaihinger, en el sentido que la usa Perls: nos comportamos *como si* fuéramos importantes, como si fuésemos señoritas, desvalidos, profesores sabios, etc. (Perls 1966b: 28; 1968b: 58).

> El juego de roles en todas sus manifestaciones, en el que jugamos a representar y nos convertimos en nuestro personaje o nuestro rol, lo que se convierte en hábito o en un rol fijo. (Perls 1966b: 28; 1968b: 46, 67).

> La capa social, en donde lo natural es reemplazado por las reglas (Perls 1957: 8).

> El juego de roles top dog-under dog, de autotortura del opresor y el oprimido. El "par de payasos" se encuentran los dos en el estrato falso. (Perls 1966b: 29, 31; Naranjo 1990: 111-112; Peñarrubia 1998: 123-124; Salama 1999: 54).

111

> El "hablar acerca de" entendido como la charla intrascendente, o bien las justificaciones, racionalizaciones y el discurso elaborado con el que el paciente evita vivenciarse a sí mismo. (Naranjo 1990: 62-66).

> La manipulación, entendida como la acción que no expresa lo propio y a través de la cual buscamos obtener apoyo externo en lugar de recurrir al autoapoyo, y que a menudo se convierte en una fijación que enmascara la propia necesidad. (Perls 1966b: 31; 1968b: 28; 1955-56: 54-55. Naranjo 1990: 73-81).

> El autoconcepto del paciente, en el que a menudo ha trabajado esforzadamente y que sin embargo expresa algo distinto u opuesto de lo real; y que busca actualizar en lugar de actualizarse a sí mismo. (Perls 1955-56: 57-58, 100, 113. Perls 1966b: 28).

> La maldición del ideal o la idealización del ego, en la forma como la persona se representa, "soy fuerte", "soy eficiente", "soy servicial", (o debo serlo), en oposición o detrimento de lo real y la vivencia del sí mismo. (Perls 1955-56: 100).

> El carácter; la rigidización de respuestas en forma de repetición compulsiva, que disminuyen o evitan la responsa-habilidad y la flexibilidad para responder a la situación. (Perls 1948: 48-49; 1955-56: 100; 1968b: 46).

> La armadura o coraza muscular; los síntomas y la manera como controlamos la respuesta muscular para evitar la emoción, el sentimiento o la vivencia en transcurso.

> Los bloqueos o mecanismos neuróticos; si bien como hemos visto cada mecanismo expresa de manera distinta una perturbación o confusión del sí mismo.

7.2. La interrupción o evitación

Este estrato falso, esta capa del juego de roles o *como si*, interrumpe la vivencia en transcurso, la experiencia del ahora y evita el contacto con el sí mismo: nos volvemos fóbicos, apenas aparece lo que no aceptamos, y evitamos la experiencia en curso.

Pero esta evitación del dolor no hace más que perpetuar el sufrimiento. Evitar el dolor que nos produce la situación no hace sino evitar que la situación pueda cerrarse, hace que nos quedemos divididos y que la situación no pueda concluirse, permaneciendo inconclusa incluso durante años. Es necesario tocar el dolor, o como señala Tony de Mello: "sufrir para acabar de sufrir" (Vallés 1987: 75-82). De igual manera, evitar el coraje o el miedo nos hace proyectarlo, dando origen a toda una serie de culpas, a relaciones inequitativas y a una vida en la inseguridad y con baja autoestima; o bien retroflectarlo con la consiguiente rigidez de la personalidad y el daño que nos hacemos a nosotros mismos, lo que con mucha frecuencia está en el origen de la depresión.

Aunque menos desarrollado en la teoría gestáltica, reprimir la ternura –porque así lo aprendimos, porque nos da vergüenza, o para mantenernos en nuestro rol de hombres fuertes– resulta tan o más costoso que los casos anteriores. Baste pensar en lo que representa para un hijo que su padre no pueda abrazarlo, o que su madre no le exprese ternura. La ternura es como el aceite: ninguna relación significativa puede fluir sin ella. Y ni que decir de nuestra incapacidad de gozar, de conectar el gozo que se encuentra en el sentido profundo de la vida. La evitación de las emociones básicas del organismo nos mantiene en el *como si*.

Esta capa del *como si* o juego de roles se convierte de tal manera en nuestra muletilla que la *gestalt*, la situación inconclusa más apremiante, no emerge a nuestra conciencia cotidiana y no puede ser concluida. A medida que la neurosis avanza y la estructura del carácter, la idealización del ego o la armadura muscular se rigidizan, la emergencia de las situaciones inconclusas se encuentra parcialmente bloqueada o reprimida por esta capa, de forma que *habitualmente no nos damos cuenta*.

Quisiera insistir en esta idea: por lo general *la situación inconclusa no emerge en el como si* y el neurótico no se da cuenta. El sí mismo, la parte organísmica que empuja hacia la resolución de la necesidad más apremiante, encuentra interferido o bloqueado al acceso a nuestra conciencia, y la gestalt no puede resolverse. *"Cuando predomina el No Yo... no hacemos contacto para satisfacer nuestras necesidades."* (Salama 1999: 54. Véase también Perls 1969b: 147-148, 150, así como el apartado sobre "La Formación Guestalt", pp. 154-156).

Nos hemos referido ya a la mayoría de los términos con los que se suele nombrar esta capa, y con los que en realidad se suele expresar más o menos lo mismo: al *como si* o juego de roles, al "acercadeísmo" o "hablar acerca de", a la manipulación, al autoconcepto y a la idealización del Ego. Todos estos términos son cercanos y definen en esencia el proceso mediante el cual evitamos la autorregulación del organismo, la experiencia del ahora y la emoción en curso. Tanto por su importancia como por la frecuencia con que son confundidos, quisiera detenerme ahora en algunos de ellos.

7.3. Todos los mecanismos neuróticos: en el *como si*

Si bien este estrato o capa se ha conformado básicamente mediante introyectos, el resto de los mecanismos neuróticos impiden también la emergencia de la situación inconclusa, la formación de la figura que corresponde a la necesidad real y nos mantienen por tanto en el *como si*.

Cada mecanismo neurótico es de hecho una confusión del sí mismo, de lo que somos nosotros mismos y de lo que no somos. En la introyección nos identificamos con los introyectos, con la parte externa que hemos ingerido, en lugar de identificarnos con nosotros mismos, con el propio sí mismo. En parte al menos como consecuencia de éstos, en la proyección desposeemos nuestras propias emociones y el proceso del organismo –como si no fueran parte de nosotros, por lo general sin darnos cuenta–, evitando el surgimiento de la emoción y la formación de la figura real, lo que nos mantiene en el *como si*. En la retroflexión la energía que iba dirigida hacia fuera se vuelca nuevamente hacia dentro; lo que impide también la formación de la figura real –y por supuesto su expresión adecuada–, y nos mantiene en el *como si*. En la proflexión por el contrario una acción o impulso que, para satisfacer nuestra necesidad, iba dirigido hacia nosotros mismos, es desviado hacia afuera, con lo que nuevamente la figura correcta, –mi propia necesidad– no se forma y permanecemos en *el como si*.

Todos los mecanismos neuróticos son en realidad formas de evitación, las maneras como evitamos hacer contacto con nuestras propias necesidades y como nos mantenemos en el *como si*.

7.4. Las tensiones crónicas o "armadura muscular" nos mantienen en el *como si*

Este aspecto introduce un elemento aparente de confusión, porque a primera vista pareciera que es el cuerpo, el organismo, el que se expresa, y que por tanto estas tensiones o contracturas fuesen una expresión del sí mismo. Hemos aclarado ya sin embargo que esta contractura o armadura no corresponde al impulso del sí mismo, sino al mensaje en sentido contrario que interfiere su expresión, al componente corporal de la introyección, y que es por tanto el apoyo de una parte del cuerpo para mantener el como si, la situación en que la emoción en curso no puede ser expresada.

La tensión resultante a menudo se expresa en síntomas. El síntoma es el resultado de una emoción, un excitamiento proveniente del sí mismo, que es de alguna manera controlado o reprimido por una orden contraria, y en cuyo control se

114

ha involucrado el cuerpo, por lo que en todo caso debiera entenderse como una expresión parcial del sí mismo. No constituye una expresión del sí mismo como tal, pero sí sería algo así como "un llamado de auxilio del sí mismo"; que no es escuchado entre otras cosas debido a esta armadura o coraza muscular con la que se mantiene la situación.

Como tal, el síntoma evita el surgimiento y la expresión de la emoción en curso. Representa sin embargo un espacio en el que el sí mismo se hace presente por encima del como si, y el mensaje del organismo puede ser parcialmente escuchado; por lo que es muy conveniente pasar a trabajar.

7.5. Perro de arriba y perro de abajo: las dos polaridades en *el estrato falso*

Perls parece haber descubierto el "perro de abajo" hacia la mitad de su desarrollo, en la etapa entre Nueva York y Esalen. Los términos "perro de arriba y perro de abajo" (top-dog y under-dog) aparecen por primera vez en "Resolución", artículo que corresponde a una charla en un hospital de San Francisco, Cal. en 1959. (Perls 1959: 76; véase también De Casso 2003: 232-233).

Mientras que en toda la primera etapa, desde *Yo, Hambre y Agresión* hasta *El Enfoque Guestáltico*, Perls concibe al individuo y a su ambiente como opuestos dialécticos, y trabaja con base en la división entre la autorregulación del organismo y la regulación externa, entre lo organísmico y lo social, entre lo propio y lo ajeno, en una palabra: entre el sí mismo y las introyecciones;[13] el descubrimiento del top-dog y under-dog, (del juego del opresor y del oprimido) viene a cambiar de manera significativa su manera de concebir las polaridades y su método de terapia.

Cuando habla de "el perro de arriba y el perro de abajo" o de "el opresor y el oprimido" Perls es muy claro, muy enfático incluso, en que ninguna de estas dos polaridades es el sí mismo. Mientras el perro de arriba es el super-yo, los introyectos; el perro de abajo es planteado como el frustrador, como el saboteador, como otra parte de la personalidad que se opone a éste y evita que la situación pueda concluirse. Perls los describe como "un par de payasos" que realizan el juego de autotortura.

---

[13] La excepción a esto la constituyen los dos primeros capítulos de *Yo, Hambre y Agresión*, sobre "El Pensamiento Diferencial" que corresponderían en realidad a la lógica de las Polaridades de la 2ª. etapa. Todo el resto de *Yo, Hambre y Agresión*, sin embargo, está desarrollado sobre la dicotomía entre la autorregulación del organismo y la regulación externa, del sí mismo contra los introyectos, del mismo modo que los artículos de 1948, 1951, 1955, 1957 y que *El Enfoque Guestáltico*.

La misma polaridad aparece –con el discurso casi en los mismos términos– en las diferentes charlas y escritos de la última etapa de Perls. Nos referiremos a ellos a continuación. (La amplitud de las citas es necesaria para ubicar tanto la consistencia en las definiciones de Perls como las diferencias o confusiones posteriores de Naranjo).

En "Terapia Guestáltica y las Potencialidades Humanas" (1966a) Perls los define como "dos payasos que representan sus roles bizarros e inútiles en el escenario de un yo mudo y tolerante":

> *El perro-de-arriba puede ser descrito como virtuoso, amenazante, castigador, autoritario y primitivo. Continuamente dirige con afirmaciones tales como "tú deberías", "tú debes, y "¿por qué tú no…?" En forma bastante extraña, todos estamos tan identificados con nuestro perro-de arriba, que ya no cuestionamos su autoridad. Tomamos su virtuosismo como de hecho.*

> *El perro-de abajo desarrolla una gran habilidad para evadir las órdenes del perro-de-arriba. Intentando cumplir sólo a medias con esas exigencias, el perro-de-abajo responde: "Sí, pero…", "le pongo tanto empeño, pero la próxima vez lo haré mejor", y "mañana". Usualmente obtiene lo mejor del conflicto.*

> *En otras palabras, el perro-de-arriba y el de abajo son en realidad dos payasos que representan sus roles bizarros e inútiles en el escenario de un yo mudo y tolerante. La integración, o cura, se puede lograr sólo cuando cesa la mutua necesidad de control entre los dos perros. Sólo entonces se escucharán el uno al otro. Una vez que vuelvan a la cordura (en este caso, al escucharse mutuamente) se abre la puerta a la integración y a la unificación. La oportunidad de unificar las partes separadas de la persona se constituye entonces en una certeza. El impasse o el eterno conflicto de la terapia interminable puede ser superado. (Perls 1966a: 17).*

En las conferencias en Atlanta, también de 1966 (recogidas en el libro de Fagan y Shepherd, 1966b) aparece con más claridad y precisión que la lucha entre los dos perros, o el juego del opresor y el oprimido, se lleva a cabo en el estrato falso:

> *Nos conducimos como si poseyéramos realmente esa cualidad exigida por la sociedad y que a la postre se convierte en una exigencia de lo que Freud llamó superyó, la conciencia moral (conscience). Esto viene a estar representado por el opresor (top-dog) en esos juegos en que se tortura al oprimido (under-dog)… exigiéndole lo imposible: "Y bien: ahora ¡vive de acuerdo con ese ideal!*

> *Sería lindo poder convertirse en esas personas maravillosas, pero Freud olvidó un elemento importante, que debemos añadir. El superyó no se opone, como creía Freud, al yo o al ello, o a una constelación de impulsos, recuerdos o energías. El opresor se opone a otra personalidad, a la que yo llamo el oprimido. Cada uno de*

ellos tiene sus propias características y ambos luchan por el control...

A este denomino el primer estrato o estrato falso, estrato que comprende estos roles, los juegos del opresor y el oprimido, los juegos del control... (Perls 1966b: 29).

Más adelante en la misma conferencia hay incluso una pregunta específica:

Pregunta: ¿Es en el nivel falso en el que se llevan a cabo los juegos?
Perls: Sí.

(Perls 1966b: 31).

Ya en las charlas que dan lugar a *Sueños y Existencia* (1968b), vuelve nuevamente a llamarlos *"los dos payasos"* que representan el juego de la auto-tortura *en nuestra fantasía.*

Si es que hay un superego también debe haber un infraego. Nuevamente Freud dejó el asunto a medias. Él vio al "perro de arriba", al superego, pero dejó afuera al "perro de abajo" que es tan real como el "perro de arriba". Y si avanzamos un paso más y examinamos a los dos payasos, como yo los llamo, representando el juego de la auto-tortura en el escenario de nuestra fantasía, entonces encontramos dos personajes así:

El perro de arriba generalmente es lleno de virtudes, ejemplar y autoritario; siempre tiene la razón. A veces tiene la razón, pero siempre es impecable. El perro de arriba es un matón y funciona con "Tú debieras" y "Tú no debieras". El perro de arriba maneja con exigencias y amenazas de catástrofes tales como "Si no accedes, entonces no serás querido. No te irás al cielo, te morirás" y cosas por el estilo.

El perro de abajo se maneja siendo defensivo, apologético, adulador, haciéndose el bebé llorón, etc. El perro de abajo no tiene fuerza. El perro de abajo trabaja así: "Mañana", "Haré todo lo posible". "Mira, lo he intentado miles de veces, pero no es culpa mía si no resulta". "Lo siento, pero no puedo evitar que se me olvide el día de tu cumpleaños". "Tengo tan buenas intenciones". El perro de abajo es hábil y astuto y por lo general saca la mejor parte del perro de arriba porque no es tan primitivo como éste.

De modo que el perro de arriba y el perro de abajo luchan por el control. Como todo padre e hijo luchan entre sí para conseguir el control. La persona se fragmenta en controlador y controlado... (Perls 1968b: 29-30).

Y también plantea la imposibilidad de producir cambios por esta vía y la inutilidad del juego de los dos payasos, que sólo pueden integrarse cuando se escuchan el uno al otro. (Perls 1968b: 31).

117

Finalmente, en los "Testimonios de Terapia" (1969a), correspondientes a la etapa de Cowichan y añadidos póstumamente a *El Enfoque Guestáltico*, (1955-56) leemos:[14]

> *Fritz: ¡Oh! Acaban de conocer una de las figuras más corrientes de la personalidad humana. La división entre "perro de arriba" y "perro de abajo". Este desenlace final se lleva a efecto no por una adaptación, sino por una integración. El perro de arriba es conocido por el sicoanálisis como superego y también como la conciencia. Desgraciadamente Freud dejó afuera al perro de abajo, y no se percató que por lo general es el perro de abajo quien gana en el conflicto entre perro de abajo y perro de arriba. Les daré las características más salientes de cada uno. El perro de arriba es normativo, a veces tiene la razón, pero siempre actúa como si la tuviera. Él da como un hecho establecido que este perro de arriba le dice que se estire para demostrarle que está en lo correcto. El perro de arriba siempre dice "tú debieras" y hace amenazas si no se le obedece. Sin embargo el perro de arriba es bastante directo y claro. El perro de abajo, en cambio, hace las cosas de un modo diferente. Dice a todo que sí, "claro que sí", "te lo prometo", "estoy de acuerdo" (risas), "sí, pero mañana y si es que puedo". De modo que el perro de abajo es un excelente frustrador, y entonces el perro de arriba desde luego no le permite salirse con la suya y alaba el uso de la vara y así el juego de autotortura o de automejoramiento, como quieran llamarle, continúa imperturbado año tras año, ¿verdad? (Perls 1969a: 123).*

Y también:

> *Fritz: Tal vez. Lo intentaré, etc. Conoces el lenguaje típico del perro de abajo. Voy a repetir, en este contexto, el comportamiento perro de abajo, perro de arriba. El perro de arriba es el matón normativo y ejemplar. El que le dice al perro de abajo como debe comportarse, etc. Por lo general es directo en sus exigencias y sus órdenes. El perro de abajo dice: claro que sí, haré lo posible, si es que puedo. En otras palabras, el perro de abajo es el que por lo general gana. El perro de arriba es el que controla y el perro de abajo es el controlado. Bien, gracias. Hasta aquí es donde quiero llegar con ustedes. (Perls 1969a: 153).*

En todas las ocasiones en las que Perls se refiere al "perro de arriba y el perro de abajo", como vemos, o bien al juego del opresor y del oprimido, encontramos *la misma definición*: es muy claro cuando los define como "los dos payasos", cuando señala que el perro de abajo funciona también "en nuestra fantasía" *y que ambos se encuentran en el estrato falso*, en el que tiene lugar el juego del opresor y del oprimido.

---

[14] Aunque los "Testimonios de Terapia" aparecen añadidos a *El Enfoque Guestáltico*, son en realidad bastante posteriores a éste. Se trata más bien de transcripciones de películas ya de la época de Perls en el Lago Cowichan, en la última etapa de su vida. Mientras *El Enfoque* está escrito todavía en el esquema del sí mismo versus los introyectos; en los "Testimonios" Perls trabaja en cambio en la lógica del perro de arriba y el perro de abajo. Manteniendo la fidelidad al criterio utilizado vamos a referirlos por el año en que tuvieron lugar, como (Perls 1969a). Sobre este tema véase el erudito análisis de Pedro de Casso. (De Casso 2003: 437-442 y 466-491; así como el Anexo 5 de esta obra).

En ningún momento confunde Perls al perro de abajo con el sí mismo. Al perro de abajo lo define como "payaso" como "el saboteador", o "el frustrador", que se encuentra también en la fantasía y en el estrato falso y que evita que la situación pueda resolverse. No le atribuye tampoco ninguna de las características organísmicas, o "instintivas", que son propias del sí mismo.

¿Qué fue entonces lo que sucedió? Hay un cambio en la concepción de Perls, ciertamente, que no fue percibida con claridad, *que no fue entendida* por los teóricos posteriores de la Gestalt.

Mientras que el "perro de arriba", el (los) introyectos, la regulación deberista, sigue siendo básicamente lo mismo, hay un cambio en "el opositor": la nueva polaridad nos presenta ahora a aquél ya no enfrentado al sí mismo o a la parte organísmica, sino al saboteador, al perro de abajo.

Pero de ninguna manera se trata de una sustitución del sí mismo por el perro de abajo, ni una eliminación de aquél. No hay, en todas las referencias de Perls al tema, una sola en este sentido, o que nos permita suponerlo. Tanto el perro de arriba como el perro de abajo se encuentran en el *como si,* en el juego de roles, en el estrato falso.

Corresponden por tanto ambos a la regulación deberista, externa, que se opone a la regulación del organismo.

Figura 5: Polaridades

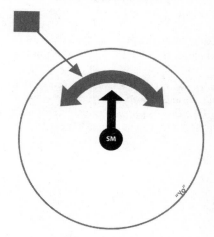

No hubo nunca una sustitución, *mucho menos una asimilación* del perro de abajo al sí mismo. De ninguna manera podemos confundirlos. Lo que hace Perls,

–y como pudimos ver es muy enfático–, es un desdoblamiento de la regulación deberista, que ahora aparece no solamente representada por el introyecto, por el súper-yo, sino por una polaridad entre el súper-yo y el Infra-yo, por el perro de arriba y el perro de abajo.

Esto es claro también en los textos de Perls en la última etapa de su vida, en los que se sigue refiriendo de manera central a esta oposición entre la autorregulación y la regulación externa. En la Charla I de *Sueños y Existencia*, (1968b), por ejemplo, señala que "así llegamos a lo que considero el fenómeno más importante e interesante de toda la patología: la auto-regulación versus la regulación externa". Insiste también en que el darse cuenta de por sí puede ser curativo, porque "con un awareness pleno uno se da cuenta de esta autorregulación del organismo", y plantea que "en contraste con todo esto está la patología de la auto-manipulación, control del ambiente y todo lo demás, que interfiere con este sutil auto-control organísmico" para después pasar a explicar cómo esta auto-manipulación está dada por los juegos de autotortura del opresor y del oprimido (Perls 1968b: 28-29). (La cita se encuentra reseñada arriba).

A diferencia de prácticamente todos los demás desarrollos sobre este tema, creo que es importante también reconocer la precisión de Pedro de Casso:

> *Así pues, Fritz introduce en esta época esa novedad, la polaridad "perro de arriba–perro de abajo", como expresiva de la internalización del control externo, el que viene del ambiente, y con este concepto polar supera ventajosamente la concepción unilateral de ese control, que representaba con anterioridad el superego freudiano.*

Este comentario de Pedro viene después de comentar la 2ª. conferencia de Atlanta y antes de la Charla I de Sueños y Existencia. O también:

> *Fritz conecta ambos "payasos" como se les llama, con el consabido autoconcepto de la persona. Ambos nos tironean desde la respectiva y contrapuesta imagen de nosotros mismos que representan, y nosotros nos esforzamos inútilmente por obedecer o por escapar a sus dictados. (De Casso 2003: 333).*

CAPÍTULO 8

La Fenomenología

Si el sí mismo es algo a lo que hay que llegar, que a menudo se encuentra interferido o bloqueado, que hay que ayudar a descubrir y a expresar; –y entre nosotros mismos y el mundo se interpone toda esta zona intermedia, el *como si* o juego de roles–, toca preguntarse por los medios de acceso al sí mismo y el papel de la Fenomenología.

8.1. El *fenómeno*

Si bien el sí mismo se encuentra por lo general interferido o bloqueado, la interferencia no es sin embargo total. Aun cuando se encuentre fuera de la conciencia o el darse cuenta del consultante, el sí mismo empuja hacia el cierre de la situación inconclusa más urgente y se manifiesta de alguna manera en superficie, si no de manera total o completa, sí parcial, con frecuencia a través de las interrupciones, de los rasgos fenomenológicos o de la expresión no verbal. Aun cuando intentemos bloquearla, la autoexpresión sale por otro lado, se expresa de alguna manera en nuestros movimientos, en nuestra postura o en nuestra voz.

Además de su discurso, del que se da cuenta y al que tiene acceso y mediante el cual racionaliza su situación, y de su forma de vestir y arreglar, que elige más o menos conscientemente, el fenómeno (la apariencia fenoménica, lo inmediatamente dado, lo que aparece en superficie, lo obvio, el ahora, el presente, lo que tenemos enfrente)[15] incluye de manera particular:

> La forma de su cuerpo: su tamaño, peso y fuerza, elasticidad y energía;

> La expresión no verbal del paciente: el tono y el volumen de la voz, el ritmo o la velocidad y los quiebres o interrupciones en su discurso;

---

[15] En mi opinión debemos llamar "*fenoménico*", "*apariencia fenoménica*" o simplemente "*fenómeno*", al conjunto de manifestaciones que aparecen en superficie, a lo inmediatamente dado, al conjunto de expresiones de la conducta observable del paciente, y reservar el término "fenomenología", para el conjunto del método de la Terapia Gestalt, que incluye la búsqueda de la expresión y el contacto al nivel del sí mismo partiendo de lo que aparece en superficie; del mismo modo que la Fenomenología de Husserl es un método intuitivo que busca llegar a las esencias partiendo de la descripción detallada de las cosas, y no se circunscribe solamente a esta descripción. (Véase Cárdenas 2011:91).

> La expresión corporal, cualquiera que ésta sea: la mirada y la expresión facial; la postura; los movimientos, ademanes y la manera de hacer contacto, de establecer proximidad o límites;

> Los síntomas, los tics, y cualquier tipo de tensión muscular, dolor físico o postural;

> Y las visualizaciones o imágenes que el paciente forma, que si bien se presentan en su discurso se encuentran mucho menos asumidas en el *como si* que el discurso habitual, y por tanto más cerca del sí mismo.

Cada una de éstas no es sólo la expresión física de una parte, sino la *expresión de la persona total*. Como señala Cárdenas (2011: 92):

> *Lo que se nos da, no es el movimiento de una pierna, el tono de voz, sino una persona en su totalidad a través de ese movimiento o ese sonido. Ese movimiento de la pierna es la-persona-misma-moviéndose; esa voz, es la persona-misma-diciéndose-en-ese-tono-de-voz, y la tarea del psicoterapeuta Gestalt… es descubrir esa totalidad que aparece en su facticidad.*

8.2. Claroscuro de verdad y engaño

Todo está ahí. El "fenómeno" o superficie es un claro-oscuro de verdad y engaño. Estos rasgos son por una parte manifestación o expresión del sí mismo, expresan al sí mismo que quiere cerrar una situación inconclusa, pero por otra parte lo ocultan. La superficie o el fenómeno muestran el sí mismo, – y no tenemos por lo demás otra vía de acceso a éste, porque el contacto siempre ocurre en superficie –, pero no lo expresan de manera abierta, completa, sino a menudo de manera parcial o incluso cifrada. Si el sí mismo se manifestara de manera completa en superficie, las personas seríamos auténticas y no necesitaríamos terapeutas.[16]

---

[16] La relación entre la apariencia o fenómeno y la esencia o estructura fue desarrollada con amplitud por la tradición marxista humanista (histórica critica), que recupera y confronta la polémica del existencialismo con el marxismo y desarrolla ampliamente esta relación (lo que en Gestalt sería la relación entre lo fenoménico y el sí mismo). Son ilustrativos p.e.: "El Mundo de la Pseudoconcreción y su Destrucción", "La Totalidad Concreta" y la "Metafísica de la Vida Cotidiana" en la célebre *Dialéctica de lo Concreto*, de Karel Kosik; La "Introducción" de 1857 de Marx, en la óptica althusseriana" en *Ciencia y Revolución*, de Adolfo Sánchez Vázquez, o su amplia discusión sobre la relación entre ideología y ciencia; o bien la parte relativa a la filosofía en la *Introducción al Estudio de Marx*, de Roger Garaudy. Esta tradición desarrolla además los conceptos dialécticos de totalidad y de totalidad diferenciada en polaridades, como un todo que se desarrolla y se crea, integrados en un solo cuerpo teórico y desde una posición epistemológica cercana a la Gestalt, si bien se trata de un método aplicado a las Ciencias Sociales. La influencia marxista en el desarrollo del método de Perls requiere una mayor exploración.

El sí mismo es entonces *algo a lo que hay que llegar*, que es necesario *"descubrir" y ayudar a expresar*. Y a lo que no se llega a través de la mera descripción de lo que aparece en superficie, sino permaneciendo en el presente y facilitando el acceso mediante la observación y la exploración fenomenológica, de manera que la situación inconclusa pueda emerger, expresarse y contactar con el sí mismo a través de la explosión, que constituye la vía de acceso o de restablecimiento de éste y el camino a la vivencia de la emoción o sentimiento latente.

8.3. Lo fenoménico para el paciente

Desde el punto de vista del paciente, el objetivo de incorporar y devolverle la observación de su "fenomenología", entonces, no es el de describir, analizar o sistematizar su conducta, sino permitirle acceder a o intensificar su darse cuenta, lo que a menudo facilita la emergencia de la situación inconclusa y del mecanismo neurótico a través del cual evita su resolución.

8.4. Lo fenoménico para el terapeuta: *el camino al sí mismo*

Desde el punto de vista del terapeuta es también *una forma de acceso al sí mismo del paciente*, dado que el fenómeno (lo que aparece en superficie) muestra la esencia (el sí mismo) *y constituye el único medio de acceso a éste*, en cuanto que ambos integran finalmente una totalidad y se constituyen mutuamente; pero en cuanto que el fenómeno también oculta la esencia, no la muestra de manera completa.

La exploración fenoménica no es entonces una elección al azar, sino el medio privilegiado con que el terapeuta cuenta para coadyuvar a la expresión del sí mismo del paciente y a la resolución de su situación inconclusa más apremiante. Si bien el terapeuta puede devolver o explorar cualquier expresión fenoménica cuando considere que el paciente no se está dando cuenta, es de la mayor importancia la exploración, y en su caso exageración, de cualquier conducta que pueda significar una expresión del sí mismo que se encuentre bloqueada o a la que el paciente no está teniendo acceso. Por ejemplo:

▸ Las expresiones o conductas que expresen una contradicción evidente con su discurso verbal; por ejemplo: se ríe mientras relata un suceso triste; su cara es sonriente mientras tiene el cuerpo rígido, etc.

▸ Cualquier movimiento que pueda significar una expresión de agresión: se golpea la otra mano con su puño, aprieta los dientes, se muerde el labio, se rasguña una mano o un brazo con la otra, hace ademán de patear, empuña las manos...

> ➤ Las posturas que representen opresión, y cuya exageración por tanto posibiliten el contacto con la situación y el surgimiento y expresión ya sea del coraje, la impotencia o el dolor.

> ➤ Los gestos, posiciones o movimientos que pueden ser expresión de pena o de dolor, ya sea a través de la expresión de la cara o de la postura corporal, y que a menudo se enmascaran como indiferencia o enojo.

> ➤ El movimiento, postura, temblor, forma de mirar, que pudieran ser expresión de miedo o de la posible emergencia de una escena de miedo.

> ➤ Cualquier síntoma, que por lo general evidencia una emoción o excitación que se encuentra interferida por otra orden introyectada.

> ➤ Las expresiones que involucran dos estados distintos del cuerpo: lado izquierdo-lado derecho o parte inferior-parte superior.

A menudo la exploración y exageración de dichas expresiones, incluso mientras el paciente continúa con su discurso habitual o sigue hablando sobre otro tema, conduce al surgimiento de la emoción o el sentimiento latente y a la expresión del sí mismo, en cuyo caso atendemos la explosión de la emoción que está emergiendo y dejamos el discurso anterior. Es importante facilitar la expresión por el mismo canal físico por el que viene. Por ejemplo:

Diálogo	Expresión fenoménica
T: (Observa que S se está rascando o arañando en la parte superior del pecho, mientras parece entusiasmada con los preparativos de su boda…) ¿Y qué estás haciendo con tu mano?	Se está rascando o arañando en la parte superior del pecho.
S: Nada… Sólo me estoy rascando.	
T: Ráscate un poco más fuerte… y platícame…	
S: Se rasca un poco más fuerte)… La cosa va bien padre, conseguimos el conjunto, ya tenemos todo listo…	Se rasca un poco más fuerte.
T: ¿Y qué estás haciendo con la mano?	
S: Siento que me estoy arañando… como si me estuviera haciendo daño…	

T: ¿Y a quién te gustaría arañar?

S: No, a nadie. (Convencida)… Es una maña, siempre lo hago, tengo hasta reseco en esta parte…

T: Síguelo haciendo, y cuéntame…

S: Nos va a casar el padre Galo, la verdad ya quiero que llegue el día…

… Se detiene y observa el movimiento…

T: ¿Qué pasa? … … (6 seg.)

S: ¿A quién te gustaría arañar?

T: ¡A mi mamá! … Siempre es la misma, se mete en todo… siempre me está jodiendo aaaaaaahhhhhhh…

Exclama fuertemente.

S: (Facilita un cojín grande)…

Comienza a arañar el cojín.

Hazlo… no te detengas ahora… Hazlo y veamos que sucede… como lo estabas haciendo… (Arañar y la conexión del coraje que emerge la lleva a una escena en la que ella tiene 3 o 4 años).

Otro ejemplo:

Diálogo	Expresión fenoménica
T: Cuando me cuentas de tu enojo… ¿te das cuenta, José, cómo suena tu voz?	Tumbado hacia atrás en el sofá.
J: Sí… suena algo apagada…	Voz baja y lenta…
T: Hazla un poco más apagada, y sígueme contando…	
J: … (continúa su relato)…	
T: ¿Y cómo está tu voz ahora?	
J: Muy apagada… sueno como perrito lastimero…	
T: ¿Y cómo es un perrito lastimero?	

J: Muy solo… triste… da lástima…

T: ¿Es ese tu propio sentimiento?

J: Sí… (llora)   Llora.

Como puede verse en estos ejemplos, el contacto (y exageración) con el movimiento o la expresión fenoménica que viene del sí mismo, favorece la emergencia de la situación y la emoción que provienen del organismo, y nos evita perdernos o ir detrás de temas menos trascendentes o que no corresponden a la situación inconclusa más apremiante.

8.5. Lo fenoménico para el terapeuta: *manifestación de la evitación*

En ocasiones sin embargo la expresión fenoménica que aparece puede no ser una manifestación del sí mismo, sino por el contrario *una forma de evitación*, la acción repetitiva y no expresiva a través de la cual el paciente evita vivenciarse a sí mismo. Éste es el caso por lo general de los movimientos que no tienen soporte: –la persona juega con las piernas, juega con las manos, escribe en el aire–, *y de la mayoría de los tics*. En otros casos este papel lo desempeña la cháchara incesante.

En estos casos lo significativo podrá aparecer una vez que se haya utilizado alguna técnica supresiva y el paciente haya dejado su medio de manipulación y pueda entonces vivenciarse a sí mismo. Algo tan sencillo como: "¿Puedes dejar de mover las piernas y apoyarlas bien en el suelo?" o como: "¿Qué estás haciendo con tu…? ¿Puedes dejar de hacerlo, y ver qué sucede?" puede dar lugar al surgimiento repentino de material muy cargado.

Cuando observamos entonces un movimiento significativo, que contrasta con el discurso del paciente o que pudiera ser representativo del sí mismo, de algo de lo que el consultante no se está dando cuenta, podemos entonces recorrer el camino en un sentido, y si no surge nada significativo, recorrerlo en el otro. No perdemos nada, más allá de un poco de tiempo, y algo relevante va a emerger.

8.6. Un ejemplo de sesión (abreviada)

En esta sesión trabajamos primero, desarrollando, sobre una expresión fenoménica que al principio me pareció representativa del sí mismo: esto es, que a través del movimiento sus piernas su cuerpo estaba diciendo algo de lo que verbalmente no era consciente. Le pedí entonces que exagerara el movimiento, e incluso que se convirtiera en sus piernas. En esta exploración resultó que no era así, al hacerlo no formó ninguna figura significativa sino que al contrario la evitación se hizo más evidente. Me di cuenta entonces que este movimiento era en realidad una *evitación*, esto es, una acción no representativa, o un juego, a través de la cual estaba evitando vivenciar su sí mismo. Le pedí entonces que suprimiera este movimiento, que dejara de manipular, que hiciera contacto. Éste es un fragmento de la sesión:

Diálogo	Expresión fenoménica
P: Mmm... recuerdas que la vez pasada estábamos hablando del miedo, o sea tengo el miedo a triunfar, así como que... no me siento como que pueda... y ...	Mueve las piernas rápidamente, temblando, sin despegarlas del piso.
T: Mmm… Si tus piernas pudieran hablar, ¿qué dirían?	
P: Que quiero correr. (Ríe)	Ríe.
T: ¿De qué quieren correr?	
P: Mmm es como si ahí se escondiera el, miedo y este y la ansiedad, es como no saber qué es lo que va a pasar, como... como ese miedo a darse cuenta de varias cosas que no quiere darse cuenta... ... ha sido un hábito desde hace muchísimos años, desde que era pequeña desde que estaba como... siete, ocho años.[17]	
T: A ver... ¿podrías dejar las piernas plantadas fijamente en el suelo?	
T: Sí… … ¿De qué te das cuenta?	Una posición de mayor contacto.
P: De que... la ansiedad que siento primero fue en las piernas y luego en los brazos, de repente se me vino a la boca y la empecé a apretar muy duro y empecé después a respirar y me di cuenta que ... (0:12)	

T: ¿Si?, o.k.... cierra otra vez los ojos, por favor... ¿de qué te das cuenta?...

P: Es una sensación diferente, que no estoy acostumbrada a sentir... (0:10)

T: ¿Cuál es la sensación?

P: ...Mmm... es como... es estar queriendo apretar los dientes y así como un nudo, como estarme aguantando, como un... es una sensación de... de morder...[18]

T: ... ... ¿Y a quién te gustaría morder?

P: ... No entendí la pregunta...

T: ¿A quién quieres morder?...

P: Ah... ah... ... ... a mi abuelito ahhh! ...   Baja la voz,
                                                                  exhala fuerte.

Revisemos brevemente el camino recorrido: Trabajamos primero sobre un movimiento fenoménico, el movimiento de las piernas, que me pareció una expresión del sí mismo. Elaborando resultó que no era así, por lo que le pedí más bien que suprimiera el movimiento, pensando en que éste pudiera ser una forma de manipulación, la acción no expresiva mediante la cual estaba evitando vivenciar. Al suprimir el movimiento es notable cómo su contacto se incrementa de inmediato. Ya vivenciando, –lo que había estado evitando hacer–, le pedí que se concentrara en la sensación, y *a partir de ahí* llegó a la agresión que había retroflectado y que aparece aquí. Es importante hacer notar que la emoción real no aparece desde la evitación, sino sólo al suprimirla, cuando traspasa el *como si* y es capaz de vivenciar. La situación inconclusa, *la situación más apremiante* que hay que resolver, emerge entonces con claridad (precisamente lo que estaba evitando vivenciar).

---

[17] En este momento me doy cuenta ya de que el movimiento de las piernas no es una expresión del sí mismo, sino que, por el contrario, es una acción no expresiva a través de la cual está evitando vivenciar. Aquí se podría haber pasado a explorar: "¿Y de qué cosas no quiere darse cuenta?" Sin embargo, si el movimiento de las piernas es una acción para evitar vivenciar, en este momento me interesa ver primero qué hay detrás de ese movimiento, qué es lo que está evitando vivenciar. Lo que sigue es una técnica supresiva: le estoy pidiendo que deje de manipular, que deje la acción no expresiva a través de la cual está evitando la vivencia.

[18] Aquí aparece con claridad la agresión retroflectada: se está aguantando las ganas de morder. Es muy probable que su forma de manipulación (el mover las piernas) haya sido una forma de evitar sentir estas ganas de agredir.

(Aunque sucede rápidamente) la siguiente fase es la de deshacer la retroflexión, revelar el verdadero blanco de la agresión. Una vez que el abuelito ha aparecido el sí mismo ya no está negado sino que se está expresando, la emoción y la figura están claras y toca pasar al contacto y a la expresión.

Este es el sentido -movimientos de manipulación que son usados inconscientemente para evitar la acción expresiva-, que juegan por lo general los *tics* (que por lo general se encuentran asociados a situaciones inconclusas fuertes) y los movimientos que no tienen soporte (con los que se evita el contacto) por lo que es un recurso valioso para el terapeuta pedir al paciente sencillamente su supresión. El terapeuta debe sin embargo estar preparado pues al hacerlo con frecuencia emergen situaciones significativas.

8.7. Polaridades y fenomenología

Es conveniente finalmente precisar la ubicación de las polaridades en el tema de la Fenomenología. De la misma manera que, como ya explicamos, cuando se trata de polaridades correctas las dos polaridades están *en el como si*, de manera que ninguna es el sí mismo, y éste se alcanza sólo cuando las polaridades se han integrado y ha emergido una nueva situación, también las dos polaridades corresponden al fenómeno, y no a la esencia. Es el fenómeno el que se polariza, y no la esencia ni el sí mismo. En su trabajo sobre Friedlander, Ludwing Frambach señala que:

> La oposición ocurre sólo en el fenómeno, en "este lado". La "esencia" por el contrario, no es ningún otro lado, sino el centro, es el punto de contacto creativo de lo diferente, de los fenómenos aislados. (Frambach 2002: 429).

CAPÍTULO 9

Construyendo el concepto del *Yo* y la responsabilidad en Gestalt

Existir es elegirse...

IHS

Otro de los constructos centrales de la Terapia Gestalt, y que sin embargo se presta a muchas confusiones es el del *Yo*. A diferencia de algunos de los constructos anteriores, la noción del *Yo* no sólo no fue elaborada hasta ahora sino que no encontramos un desarrollo –o al menos un uso del término– del todo consistente, ni en Perls, ni en Goodman (que es particularmente confuso), Naranjo ni en otros de los gestaltistas subsiguientes. Es pues necesario *construir* el concepto. (Aclaro que escribo con mayúscula y con cursiva para distinguir que me refiero al símbolo, a "el *Yo*" y no por ninguna otra razón).

9.1. El concepto del *Yo* y su confusión con el de *Ego* o con el del *Self*

Los problemas vienen aquí de raíz, desde el significado de las palabras. Los textos de Perls en castellano tienen el problema de que confunden y usan indistintamente los términos "yo" y "ego", en realidad sin ningún criterio. El problema es común por lo demás tanto a la traducción de *Yo, Hambre y Agresión* del Fondo de Cultura Económica (que en ocasiones se traduce o se cita incluso como *Ego, Hambre y Agresión*) como a las traducciones de Cuatro Vientos de las obras posteriores.

El origen de la confusión parece provenir del hecho de que mientras en alemán se utiliza el mismo término, ich, para "yo" y para "ego", en inglés y en español las palabras son distintas, y no significan lo mismo. En castellano la palabra "ego" se asocia más bien al autoconcepto que a las funciones del Yo: decir que alguien "tiene un ego muy grande", significa que lo que es grande es su vanidad o su narcisismo, lo que no tiene nada que ver con lo que serían las características de un Yo sano: su capacidad de elección o de identificarse correctamente.

Perls parece haber advertido de hecho esto en la última etapa de su vida. En *Dentro y Fuera del Tarro de la Basura*, leemos:

> *Freud nunca llegó al punto de entender el sí mismo (self). Se quedó en el ego. In-*
> *cluso, la gente de habla inglesa encontrará otra dificultad en seguir el raciocinio de*
> *Freud. En alemán, ego es idéntico con yo. En inglés, ego se acerca al significado del*
> *sistema de autoestimación. Podemos traducir "Yo quiero reconocimiento" por "Mi*
> *ego necesita reconocimiento" pero no así "Yo quiero un pedazo de pan" por "Mi ego*
> *quiere un pedazo de pan". A nuestros oídos esto suena como un absurdo."* (Perls
> 1968c: 13).

Y sin embargo es difícil precisar hasta qué punto los problemas de los textos en castellano se deben a un problema de traducción, o hasta qué punto las confusiones provienen del mismo Perls, que habría usado los términos *yo* y *ego*, y *límites del yo*, y *límites del ego*, de manera indistinta o por lo menos imprecisa. La hermenéutica sugiere que se trata más bien de confusiones del mismo Perls, (dependiente en este caso de la lengua materna, o que quizá no precisó sino más tarde la distinción de los términos); o por lo menos que las confusiones están presentes también en las obras en inglés, pues no parece haber razones para suponer que los traductores hubiesen intercambiado los términos en la traducción del inglés al español.[19]

A pesar de esta mala traducción de los textos, en español los términos *"ego"* y *"yo"* son de uso tan común, y su significado está tan arraigado, que no es sencillo pretender que signifiquen otra cosa, y como veremos esto hace necesario re-leer los textos con cuidado, si queremos que puedan sernos claros o consistentes y, aunque esto implica corregir el texto, hacer uno mismo en cada caso las sustituciones adecuadas de las palabras, distinguiendo con claridad los términos en el sentido que definimos más abajo.

Si como vemos *"ego"* y *"yo"* significan en realidad cosas distintas, en el caso de los términos *"límites del ego"*, y *"límites del yo"*, se trata en cambio exactamente del mismo concepto, y en los textos en castellano el término aparece usado indistintamente. Véase como ejemplo el pasaje de "Moralidad, Límite del Ego y Agresión" (Perls 1948: 40-41) en que los dos conceptos no sólo se usan de manera indistinta, sino que son intercambiados incluso varias veces en el mismo párrafo. En este

---

[19] Tampoco es sencillo dilucidar en qué medida estas confusiones son una herencia de la incorporación y revisión de las instancias intrapsíquicas freudianas del *id, ego y superego*. (O yo, superyo y ello). El sistema de Perls es construido en buena parte a partir del freudiano, separándose sin embargo de éste de manera significativa primero mediante la incorporación del sí mismo, lo que lo lleva a plantear la tensión clásica entre el individuo y la sociedad, el organismo y el ambiente, –ya desde *Yo, Hambre y Agresión* y con mucha claridad en *El Enfoque Guestáltico*– y segundo, posteriormente mediante el descubrimiento del *perro de abajo* como polaridad del *Súper-yo* o perro de arriba. Estas modificaciones implicaban sin embargo cambios en el uso de los conceptos, en particular el del Yo, que no siempre fueron hechos oportunamente; de modo que su manejo de los términos "Yo" y "Ego" no siempre resultan consistentes con lo que aquí advierte.

Ninguna de estas dos modificaciones, por otra parte –que hacen en realidad de la Gestalt un sistema muy distinto al freudiano–, fueron incorporadas por Goodman ni sus seguidores, que definen sus "funciones del self" desde las instancias intrapsíquicas freudianas ya mencionadas.

caso, "límites del yo" es mucho más consistente no sólo con el significado del término en español, sino con la definición de los conceptos y el sistema del mismo Perls, por lo que es necesario releer los textos sustituyendo en cada caso "límites del ego" por "límites del yo".

Soy consciente que esto parece una carga excesiva, pero lo que se gana en claridad es tan significativo, para el aprendizaje y para el conjunto de la Terapia Gestalt, –al tiempo que consistente con el sistema del propio Perls– que no puedo sino insistir en la necesidad de hacerlo. (Véase De Casso 2003: 334-345).

En sentido contrario, también existen algunos pasajes en los que pudiera entenderse al *Yo* como sinónimo del sí mismo (véase por ejemplo Perls 1955-56: 51), y de hecho esta confusión es incluso más común que la anterior, por lo menos en el ámbito de la Terapia Gestalt en México (véase por ejemplo Salama 2002: 44, 50).

9.2. El *Yo* como símbolo y su identificación ya sea con el *Ego* o con el *Self*

Perls utiliza el concepto del *Yo* como un símbolo de identificación, como el símbolo de personificación del sujeto:

> *"Tengamos presente que el "Yo" no es un objeto con existencia real o una parte del organismo". "Yo" es un símbolo... Cuando digo "Yo estoy aquí" quiero decir "Aquí está un organismo, con cuyas funciones el que habla se identifica". Si este organismo dijera "Yo no lo hice", hay una alienación, está comprometido un "yo no"...* (Perls 1955: 41).

> *Ahora bien, los dos fenómenos del límite del Yo son la identidad y la alienación. Yo me identifico con mi movimiento: digo que yo muevo mi brazo. Cuando lo veo a usted sentado ahí en esa postura, no digo: "Yo estoy sentado ahí, sino que digo "usted está sentado ahí"...* (Perls 1968b: 20).

> *El yo es la vivencia de la figura que está en primer plano. Es la suma de todas las necesidades emergentes, la oficina de clasificación para su satisfacción... Es el agente de responsabilidad por cualquier cosa con que se identifica: respons-able, capaz de responder a la situación; no "responsable" en el sentido moralista de asumir las obligaciones dictadas por el deber... Reconocemos que el yo no es una cosa estática, sino más bien un símbolo de identificación.* (Perls 1968c: 103, citado en De Casso 2003: 340).

En una personalidad sana, la función de identificación / alienación trabaja de manera correcta. El Yo se identifica con lo que es él mismo (el sí mismo) y aliena o niega como no suyo lo que no es él mismo. (Perls distingue por lo demás con claridad a este "yo sano", que funciona como símbolo de identificación, del ego o de los introyectos; véase p.e. Perls 1968c: 191). En la neurosis, sin embargo, los límites se confunden, de modo que el neurótico tiende a identificarse con lo que no es él mismo: sus introyectos, o a alienar lo que sí es él mismo.

Refiriéndose a este "límite del yo" o "límite del ego" y de alguna manera al problema de los términos, Pedro de Casso plantea:

> ... *sería más claro hablar de límite o frontera no del ego, sino del yo, – entendido como "símbolo de identificación"–, quien, en su interacción con su ambiente, en cada situación, actúa de hecho identificado con su ego, esto es, con los estrechos moldes que le marcan su carácter, sus introyectos, etc.; o bien, en mayor o menor medida, identificado con su "organismo", con sus límites reales u orgánicos – los que derivan de la actualización de sus verdaderas potencialidades –, o sea, con su auténtico "sí mismo" (self). Yo, pues, como distinto de ego y de self, pero actuando de hecho o tal vez pudiendo actuar, en cada situación, identificado con los "límites del ego" (ego-boundaries), o bien identificado con los "límites de lo propio" (self-boundaries).* (De Casso 2003: 338-339).

Tenemos entonces al *Yo* como símbolo de identificación, –como la forma en que la persona se identifica– distinto del Ego (el *como si*) y del self. Y la persona puede identificarse:

> ➤ Bien con lo que es ella misma, con su sí mismo, con sus propias sensaciones, emociones y acciones, lo que le permite el cierre de las situaciones y lleva hacia la salud.

> ➤ O bien con sus introyectos, lo que restringe su marco de acción y la lleva a alienar gran parte de sí misma. Para Perls esta confusión es la neurosis.

Esta definición del *Yo* como una función del organismo –y no como una substancia–, como un símbolo cuya principal función es la identificación o alienación, está presente por lo demás a lo largo de toda la obra de Perls, desde *Yo, Hambre y Agresión* hasta *el Tarro de la Basura*, y en opinión de estudiosos como De Casso (2003: 339) constituye hacia al final de su vida uno de sus temas de mayor preocupación. (Véase como ejemplo Perls 1942: 182-183, 188, 190, 191, 279, 282; Perls 1955: 40-41; Perls 1955-56: 51-52; Perls 1968b: 20, 61; Perls 1968c: 103, 191).

Otra característica que ilustra la salud del *Yo* es su flexibilidad. En una persona sana las identificaciones del Yo cambian en la medida en que las situaciones cambian: la identificación / alienación permite la emergencia de la situación y sigue la formación figura / fondo hasta su cierre, respondiendo a la realidad y a las necesidades del individuo. El Yo se identifica con la necesidad y responde a la situación hasta que la necesidad ha sido satisfecha y permite la emergencia de una nueva.

9.3. La mala identificación: *la neurosis*

Sin embargo, en la medida en que la persona se identifica con las exigencias externas o los introyectos, el Yo pierde su flexibilidad en la identificación. En un carácter rígido vemos que las funciones del Yo disminuyen considerablemente y la personalidad llega a estar condicionada por los hábitos y se comporta automáticamente. Esta rigidez parece destinada a lograr estabilidad, pero el resultado es una persona que desatiende sus emociones y la realidad en favor de sus propios prejuicios y fantasías. La identificación del *Yo* con los introyectos o con el *Ego* evita el contacto con las necesidades y la emergencia y el cierre de las situaciones, generando y reforzando una personalidad *como si*. (Véase Perls 1942: 182-183, 186, 190; Perls 1955: 40-41).

La consecuencia de esta mala identificación es la des-posesión de partes de la personalidad que sí son parte de nosotros: la persona se identifica con muchas de sus acciones, ideas y emociones, pero dice violentamente "No" a otras. A estas partes repudiadas se les reprime o se les proyecta, en la neurosis gran parte de la personalidad se encuentra de hecho alienada; la integración requiere la identificación del *Yo* con todas esas partes, para asimilar las partes desposeídas y posibilitar el crecimiento. (Véase Perls 1948: 59; Perls 1969a: 172).

Perls es enfático en que esta confusión en la identificación es la neurosis. Los mecanismos de la neurosis son en ese sentido confusiones en la identificación, confusiones del sujeto de lo que es él mismo y lo que no es él mismo:

> Ciertamente, esta confusión en la identificación es la neurosis. Y ya sea que se manifieste primariamente a través del mecanismo de la introyección o de la proyección o de la retroflexión o de la confluencia, su marca de fábrica es la desintegración de la personalidad y la falta de coordinación en el pensamiento y la acción... La terapia consiste en rectificar las falsas identificaciones. (Perls 1955-56: 51. Véase también Perls 1966b: 29).

9.4. La capacidad de elección y de espera

Bien hasta aquí. Lo desarrollado nos permite integrar desde la función *Yo* las nociones del sí mismo (self), del *ego* o *como si*, de la salud y de los mecanismos neuróticos; así como entender el *Yo* como símbolo de identificación que puede identificarse bien con uno bien con otros.

Hay sin embargo una falta de desarrollo en esta noción del *Yo*. ¿Qué implicaciones tiene esta identificación, ya sea con el sí mismo, si se trata de una identificación sana, o con las introyecciones, en el caso de una identificación neurótica? En el caso de una mala identificación la respuesta está esbozada: es necesaria la rectificación de las falsas identificaciones, que el paciente aprenda y vaya distinguiendo lo que es él mismo: sus sensaciones, sus emociones básicas, de lo que no es él mismo. Que se dé cuenta que él (o ella) es su coraje, su dolor, su llanto o su deseo sexual, y que aprenda a corregir la identificación, lo que implica distinguir el origen de los introyecciones, aprender a verlas como algo externo, que "no soy yo mismo" y se des-identifique de ellas. Lo mismo sucede en el caso de las proyecciones, que necesitan ser re-asimiladas, de manera que el *Yo* se identifique nuevamente con ellas en lugar de alienarlas. Esta corrección de la identificación, que no es sólo mental sino que implica la liberación o asimilación de las energías implicadas, es de alguna manera el proceso de crecimiento.

Pero, ¿qué sucede con el Yo sano, cuando éste se identifica correctamente con lo que sí es el mismo, en este caso con la necesidad del organismo, y elige demorar la satisfacción de la necesidad? Tenemos en la teoría aquí un hueco, que tiene que ver con un cierto endiosamiento, una cierta absolutización del sí mismo, y que con el hecho de que frecuentemente se asimila el *Yo* al sí mismo.

Esta asimilación no nos permite explicarnos, por ejemplo, que pasa cuando el *Yo* elige demorar la satisfacción de una necesidad, (ir temporalmente en contra del sí mismo) porque así lo necesita, o porque le conviene, sabiendo que la necesidad es propia y sin confundir la identificación. Cuando elige, (reconociendo la emoción como propia y sabiendo a quién va dirigida) controlar una explosión porque no le conviene o porque el daño podría ser más grande.

Conviene distinguir, entonces:

▸ Cuando se trata de una falsa identificación –ya sea porque nos identificamos con la introyección, porque estamos proyectando o en cualquiera otra de las posibilidades del *como si*–, y la figura real no se forma. (El proceso neurótico, correspondiente al Ego o al Yo patológico.)

▸ Cuando existe identificación y contacto con la emoción verdadera, con la sensación, y la figura real está formada. (El proceso del organismo, o el Yo sano.)

Pero en este último caso, una vez formada la figura, el *Yo* puede elegir, y en eso reside su poder y su salud:

▸ Continuar el ciclo de autorregulación y proceder a la expresión, al contacto y a la satisfacción de la necesidad.

▸ O bien demorar su satisfacción, y buscar otro momento más adecuado. O incluso, –sin negar en ningún momento la sensación, las emociones y la claridad de la figura hacia dónde va dirigida–, buscar otra alternativa que le permita descargar o canalizar efectivamente la energía generada.

Un ejemplo sencillo:

Estoy enojada con mi jefe. Me queda claro que es coraje, siento los dientes apretados y la tensión en el estómago y los brazos. (No me engaño pensando en que él es el que está enojado conmigo, en que algo malo he de haber hecho o sintiéndome culpable. Tampoco pienso que "estoy enojada conmigo misma"). Sé bien que estoy enojada con él, siento mi coraje y sé cuál es la razón. Pero si le digo lo que quisiera decirle a lo mejor me corren del trabajo y tengo dos hijos que mantener. Entonces puedo elegir: puedo elegir estallar y ver a cómo nos toca y ver qué pasa. O puedo elegir hablar con mis compañeros y hacer la grilla para enfrentarlo en mejores condiciones. O ir buscando ya otro trabajo en donde me sienta mejor. O descargar mi coraje en un medio alterno, o sacarlo en terapia. O varias de éstas.

Hay que tener cuidado y hacer énfasis sin embargo en que, independientemente de la manera cómo yo elija completar el ciclo de la necesidad, una vez que la emoción se ha generado necesita ser expresada o encontrar un canal que permita su liberación. Porque lo contrario suele llevar, más temprano que tarde, a la negación de la emoción y a la generación nuevamente del cuadro neurótico. En el mismo ejemplo citado arriba, aunque en principio la sensación y la figura hayan estado claras, si la emoción generada no encuentra un cauce para su liberación es muy probable que se vuelva luego contra mí misma, –generándose una retroflexión–, y que la situación desemboque luego en "tristeza" ("estoy triste por la situación que tengo que vivir") y en depresión. O que se libere de manera neurótica contra personas que nada tienen que ver, contra los niños o personas con las que sí puedo desquitarme. Y lo mismo sucede con la pena, la ternura o el miedo que no se expresan.

Hay con todo en esta noción del *Yo* un déficit en la teoría de la Gestalt, en la medida en que no se recupera suficientemente la función yoica de elección y de espera; y ni en terapia ni en la formación se hace suficiente énfasis en el papel del *Yo*, en la formación de la capacidad yoica de elección y discriminación, que incluye aspectos tan indispensables como el respeto propio, por convicción, a los derechos de los demás; a las normas sociales o al estado de derecho, aun en contra de nuestros impulsos, y la capacidad de espera.

Aunque su construcción tiene varios problemas serios, recupero de Salama el mérito de haber desarrollado la noción del Yo, y de este énfasis en las capacidades de elección, de graduación y de espera. Entonces, además de que el Yo es un símbolo de identificación y de que su función principal es la de identificación / alienación, que cuando es correcta lleva a la salud y cuya confusión es la neurosis, de este concepto de Salama recupero que:

El Yo (el Yo sano)	En oposición a:
a. Reconoce y diferencia	La repetición compulsiva
b. Valora	Actúa desde el pre-juicio, da por hecho.
c. Puede elegir / "quiere"	No puede elegir ("debe" o "tiene que")
d. Tiene conciencia / asume responsabilidad	No se responsabiliza de sus actos.
e. Tiene capacidad de espera	Es impulsivo.
f. Puede graduar	Todo o nada.

Que representan estos últimos en realidad la compulsión, la manipulación o los introyectos propios del como si o el estrato falso. (Véase Salama 1999: 57).

9.5. El *Yo*: agente de la responsabilidad

La responsabilidad por los propios actos no sólo es uno de los rasgos más distintivos de la Terapia Gestalt, –lo que la distingue específicamente de sistemas como el psicoanálisis o el conductismo– sino una de las condiciones para el trabajo en terapia. Perls define al proceso de crecimiento como el paso de la manipulación y el apoyo externo a la responsabilidad y el propio autoapoyo. Para él, *ser* significaba estar aquí y ahora, estar consciente y ser responsable. (Naranjo 1990: 15).

Para Naranjo "estos tres elementos –una apreciación de la *actualidad*, del *estar consciente* y de la *responsabilidad*– constituyen la actitud esencial de la terapia gestáltica. A pesar de ser tres actitudes aparentemente diferentes, no son más que aspectos o facetas de un modo único de ser en el mundo". (Naranjo 1990: 15). Si bien en este trabajo hemos dedicado amplios apartados al *ahora* y al *estar consciente o darse cuenta;* la noción de responsabilidad va intrínsecamente ligada a éstos.

Ahora bien, si es el *Yo* quien tiene la posibilidad de *identificarse,* ya sea con los introyectos o con el propio organismo, y quien tiene la posibilidad de *elegir,* y de *actuar* o de *esperar,* es también la instancia en quién recae la posibilidad de responder a la situación y a las necesidades del organismo, el agente de la responsabilidad. Esto es válido tanto si entendemos la responsabilidad como G. Borja, como "autoría", como darse cuenta de las propias acciones y emociones y asumir las consecuencias de nuestros actos; vivenciándonos como el agente de nuestras acciones (Borja 1997: 50-51; véase también Naranjo 1990: 57) o en el sentido de Perls, como "habilidad para responder". Es el Perls de la última etapa:

> *En su contexto usual, la responsabilidad da la idea de obligación… Pero también se puede deletrear responsabilidad como reponsa-abilidad (response-ability), capacidad de responder, tener pensamientos, reacciones, emociones, en determinadas circunstancias… Esta responsabilidad, la capacidad de ser lo que uno es, se expresa mediante la palabra "yo".* (Perls 1968b: 77).

> *(El Yo)… Es el agente de responsabilidad por cualquier cosa con que se identifica: respons-able, capaz de responder a la situación… el yo no es una cosa estática, sino más bien un símbolo de identificación.* (Perls 1968c: 103).

Si permanezco en el ahora, si me doy cuenta, puedo elegir. Y en esa elección estriba mi poder y mi libertad: Yo elijo.

El mundo no es un mundo color de rosa, ni podemos tener control sobre los acontecimientos. No podemos prometerles nada a nuestros consultantes. La realidad actual, la que enfrentamos ahora con nuestros recursos de adultos, –no sólo la que vivimos de niños y que dio origen a nuestra parte neurótica–, es a veces muy dura. Esto es particularmente cierto en Juárez y en la Frontera Norte de México, en donde las condiciones de violencia e inseguridad se han recrudecido de manera grave.

Pero puedo elegir mi respuesta. Y en esa elección entra mi responsabilidad, entendida no sólo como "autoría" en el sentido de que me doy cuenta y asumo que yo hago las cosas (Borja) sino en el de responsa-habilidad, mi habilidad para responder. Me doy cuenta de mis emociones, de lo que siento. Y me doy cuenta de la realidad, de mis alternativas en ella. Y elijo lo que es mejor para mí, y para los que amo.

Y si es así estoy unido, estoy en paz conmigo: ejerzo mi responsabilidad, entendida también en su sentido más profundo: el de permanecer en contacto, amante, para poder hacer lo que me toca a mí, como la rama que permanece adherida al tronco que le da sentido a su quehacer. (Juan 15,1 ss).

9.6. El Yo, presente en la espontaneidad

La referencia al concepto del Yo de Salama nos lleva también a otra discusión. Además de la conciencia y la responsabilidad, de la capacidad de elección y de espera, estoy recuperando como elementos del Yo, del Yo sano, que éste "reconoce y diferencia", que "valora" y que "puede graduar" en oposición de lo que Salama llama No Yo o Seudo Yo; al que corresponderían respectivamente "la repetición compulsiva", "actuar desde el prejuicio, dar por hecho" o ir a "todo o nada". Y esto nos plantea la necesidad de revisar la noción de la espontaneidad.

La espontaneidad aparece en gran parte la literatura Gestalt no sólo como deseable sino como un ideal. Aunque por lo general no se le define, se le entiende como la acción no interferida por la regulación externa (por los introyectos, el mandón o el juego de autotortura), que corresponde a la autorregulación del organismo o al "ser uno mismo". (Naranjo 1990: 7-8). En personas relativamente sanas, que se dan cuenta y asumen responsabilidad por sus actos, o bien en momentos o experiencias cumbre, en las que "ser es suficiente", esto es así.

Pero el problema es que la espontaneidad puede confundirse fácilmente con la acción compulsiva del Ego, con nuestra manera mecánica de reaccionar, que corresponde en realidad a la "conducta aprendida", a la estructura de carácter. Reaccionamos fácilmente de manera compulsiva, y esto no tiene que ver con la autorregulación, sino precisamente con su evitación.

La espontaneidad puede ser hermosa. Es hermosa cuando implica liberarnos de las ataduras del mandón, o del juego de autotortura, cuando nos lleva a danzar, a sentir, a vivir nuestras emociones, a explorar, a expresarnos, cuando abre nuestras posibilidades y nuestra habilidad para responder.

¿Pero que pasa por ejemplo en la madre que "espontáneamente" golpea al hijo hasta perder el sentido porque éste tiró la leche? ¿En la mujer que llora "espontáneamente", casi en cualquier situación? ¿En el hombre que reacciona violenta o avasalladoramente cuando no es necesario? Mucha de nuestra acción "espontánea" es en realidad acción compulsiva que proviene de la compulsión del Ego, de las conductas aprendidas o de la manera automática que tenemos de reaccionar. La compulsión neurótica puede ser tan fuerte que el *Yo* puede no estar presente, de manera que no nos damos cuenta.

Pero esta "espontaneidad" no es la espontaneidad. O si se prefiere se trata de una espontaneidad neurótica que no es la espontaneidad de la Gestalt. Que no proviene de la autorregulación del organismo, que no implica en realidad ser uno mismo, sino en todo caso su contrario.

La espontaneidad implica entonces dos condiciones:

➤ Hay conciencia sensorial, de los sentidos. Si bien el juego de autotortura o mejoramiento cesa, en los momentos de espontaneidad suele haber incluso una mayor conciencia sensorial, tanto interna como externa.

➤ El *Yo* está presente. Plenamente identificado con el sí mismo, con el que fluye suavemente y sin división. Pero necesariamente existe consciencia, *darse cuenta*, y la responsabilidad plena por nuestros actos (entendida como autoría y como habilidad para responder),

No se trata entonces de una "espontaneidad deliberada" término que en sí mismo es una contradicción sin solución, sino de una *espontaneidad consciente*.

El *Yo* sano implica entonces un *darse cuenta* que lo abre a la posibilidad de elegir, y se distingue en cada caso de la repetición compulsiva o la compulsión neurótica. Puede fluir y ser espontáneo, pero puede también esperar, puede graduar y asume responsabilidad por sus actos.

9.7. El fortalecimiento del *Yo*

En síntesis, es el *Yo* el símbolo que representa la capacidad de *darse cuenta*, (lo que incluye no sólo lo racional sino también afectividad y sensaciones). Es el que tiene la capacidad de discriminar, de identificarse con lo que es él mismo, o de alienar lo que no es él mismo. Y es el que tiene la capacidad de elegir, de valorar o esperar, de manera que pudiéramos decir que el *Yo es más fuerte* entre más consciente sea de sus elecciones y más responsablemente las asuma.

En síntesis podemos decir que el *Yo se va fortaleciendo* en la medida que el paciente:

➤ Va estableciendo un mejor contacto con su sí mismo, con sus sensaciones corporales y sus sentimientos verdaderos.

➤ Va asumiendo una discriminación correcta: identificándose con lo que es él mismo y alienando lo que no es él mismo; distinguiendo y devolviendo las introyecciones y asimilando las proyecciones.

➤ Va restableciendo el contacto y la posibilidad de expresión de sus diferentes emociones.

➤ Va expresando *ahora* sus emociones reprimidas y sanando sus heridas más profundas, que a menudo tienen que ver con situaciones vividas en etapas en las que su *Yo* aún no tenía la fortaleza para asimilarlas, y que permanecen abiertas.

➤ Se va *empoderando*, entendiendo esto como el restablecimiento y el acceso a su propia fuerza y poder interno, a su grito interior y a su capacidad de establecer límites.

➤ Va desarrollando su capacidad de elección: de diferenciación; de valoración, de graduación o de espera.

➤ Va desarrollando la responsabilidad por sus acciones.

➤ Va estableciendo un mejor contacto con los demás; basado en el reconocimiento del otro y en la distinción de sus necesidades y de los límites adecuados.

Entendido así, el *fortalecimiento del Yo,* una mayor consciencia y libertad para elegir, viene a constituirse en uno de los objetivos principales de cualquier proceso de Terapia Gestalt.

CAPÍTULO 10

El *Self*: Algunas confusiones importantes

Una vez desarrollada puntualmente la noción del sí mismo, o *self*, es necesario todavía detenernos en la revisión de algunas de las confusiones más importantes. Aunque las variantes y las diferencias pudieran ser muchas, para facilitar la claridad agrupo y planteo las más importantes:

a. La así llamada "teoría del self" de Paul Goodman,

b. Las de Claudio Naranjo y otros autores que se reivindican como seguidores de Perls.

c. Algunos elementos de otros de los autores de la llamada "Costa Este".

10.1. La "Teoría del *Self*" de Paul Goodman

Entre las confusiones más importantes sobre el sí mismo se encuentran sin duda las de Paul Goodman. Como es sabido, Goodman escribió su "Teoría del Self", a partir de un texto base proporcionado por Perls, como la tercera parte del célebre texto *Terapia Gestalt: Excitación y crecimiento de la personalidad humana.* (Perls, Hefferline y Goodman 1951).

Aun cuando Goodman haya partido para su escrito de un texto de Perls, el resultado se encuentra sin duda bastante lejos de la base original. Para empezar el estilo es muy distinto: si bien el estilo de Perls es en algunos puntos poco claro, es siempre más sobrio que el estilo prolijo y complicado del texto de Goodman. Y más allá del estilo, los conceptos principales –*sí mismo*, contacto, límite de contacto, el *Yo* y la personalidad–, están *movidos*, significan otra cosa que lo que significan para Perls, tanto antes como después del texto de 1951. Como ha mostrado agudamente Claudio Naranjo: en su abordaje de los sistemas parciales, "estructuras" o "etapas" del Self (el Yo, el Ello y la Personalidad), Goodman no sigue la perspectiva organísmica de Perls, sino la de las instancias intrapsíquicas de Freud (Naranjo 2007: 155).

Se trata entonces de un texto que de ningún modo puede considerarse como de Perls, sino como de Goodman –y en esto coinciden los seguidores de ambos–.

Paso a precisar las principales diferencias o confusiones.

10.1.1. El *self*: Confundido con el *límite de contacto*

Ya hemos descrito la noción del sí mismo, *self*, distinguiéndola de la de *límite de contacto*, (véase el punto 3 del apartado sobre el *sí mismo*) distinguiendo específicamente al límite de contacto como *la frontera* que divide al self de lo que no lo es, de lo otro. Y nos hemos referido también a que esta distinción, poco más o menos con las mismas palabras, se encuentra desde el principio y es común a la mayoría de los autores de la Terapia Gestalt. Goodman sin embargo define al self como:

➤ "...la función de contactar del presente real efímero". (Goodman 1951: 187).

➤ "...el sistema de los contactos presentes y el agente del crecimiento". (p. 188).

➤ "...el complejo sistema de contactos necesarios para el ajuste en un campo difícil. (p. 189).

➤ "...en las situaciones de contacto, el poder que toma la Gestalt en un campo". (p. 190).

➤ "...el proceso figura/fondo en las situaciones de contacto". (p. 190).

➤ "...el proceso figura/fondo en los contactos de frontera en el campo organismo/entorno". (p. 203).

➤ "...el ajuste creativo en el campo organismo/entorno". (p. 211).

Y también plantea que:

▪ "Se puede considerar que el self se sitúa en la frontera del organismo, pero esta frontera no está aislada del entorno, pertenece a ambos, al entorno y al organismo." (p. 189).

▪ El self "existe en donde y cuando existe, de hecho, una interacción en la frontera. (p. 189).

▪ "...existe donde están las fronteras de contacto en movimiento". (p. 191).

▪ Las funciones que tienden a completarse dentro de la piel no son funciones-contacto. (véase p. 223-224).

Ya nos hemos referido a este cambio de lugar. Para Goodman el self no es lo que soy yo mismo, separado de *lo otro* a través del límite de contacto, sino que se sitúa en la frontera, y pertenece a ambos, al entorno y al organismo. Que entre el organismo y el ambiente haya siempre un límite, lo lleva a confundir al organismo con el límite. Confunde la casa con la pared.

Pero además *el self* pierde su sentido concreto: no se define como la totalidad de la persona, o bien como el proceso del organismo o la parte organísmica, sino que se convierte de entrada en una abstracción: en "una función", "un sistema", "un agente", "un poder", "un ajuste" o "un proceso". Pudiéramos decir, más sencillamente, que lo que define Goodman no es sino el proceso de contacto; pero sus enunciados implican también una des-personalización: no se refiere al proceso de contacto que el individuo realiza con su entorno, sino que da vida propia a "lo que sucede en la frontera" y lo convierte en el nuevo sujeto. Y al plantearlo así des-responsabiliza al individuo, éste pierde la responsabilidad concreta de vivenciar lo que es él mismo y lo que no es él mismo.[20]

Al margen del desarreglo lógico de los conceptos –entre el self y el límite de contacto– esto crea una serie de confusiones para la teoría de la Terapia Gestalt porque, al cambiar el punto de vista, se pierde la relación entre los mecanismos neuróticos y el sí mismo. No es posible olvidar que las definiciones de éstos están construidos como confusiones del sí mismo, de lo que es uno mismo y lo que no lo es –en particular la introyección, la proyección y la retroflexión–. Por decirlo en los términos de Swanson: aunque se trate siempre de "procesos de frontera", no definen "el proceso de frontera", sino lo que sucede en el individuo en el proceso de frontera.

Las introyecciones, por ejemplo, son material extraño, que no son parte de nosotros mismos, aunque lo parezcan, sino cuerpos ajenos que permanecen sin digerir. No son parte del sí mismo. Y esta noción *es el enlace entre el self y los mecanismos neuróticos.*

Desde la perspectiva de Goodman esto se pierde, y los mecanismos neuróticos quedan así despegados del proceso del organismo, se pierde la autorregulación y toda la parte organísmica de la Gestalt. Se pierde la base.

Es necesario de cualquier modo preguntarnos si se vale hacer meta-teoría, o incluso otra teoría, y cambiar la perspectiva o el punto de vista desde el que se parte para la definición no sólo de algunos constructos sino de toda la estructura conceptual. Por supuesto que sí se valdría. Pero esto implicaría re-definir no sólo los

---

[20] Este tema de lo que sucede en la frontera, del *entre*, profunda y hermosamente tratado en Buber, aparece aquí impreciso y con toda una serie de consecuencias para la Terapia Gestalt.

mecanismos neuróticos sino los diferentes elementos de la teoría de la Terapia Gestalt, rehaciendo los diferentes constructos desde una perspectiva no sólo dialógica sino dual, algo como lo que de alguna manera desarrolla en cuanto al campo la Terapia Sistémica. Lo contrario supone de base la imposibilidad de articulación lógica o de la concatenación interna de los diferentes constructos.

Quiero aclarar que de ningún modo estoy concediendo que la Terapia Gestalt de Perls sea una terapia "individualista" menos aún "solipsista" como descalifica por ejemplo Gordon Wheeler (2002: 165). Tanto el método como las diferentes técnicas de la Terapia Gestalt son profundamente dialógicas y favorecen el contacto significativo, el encuentro existencial *Yo-Tú* entre paciente y terapeuta. Tanto los buenos terapeutas que se definen más como perlsianos como los de "Costa Este" lo son precisamente porque son capaces de facilitar el contacto profundo con sus consultantes.

La confusión señalada no es, entonces, la elección entre una terapia individualista y una dialógica, sino entre tener la claridad teórica y metodológica necesaria para que nuestros mapas nos ayuden a hacer buena terapia, una terapia dialógica y en la que se facilita el contacto con y la resolución de las situaciones inconclusas más significativas; o bien por el contrario un esquema que podrá ser dialogal pero en el que se pierden en realidad la base y gran parte de la potencia de la Terapia Gestalt.

10.1.2. El *self* sólo como el contacto intenso

Además de este movimiento del sujeto y el lugar del self, Goodman introduce otra serie de modificaciones. Este "self" no sólo está en la frontera y pertenece a ambos, al organismo y al entorno, sino que está presente como ajuste a los problemas "más difíciles o intensos", cuando estas situaciones están en reposo o no están presentes el self disminuye o no hay ningún self. El *self*:

> ➤ Es el complejo sistema de contactos necesarios para el ajuste en un campo difícil. (Goodman 1951: 189).

> ➤ No existe como institución fija, sino específicamente como ajuste a los problemas más difíciles e intensos, cuando estas situaciones están en reposo o se acercan al equilibrio el self disminuye. (p. 190).

> ➤ Para encontrar el alimento, el hambre, la imaginación, el movimiento, la selección y la acción de comer están llenos de self; en el tragar, en la digestión y en la asimilación, hay poco o ningún self. (p. 191).

> ➤ En los conflictos, la destrucción y la aniquilación están llenos de self, en la

146

identificación y en la alienación el self está disminuido. (p. 191).

Al margen de la dificultad de precisar lo que significa "un campo difícil" o "los problemas más difíciles", esta concepción de Goodman:

a. Reduce el self a lo que sería el contacto con la zona externa, (entre el individuo y la zona externa), dejando fuera a la zona intermedia y a la zona interna: en las funciones dentro de la piel hay poco o ningún self. Deja fuera de este modo los procesos internos del organismo.

b. Reduce el self al ajuste de los problemas más difíciles e intensos, o en los "campos difíciles".

c. Lo reduce al contacto consciente, al que a menudo llama "ajuste creativo"; quedan fuera también todas las interacciones que el organismo hace de manera natural o inconsciente: el acto de respirar; por ejemplo.

d. No reconoce el self en reposo, lo que dificulta también la comprensión de la integración.

10.1.3. La autorregulación del campo en lugar de la del organismo

Hay un énfasis en esta "teoría del Self" de Goodman que de cualquier manera es muy importante discutir y rescatar, y es el papel del campo. Vamos a sus formulaciones:

> ... en cualquier investigación biológica o sociopsicológica, el tema prioritario concreto es siempre un campo organismo/entorno. (p. 188).

> Las personas y los objetos son abstracciones que sólo tienen sentido si se vuelven a asociar a las interacciones del campo (p. 189).

> (Critica que:) Sin embargo, existe una tendencia natural a abstraer al organismo (p. 188).

> (Critica a Reich porque): el "organismo" no está tomado como una abstracción. (p. 213).

> El campo como totalidad tiende a completarse a sí mismo, a buscar el equilibrio más simple posible en cada nivel del campo. (p. 189).

> El self no es de ningún modo una parte del organismo sino una función del

campo, es la manera como el campo incluye al organismo (p. 224).

Digamos sin rodeos que no sólo es cierto que el organismo es siempre y en todo momento parte de algún campo, sino que es importante este énfasis, esta necesidad de atender el campo, y que, como hemos planteado, la falta de elementos para la consideración del campo en cuanto tal es una de las carencias de la teoría de la Terapia Gestalt. Hay sin embargo varias aristas en los planteamientos de Goodman que son problemáticas y que es necesario considerar.

La primera de ellas es lo que Goodman entiende por "abstracción". Goodman tiene razón en que no es posible separar al organismo de su entorno, que éste y el ambiente son siempre un campo o una totalidad. Pero de ahí a plantear que las personas, los objetos o el organismo "son una abstracción" hay una gran diferencia.

Goodman confunde la distinción del todo con la parte, (en este caso del campo y el organismo); con la diferencia entre lo concreto y lo abstracto.

Las cosas, los objetos, las personas, son concretos en cuanto tienen una existencia real. Existen independientemente de que nosotros lo percibamos o de que estén en nuestro campo. La forma como el sujeto se representa estas cosas, sin embargo, implica no sólo la realidad externa, sino una actividad concreta, tanto sensorial como de construcción, y es por tanto ya abstracta. El mapa no es igual al territorio, ni ningún sujeto conoce de igual manera que otro.

El consultante que está frente a nosotros en terapia es concreto, tiene una existencia real. La forma como yo me lo represento, sin embargo, está ya mediada por mis sentidos y mis pre-juicios, que me hacen verlo de cierta manera. Esta representación es abstracta.

El existencialismo reivindica, por tanto, la necesidad de la reducción o *epojé* filosófica, de poner entre paréntesis mis ideas o prejuicios y de atender a lo obvio, a lo que aparece frente a mí, al ahora. (Xirau 1964: 429-430; Gutiérrez 1971: 182). Pero solamente el existente tiene acceso directo a su propia experiencia. Ni yo, ni "el campo" tenemos acceso a ella. La existencia precede no sólo a la esencia, sino a cualquier representación del campo.

Si bien es cierto que el existente (la parte) es una función del campo (el todo) y que aquél no puede ser separado de éste, quién se da cuenta, quién conoce, el primado de lo concreto, por tanto, el punto de partida necesario de nuestra psicoterapia –al menos si queremos ser fieles a nuestros principios– es el existente mismo, y a partir de ahí las maneras como éste se da cuenta, se encuentra consigo mismo y con su Tú. Cualquier representación de la totalidad o del campo es, por el contrario, una construcción que el mismo existente (o el terapeuta) hace, una abstracción, y no existe ni antes ni de manera independiente al propio existente.

Y otro problema es que Goodman sustituye la autorregulación del organismo por la autorregulación del campo, que como tal tiene su propio equilibrio, más allá de la percepción del sujeto.

Goodman tiene razón cuando afirma que: "El campo como totalidad tiende a completarse a sí mismo, a buscar el equilibrio más simple posible en cada nivel del campo" (p. 189), lo que representa otra formulación de la teoría de sistemas.

a. Terapéuticamente, sin embargo, es necesario detenernos en varias considera-
    ciones. Si bien es cierto que el campo tiende a "autorregularse" es necesario
    preguntarse:

    ➤ ¿Quién es el qué conoce, quién se da cuenta del campo?
    ➤ ¿Quién percibe la forma como "el campo se autorregula", y la manera
       como es afectado por éste?
    ➤ ¿Quién tiene la opción de vivenciar y de valorar si esta opción es apro-
       piada?
    ➤ ¿Quién tiene la posibilidad de incidir o de modificar el campo?

    La respuesta a cualquiera de estas preguntas nos lleva de vuelta al existente
    concreto y a la noción de responsabilidad de la Gestalt.

b. En todo caso, lo que el campo como tal supone es la necesidad de considerar
    los sujetos y las fuerzas realmente existentes en el campo, tanto como ele-
    mentos para el trabajo vivencial, –en terapia familiar, sistémica, de grupo o
    incluso en psicodrama–, como para el diagnóstico de la situación del campo.

    Pero plantear que como tal el campo es el que debe regularse a sí mismo nos
    lleva, en el terreno individual, a diluir o abdicar de la responsabilidad del su-
    jeto no sólo de sus elecciones, sino de sus posibilidades en la transformación
    del campo.

c. Este movimiento del sujeto, del existente al campo, por otra parte, no deja
    de implicar una contradicción de Goodman con sus propios planteamientos.
    Porque mientras la concepción del self como ajuste creativo de la frontera,
    –independientemente del desplazamiento del sujeto y de los problemas plan-
    teados–, sigue manteniendo al individuo y al ambiente como opuestos dia-
    lécticos, su afirmación de que es el campo el que tiende a autorregularse lleva
    por el contrario a la consideración de éste en sus propios términos, de los

149

sujetos y las fuerzas realmente existentes y de los subsistemas y las formas de interacción de éstos; y supone un abordaje de orden sistémico, metodológica y teóricamente distinto al anterior.

d. Finalmente, pero de ninguna manera menos importante, está la consideración de las implicaciones sociales y políticas de nuestros planteamientos. Es cierto que el campo tiene a completarse a sí mismo, pero ¿de qué manera? ¿es esto justo, es esto sano? ¿es lo que queremos?

Y esto viene al caso porque la Psicología Humanística, de manera enfática tanto Rogers como Perls, plantean la confianza en la sabiduría del organismo, la fe en la autorregulación del organismo, como el proceso que lleva naturalmente a la salud; del individuo y de la sociedad, y que en la medida que se extiende tiende a la construcción de una sociedad más sana.

Pero también insisten en que individuos neuróticos producen una sociedad neurótica, y que en nuestra sociedad la neurosis de una gran mayoría de los individuos origina un mundo injusto y cruel para la mayoría de la población.

Priorizar "la autorregulación del campo" entonces, sin considerar los términos concretos en los que ésta se da y el alto grado de neurosis presente en nuestra sociedad, apunta hacia la justificación del *statu quo*, y no hacia la construcción de un mundo más justo y más humano.

Se olvida que "el equilibrio más simple posible" a nivel sistémico no es a menudo sino el uso de la violencia, y no el reconocimiento de las necesidades y de cada uno de los sujetos del campo como sujetos de derechos.

10.1.4. Todo todito cabe en el sí mismo: El *Yo*, el *ello* y la *personalidad*

Un último aspecto a considerar, y quizá el que mayores consecuencias ha tenido para la Terapia Gestalt, es la inclusión del Yo, el ello y la personalidad como aspectos o estructuras del Self. (Una aclaración necesaria es que, si en todo el desarrollo anterior Goodman es complicado –obtuso, confuso y difuso–, en esta parte lo es mucho más, de modo que hay apartados enteros en los que es casi imposible entenderle. Dicho esto con humildad, voy adelante).

La primera cuestión es –tomados en conjunto–, que son este Yo, ello y personalidad. Si están presentes siempre, sólo en el funcionamiento sano o sólo en el neurótico, y si se trata de aspectos, de procesos o estructuras.

Dice Goodman:

> *La actividad de la que acabamos de hablar: la actualización del potencial y sus pro-*
> *piedades... pertenece a un self comprometido en una especie de presente generaliza-*
> *do; pero, por supuesto, no existe un momento así (aunque, en las personas de senti-*
> *mientos intensos y cualidades sutiles, los momentos de intensa creatividad no serían*
> *raros, a condición de que estas personas tengan también suerte). La mayor parte de*
> *las veces, el self crea estructuras concretas ante propósitos concretos, poniendo entre*
> *paréntesis o fijando algunas de sus potencialidades para ejercer libremente los otros...*

> *Para nuestro propósito, vamos a estudiar brevemente aquí tres estructuras del self,*
> *el Yo, el Ello y la Personalidad...* (Goodman 1951: 195).

Goodman se refiere al Yo, el Ello y la Personalidad como estructuras, creadas por el *self* en los momentos en los que éste no se encuentra en la actividad de actualización del potencial, en el "presente generalizado". Se refiere pues, a estructuras distintas o que estarían fuera de este self comprometido en el presente. Más adelante, sin embargo, apunta:

> *Como aspectos del self en un acto simple y espontáneo, el Ello el Yo y la Personalidad*
> *representan las etapas principales del ajuste creativo.* (Goodman 1951: 197).

Hay pues una doble ambivalencia: por una parte no es claro si se trata de estructuras o de etapas, y por otra si se trata de estructuras que el self crea cuando no está en el momento de actualización del potencial, o precisamente de las etapas de éste (que también llama ajuste creativo). El desarrollo posterior parece referir más bien a esta segunda acepción, si bien no siempre y de manera bastante confusa.

Vayamos a la definición de cada una:

> *El Ello es el segundo plano dado, que se disuelve en posibilidades, incluyendo las*
> *excitaciones orgánicas, las situaciones inacabadas del pasado que se vuelven cons-*
> *cientes, el entorno vagamente percibido y los incipientes sentimientos que conectan*
> *al organismo con el entorno. El Yo es la identificación con y la alienación progresiva*
> *de las posibilidades, la limitación o el acrecentamiento del contacto en curso, inclu-*
> *yendo el comportamiento motor, la agresión, la orientación y la manipulación. La*
> *Personalidad es la figura creada en la que el self se convierte y asimila al organismo,*
> *uniéndola con los resultados del crecimiento anterior. Evidentemente todo esto no es*
> *más que el proceso figura/fondo en sí mismo.* (Goodman 1951: 195-196).

De ésta que es la definición más clara de Goodman podemos en realidad quedarnos con la última frase: lo que se intenta definir no es más que el proceso figura/fondo. Confundido el sujeto, sin embargo, y perdida la base organísmica, todo el resto de la explicación no es más que una gran confusión en la que no se distinguen el proceso del organismo de su interferencia.

Si ya Perls criticaba el Ello de Freud porque se incluía en el mismo concepto las situaciones reprimidas del pasado con los impulsos del organismo,

El Ello de Goodman incluye:	Lo que significa:
Las excitaciones orgánicas.	La excitación del organismo, por lo general el sí mismo.
Las situaciones inacabadas del pasado que se vuelven conscientes.	La interferencia de la vivencia del presente, del proceso del organismo, la situación inconclusa (a menos que ésta se presentifique)
El entorno vagamente percibido.	El fondo, lo que no es figura (ni una ni otra de las dos anteriores).
Los incipientes sentimientos que conectan el organismo con el entorno.	Aquí si quién sabe: ¿se refiere al proceso sensorial inicial, a las emociones básicas, a los sentimientos neuróticos?

El Yo de esta definición mencionada es más o menos el Yo de la Gestalt o de las menciones de Perls. (El desarrollo del apartado siguiente, en que se supone que se desarrolla dicha noción pp. 196-198, es en cambio *realmente ininteligible*, por lo con el beneficio de la supresión nos quedamos con lo que podemos comprender).

Y finalmente en el caso de la *Personalidad* tenemos otra vez el mismo problema que con el Ello. Porque si la Personalidad es lo que se asimila al organismo, uniéndose a los resultados del crecimiento anterior, coincidimos por supuesto en que se trata del sí mismo. Goodman sin embargo dice también que:

> *La Personalidad es el sistema de actitudes asumido en las relaciones interpersonales, es la asunción de lo que uno es y lo que sirve de base a partir de la cual se podría explicar el propio comportamiento si se nos pidiera una explicación.* (Goodman 1951: 200).

lo que remite en realidad al autoconcepto, que como hemos visto representa a menudo la interferencia del proceso real en curso. Goodman es de hecho consciente de que esta "Personalidad" puede ser neurótica cuando la serie de creencias sobre uno mismo no corresponde con la realidad; si bien pretende que sería sana una vez que la terapia termina y no distingue que la persona tiene siempre una parte neurótica. Y de cualquier manera la incluye toda en el self. (Goodman 1951: 200-201).

Queda todavía otro tema en cuanto a la noción de responsabilidad, que Goodman entiende como "el cumplimiento de un acuerdo", como "mantener un comportamiento coherente en el marco acordado" (p. 202) lo que remite al deber ser, al *como si* y no representa de ninguna manera la noción de responsabilidad de la Gestalt.

10.1.5. En síntesis, la *Teoría del Self*

Podemos ver ahora en realidad lo que pasa con la famosa *Teoría del Self* de Goodman. Como él mismo lo dice, no es más que el proceso de contacto, o el proceso figura / fondo. Sin embargo:

> Confunde el sí mismo con el límite de contacto.

> Identifica al *self* sólo como el contacto intenso.

> Pierde la autorregulación del organismo (por una mal entendida "autorregulación del campo").

> Incluye en el Ello tanto el proceso del organismo como su interferencia, y hasta lo que no es figura. Pierde por tanto la distinción, terapéuticamente fundamental, de la autoexpresión y de la manipulación, de lo genuino y el *como si*.

> Deja el autoconcepto (la personalidad) dentro del sí mismo.

> No distingue el proceso del organismo de su interferencia.

> Convierte al *self* en un concepto tan amplio, (en el que estarían incluidos en realidad otros varios conceptos, revuelto además el grano con la maleza) que no sirve en realidad más que para ofrecer una cierta visión de lo que es el proceso de contacto o el proceso figura /fondo, pero que terapéuticamente no puede servir de guía ni tener mayor utilidad.

La famosa *Teoría del Self* de Goodman no es más que una gran confusión: está escrita en un lenguaje recargado y plagada de contradicciones internas, y en ella han sido movidos o tergiversados los constructos más importantes de la Terapia Gestalt. Si esta fuera la Biblia de la Gestalt, *que no lo es*, ésta estaría condenada a ser en realidad una gran Babel.

10.1.6. Una nota sobre las *corrientes* en la Terapia Gestalt

Quizá sea conveniente –aunque no es el tema de este trabajo y las posibilidades de ha-

cerlo con amplitud lo desbordan– hacer por lo menos algún comentario sobre algunas de las posiciones de los seguidores de Goodman. Dice por ejemplo J. M. Robine:

> *Lo que hay que decir es que la Gestalt Terapia fue fundada oficialmente con la*
> *edición de un libro que se llama "Gestalt Terapia, excitación y crecimiento en la*
> *personalidad humana". Este libro está firmado por Perls, Hefferline y Goodman y*
> *tiene como fecha de edición 1951. Sin duda, hubo cosas que permitieron que esto*
> *sucediera, en particular la obra de Perls, pero para mí, definitivamente, alguien que*
> *rechaza este libro y los fundamentos que están en este libro no puede reconocerse*
> *como gestalt terapeuta. Y eso no quiere decir que la gente que hace otra cosa haga*
> *un mal trabajo terapéutico, por supuesto que no; eso sí, me gustaría que tuvieran la*
> *decencia de llamarlo de otra manera.* (Robine 1994: 85).

Robine refuerza esta idea en las páginas siguientes, y dice más adelante:

> *... yo digo que sí y que ese marco teórico existe. El problema es que el 80 o 90% de los*
> *gestaltistas han confundido su ignorancia de ese marco teórico con la inexistencia*
> *del mismo...* (Robine 1994: 87).

Creo haber elaborado suficientemente ya sobre la imposibilidad de que éste sea "el
marco teórico de la Gestalt". Y si afortunadamente *el 80 o el 90% de los terapeutas
Gestalt* no lo conocen, y trabajan desde otra base o mapa seguramente más útil
para la psicoterapia; en todo caso sería a ellos, a los seguidores de Goodman, a los
que correspondería llamar a su trabajo de otra manera.

Y también es necesaria una nota sobre la conformación de "las corrientes" en la
Terapia Gestalt y sobre algunos de los comentarios de Carmen Vázquez en rela-
ción a esto. Por ejemplo, de la manera cómo presenta las diferencias en torno al XI
Congreso Internacional en Madrid y en su entrevista para la *Revista de la AETG:
La Unión de las Diferencias.* (Vázquez 2009).

Carmen distingue dos corrientes, originadas en "sus diferentes estilos, el de Fritz
basado en la confrontación y el de Laura basado en el apoyo" y en que los seguidores de ambos, como "hijos de padres separados, hicieron y crearon bandos, organi-
zando una especie de "guerra fratricida" que casi ha durado hasta nuestros días." Y
pasa luego a explicar cómo entiende las diferencias teóricas entre ambas corrientes.

Al margen de si su manera de entender las diferencias hace honor a su pretensión
de que "no supone ningún juicio de valor", o si pareciera más bien una caricatura,
es necesario detenernos en la composición misma de las corrientes.

Y es que, ni en lo teórico ni en la manera de hacer terapia, Laura Perls fue segui-
dora de Goodman. Lo que escribió no da cuenta apenas de haber leído su parte

del PHG, menos de haberlo usado. Y lo mismo sucede con Polster, Zinker, Kepner, Castanedo, etc., con los representantes principales de la "Costa Este". Todos ellos, si bien se distinguen claramente de Perls, *en lo teórico están mucho más cerca de éste que de Goodman.*

Y la gente formada sobre perspectivas teóricas en los institutos de la Costa Este *suele sufrir mucho* cuando la obligan a leer a Goodman. *Complican mucho la formación de su mapa,* (lo que de por sí no es sencillo) tratando de asimilar lo indigerible y de hacer coincidir perspectivas que no son compatibles entre sí.

Y es que si bien las corrientes en Terapia Gestalt parecen haber tenido su origen en esta división entre Fritz y Laura, si como dice Carmen "somos hijos de padres divorciados", de cualquier modo Goodman no es ni circunstancialmente nuestra mamá, sino en todo caso un tío, un tío que en el lado teórico es bastante distinto.

Y esto plantea una manera distinta de comprender las corrientes en la Terapia Gestalt. ***Tenemos en realidad no dos, sino tres corrientes principales.*** Y si bien en lo afectivo o emocional éstas parecen responder todavía a la antigua división entre Fritz y Laura, es necesario plantear que *en lo teórico no es así.* A pesar de las diferencias existentes, los planteamientos y postulados de las dos primeras corrientes no sólo se parecen más entre sí, sino que hablan el mismo lenguaje, aunque sea difícil se puede, como hemos venido haciendo a lo largo de este trabajo, confrontar desde una base común y buscar una integración.

Los postulados de Goodman son, en cambio, *otra cosa,* que como hemos mostrado suponen todo un modelo conceptual distinto. En este caso, las posibilidades no de unión, sino apenas de una apreciación real de las diferencias, parten del hecho mismo de *reconocernos diferentes.* Y de un conocimiento real y una valoración justa de las diferencias. Al margen de las inconsistencias y contradicciones internas de Goodman, no tenemos el mismo mapa, y nuestros mapas parten de perspectivas o puntos de vista distintos, por lo que no son en realidad apenas compatibles.

10.2. Claudio Naranjo y su incomprensión del sí mismo

Si como vemos la teoría de Goodman no sólo es muy confusa sino en realidad poco útil para la práctica terapéutica, grave resulta también la incomprensión del sí mismo de Claudio Naranjo y de la mayoría de los gestaltistas que se identifican en esta corriente.

Bueno. Decir que Claudio Naranjo, quién ha traducido buena parte de la terapia de Perls y se ha identificado como su portador, no le entendió a Fritz, puede parecer un gran atrevimiento. Pero así es, al menos en este tema, por lo demás fundamental para la adecuada comprensión de la Terapia Gestalt… Es necesario caminar esta vía.

10.2.1. La confusión del *sí mismo* con el *perro de abajo*

Naranjo distingue con claridad el conflicto entre las necesidades organísmicas y los roles sociales, entre la autoexpresión y la falta de autenticidad (entre el sí mismo y los introyectos).

> *Los conflictos más frecuentemente manifestados (durante la práctica del continuum de atención) están… entre las necesidades organísmicas y los roles sociales de conducta y consideración ante las reacciones de otras personas.*

> *"Eructar y soportar la vergüenza, o ahogar el eructo y soportar el dolor."* (Naranjo 1990: 87).

Más aún: toda la sistematización y la estructuración de las técnicas de la Terapia Gestalt (que tuvo y sigue teniendo una importancia decisiva en la comprensión y en el desarrollo de la Gestalt) está de hecho construido desde esta distinción:

Las técnicas supresivas nos ayudan a dejar, a suprimir todo aquello que nos evita vivenciar, que nos impide contactar con la experiencia en curso: el acercadeísmo, los deberías y la manipulación (el como si o el juego de roles).

Las técnicas expresivas, por otra parte, nos permiten iniciar o completar la acción genuina, representativa de uno mismo; de modo que ambos grupos de técnicas son en realidad las dos partes de una misma pinza. En palabras del mismo Claudio:

> *En términos conductuales, la terapia gestáltica podría ser visualizada como un programa de refuerzo positivo de la auto-expresión, acompañado de un refuerzo negativo de la manipulación y la falta de autenticidad… Todo acto de auto-expresión… es… una experiencia correctiva en la que… el paciente… se arriesga a romper sus pautas fóbicas y aprende que expresarse es satisfactorio y la base del verdadero contacto con los demás.* (Naranjo 1990: 84).

Claudio también distingue o parece distinguir que entre el perro de arriba y el perro de abajo ninguno es el sí mismo. Retoma la cita de Perls de "Terapia Gestalt y las Potencialidades Humanas" (1966a: 17) en la que éste los define como un par de payasos:

> *El Mandón puede ser descrito como normativo, amatonado, persistente, autoritario y primitivo…*

156

El Mandado desarrolla una gran capacidad para evadir los mandatos y exigencias del Mandón. Sólo tratando de obedecer sin mucho entusiasmo las exigencias, el Mandado contesta: "Sí, pero...", "Lo estoy intentando con todas mis fuerzas, pero la próxima vez me va a ir mejor", y "mañana" (en español). El Mandado generalmente obtiene lo mejor del conflicto.

En otras palabras, el Mandón y el Mandado son en realidad dos payasos que representan sus raros e innecesarios juegos en el escenario del Sí Mismo tolerante y mudo. La integración, o cura, sólo se puede lograr cuando cesa la necesidad de control mutuo entre el Mandón y el Mandado. Sólo entonces se escucharán mutuamente los dos maestros. Una vez que llegan a sus sentidos (en este caso, que se escuchen el uno al otro), se abre la puerta de la integración y la unificación. La oportunidad de hacer una persona entera a partir de la división, se hace cierta. (Naranjo 1990: 111-112).

Sin embargo, a pesar de que Perls es enfático en que es el super-yo el que se polariza, al que se opone otra personalidad a la que denomina Infra-yo, y que ambos, el top y el under dog, son un par de payasos y que se encuentran ambos en la capa falsa, que ninguno es el sí mismo, Naranjo parece perder esto de vista y confundir las partes, confundiendo a menudo el perro de abajo con el sí mismo.

Donde existen en realidad dos divisiones distintas: la de los introyectos contra el sí mismo, y la de los introyectos contra el perro de abajo (o del perro de arriba contra el perro de abajo), Naranjo hace solamente una y mezcla el perro de abajo con el sí mismo.

... el under-dog significa en slang inglés simplemente el oprimido, y es un término común; en tanto que top-dog es una forma de hablar del opresor. Opresor/oprimido es simplemente una forma muy fenomenológica de hablar de esta oposición de cultura y natura, de lo superyoico y de lo instintivo; y Fritz dice que ésta es la escisión fundamental de la psiquis; y cuando se reúnen estas partes escindidas, explica, tenemos el self del que habla Jung... (Naranjo 1990: 157).

Aquí podemos darnos cuenta del problema. Naranjo sitúa, de un lado, "el opresor... la cultura... lo superyoico" lo que corresponde en las tres acepciones a los introyectos o al perro de arriba. Pero en el otro lado coloca en el mismo saco al oprimido (polaridad opresor/oprimido o perro de arriba/ perro de abajo) con "natura" y "lo instintivo", que no corresponden en realidad al perro de abajo sino que describirían mejor al sí mismo. Convierte en una sola las que en realidad son dos divisiones distintas.

Esta misma confusión aparece también cuando equipara el "yo debiera" versus el "yo quiero", con el "Mandón y el Mandado":

Muchos de los encuentros, y tal vez los más importantes, son formas particulares de

una muy diseminada división en la personalidad: el "yo debiera" versus el "yo quie-
ro". Esto puede tomar la forma de un diálogo con un padre imaginado, con una au-
to-acusación descarnada, con la "gente en general", etc. pero las partes aparecen una
y otra vez con el rasgo distintivo que inspiró a Perls (en su inclinación por una no-
menclatura fenomenológica) a llamarlas Mandón y Mandado. (Naranjo 1990: 110).

Aquí está otra vez la confusión, pues si bien el mandón y el mandado corresponden
a la polaridad perro de arriba/perro de abajo (u opresor/oprimido), el "yo debiera"
versus el "yo quiero" corresponden más bien a la división introyecto contra sí mismo.

Para ser equivalente al mandón y mandado, al "yo debiera" debiera oponerse el "sí,
pero", o el "mañana" que corresponden al saboteador, pero no el "yo quiero", que
por lo general representa al sí mismo e incluso la integración de los dos perros o
polaridades anteriores.

10.2.2. El sí mismo sólo como centro

Igualmente confusos son los apartados donde Naranjo equipara las distintas partes
como "sub-sí mismos", sin distinguir si se trata de la emoción que proviene de la
autorregulación del organismo o bien de la estructura defensiva o los introyectos:

La idea de ser verdadero con uno mismo implica, desde luego, la existencia de un
"sí mismo". Si este término ha de tener algún significado, ése tiene que ser la con-
trapartida de la estructura del carácter, lo no condicionado e, implícitamente, lo
organísmico. (Naranjo 1990: 215).

Sin embargo, en la práctica, lo habitual es que uno se vea enfrentado a la siguiente
pregunta: con cuál "sí mismo" hay que ser verdadero. Por lo tanto, quiero señalar
que el asunto de la espontaneidad no se puede separar del asunto de la integración.
Mientras haya "sub-sí mismos, sub personalidades con límites entre sí, no puede ha-
ber un sí mismo con el cual uno pudiera ser verdadero. Y mientras haya "carácter"
hay una estructura defensiva y sub-sí mismos. Lo único que se puede denominar sí
mismo es una totalidad integrada, y ésa es la forma en que Fritz utilizó el término
en sus últimos años, cuando escribió acerca del mandón / mandado y de la au-
to-atestiguación muda. (Naranjo 1990: 215).

Luego del primer párrafo impecable, viene la confusión. Para empezar hay que decir que el término "sub-sí mismos" nunca fue usado por Perls. Como hemos visto,
Perls se refiere al sí mismo, self, o bien a los introyectos y la regulación deberista,
o de la sociedad. Y posteriormente al desdoblamiento de ésta en perro de arriba
y perro de abajo —el opresor y el oprimido, "un par de payasos"—, que no son de
ninguna manera el sí mismo.

Sin embargo, dada la confusión que reseñamos en el punto anterior, Naranjo no distingue y engloba todo en el mismo saco, como "sub-sí mismos", y así no sabe cuál es el verdadero.

Y el último párrafo, donde escribe que:

> Mientras haya "sub-sí mismos, sub personalidades con límites entre sí, no puede haber un sí mismo con el cual uno pudiera ser verdadero. Y mientras haya "carácter" hay una estructura defensiva y sub-sí mismos. Lo único que se puede denominar sí mismo es una totalidad integrada, y ésa es la forma en que Fritz utilizó el término en sus últimos años, cuando escribió acerca del mandón / mandado y de la auto-atestiguación muda. (Naranjo 1990: 215).

Es equivocado y no corresponde a Perls. Dada su confusión de los "sub-sí mismos", desconoce, elimina sencillamente la división del sí mismo contra los introyectos.

10.2.3. El sí mismo sólo en reposo

Y esta acepción es equivocada porque niega con ello la autorregulación del organismo, la formación figura / fondo y el hecho de que el organismo, ahora sí que el sí mismo, tiene que formar la figura que responde a su necesidad y movilizarse para la satisfacción de ésta, haciendo a su vez contacto, y que sólo únicamente después de satisfecha ésta llegamos nuevamente al centro o punto cero o de equilibrio.

Al pretender que "lo único que se puede denominar sí mismo es una totalidad integrada" acepta en realidad sólo el sí mismo antes de la emergencia de la figura, y después de la integración, es decir, en reposo.

Si Goodman entiende el self sólo como el contacto intenso, Naranjo, en sentido contrario, lo entiende sólo como el punto cero al que se llega después de haber satisfecho la necesidad y cerrado la gestalt. Pero niega o pierde de vista *el sí mismo en proceso*, en proceso constante, que se moviliza para satisfacer su necesidad y restablecer el equilibrio del organismo.

10.2.4. Los mecanismos neuróticos, sin relación con el sí mismo

Y esta incomprensión se extiende también a los mecanismos neuróticos y a su relación con el sí mismo. Es desafortunado, por ejemplo, el capítulo de *Por una Gestalt Viva*: "Las así llamadas perturbaciones de la frontera de contacto –o, más propiamente, las defensas" en el que intenta asimilar los mecanismos neuróticos (a los que prefiere llamar "defensas") a los tipos del Eneagrama, planteando diferentes defensas para cada eneatipo. (Naranjo 2007: 170-207).

Claudio parece desconocer aquí, o por lo menos no toma en cuenta la obra de Perls, que trabaja sobre tres mecanismos principales: la introyección, la proyección y la retroflexión, y no comprende los mecanismos "como confusiones de lo que es sí mismo con lo que no es sí mismo" (Perls 1955-56: 37-52). Ve así a cada mecanismo o defensa de manera casuística, y en mi opinión *confunde* lo que son los mecanismos neuróticos con los eneatipos o estructuras de carácter.

Olvida que, como la práctica terapéutica nos confirma en cada sesión, *la introyección está presente como mecanismo neurótico originario en todos y cada uno de los eneatipos* y las estructuras de carácter. Lo que es diferente es *el contenido* de los introyectos, los mensajes concretos que pueden estar presentes en cada eneatipo, que hacen que el niño(a) tenga que defenderse de determinada manera y conforme de forma distinta su eneatipo o estructura de carácter.[21] Y de algún modo también están presentes la proyección y la retroflexión, que son *procesos de frontera* y no *estructuras de carácter*, si bien en algunos eneatipos pueda observarse la presencia de alguno(s) de ellos con mayor frecuencia o con mayor fuerza.

10.3. Otros autores de la Costa Este y la dificultad del concepto del sí mismo

Tal vez sea necesaria alguna referencia al menos a la noción del sí mismo en algunos otros de los autores a los que se ha agrupado en la llamada Costa Este.

La tarea es en sí difícil porque no se trata de un solo concepto sino de conceptos distintos, en cada caso, y también porque por lo general esta noción no tiene el peso ni la centralidad que tiene para Goodman o para Perls. En todo lo que dejó escrito, Laura Perls prácticamente no usa el término, y sus referencias a la autorregulación del organismo, al ahora, al darse cuenta o a los otros conceptos centrales de la Gestalt coinciden y parecen incluso estar hechos en común con Fritz. (Véase Castanedo 2001). Y entre los trabajos tempranos ni para los Polster (1973) ni para Latner (1973) –que desarrolla incluso los principios básicos de la Gestalt partiendo de la autorregulación del organismo–, ni para Zinker (1977) el tema parece haber tenido tampoco una gran relevancia, al menos explícitamente. En el caso de Yontef, si bien utiliza el término en distintas ocasiones y contextos, lo hace también dándole distintos alcances y significados, por lo que su revisión puntual desborda nuestras posibilidades por ahora.

---

[21] Aun un E8, por ejemplo, el tipo agresivo y que corre más el límite en favor suyo, está en realidad lleno de introyectos, del tipo: "los hombres no lloran" "tienes que ser fuerte", tú debes mandar en la relación", etc., que le van a llevar a evitar el contacto y la expresión de la debilidad, de la ternura y el dolor. De hecho, la introyección está presente también en todas las defensas que Naranjo atribuye a cada eneatipo. La "formación reactiva" por ejemplo, la defensa que atribuye al eneatipo 1, está conformada también originalmente por introyectos.

Abordo entonces solo algunas cuestiones de los autores que sí lo refieren consistentemente, para referirme luego con más amplitud a los problemas del ciclo de la experiencia.

10.3.1. J. Kepner: El sí mismo y las resistencias como polaridades (y colocadas en el ciclo como retroflexión)

La noción del sí mismo sí tiene en cambio un papel central en el trabajo de Kepner. Para Kepner: "los aspectos del sí mismo que el entorno rechaza... son alienados o negados" y señala como a pesar de que tratamos de relegar o evitar estos aspectos, no podemos eliminarnos, ni extirpar nuestras emociones, por lo que éstas siguen presentes de todos modos y nuestro cuerpo en cierto sentido se vuelve el sí mismo negado. (Kepner 1987: 10-11).

Kepner plantea también con claridad como "El trabajo de mantener esta escisión y de conservar el sí mismo negado fuera de nuestra consciencia es ayudado por la naturaleza corporal de la represión misma... como cuando se tensan ciertas partes del cuerpo o ciertos músculos para impedir los movimientos". (1987: 12, 14). Y plantea restaurar el sentido del sí mismo como un todo y la recuperación de los aspectos negados o alienados de éste como objetivo del trabajo terapéutico (1987: 37, 112), lo que constituyen todos aportes importantes que enriquecen todos considerablemente el concepto del sí mismo. (Véase en este mismo trabajo el apartado "El cuerpo, a menudo el sí mismo negado", no. 6.15.)

Kepner hace un aporte muy importante también en el desarrollo del trabajo con la desensibilización (1987, capítulo 5), y en general en cuanto a la necesidad y la forma del trabajo con el cuerpo en la Gestalt. Muchas de las técnicas que plantea son adecuadas y aportes relevantes.

Al no distinguir, sin embargo, como distintas la división del impulso del sí mismo contra los introyectos o contra la represión, por un lado y las polaridades, por otro, Kepner plantea la retroflexión como "polaridad" entre el impulso del sí mismo negado y la parte corporal de la represión, lo que como vimos no es correcto. (Véase el no. 6.7). Y coloca además la división en polaridades en general en la fase de retroflexión del ciclo, lo que tampoco es correcto y resulta bastante forzado. (Kepner 1987: 147-150).

En el capítulo 1, por otra parte, Kepner intenta plantear su definición del sí mismo en concordancia con la de Goodman (Kepner 1987: 8), lo que afortunadamente abandona luego para elaborar su propio desarrollo en los términos ya señalados, con mucha mayor claridad y riqueza.

10.3.2. Salama: La parte organísmica en el *No-Yo*

Si las menciones al self de Castanedo son por lo general precisas y sobrias (véase por ejemplo Castanedo 1990: 94-95; 2001: 30-31, 34; o el texto de 1983 también publicado por el IHS en 2011: 65, 68, 69, 71).[22]

Las formulaciones de Salama están en cambio llenas de problemas. Salama simplifica la triada *Yo*, *sí mismo* y *ego* o estrato falso, en solamente dos: "Yo" y "No Yo", al que posteriormente llama "Pseudo Yo" (1999: 54; 2002: 44). Y define como polaridades a este Yo y al Pseudo Yo (2002: 47), lo que elimina la posibilidad del concepto del *Yo* como símbolo de identificación, capaz de identificarse ya sea con el sí mismo o con los introyectos.

Y su construcción tiene otros problemas. A pesar de que define al Yo como "el portavoz del sí mismo", que a su vez "tiene como vocero al Yo" (2002: 44-45) en realidad le da al término Yo el significado de la elección o la diferenciación yoica conciente propia del Psicoanálisis (2002: 44, 46), y su planteamiento implicaría que toda la parte organísmica, por ejemplo el bebé que llora cuando tiene hambre, correspondería al No Yo (Salama 1999: 56). O como dice directamente, que "El Pseudo Yo está implícito en la parte instintiva e impulsiva en el niño y es inconsciente" (Salama 2012: 14). Esta confusión lo lleva por supuesto a perder la parte organísmica y a una grave pérdida o confusión del sentido de la autorregulación en su método.[23]

---

[22] *Terapia Gestalt*. Costa Rica: Editorial Texto. Citado en P. Sansinenea 2011: Celedonio Castanedo y el ciclo de la experiencia. En M.T. Cárdenas y M. Jarquín, comps: *Celedonio Castanedo Secadas. Pionero de la investigación educativa y psicoterapéutica con enfoque humanista en Iberoamérica*, pp. 53-84. Culiacán: Instituto Humanista de Sinaloa.

Luego de las fases y las interrupciones del ciclo de Celedonio (puntos 3.1. y 3.2) y en las que éste usa el concepto del *self* como siempre lo utilizó, en términos en realidad similares a lo que hemos venido desarrollando, Sansinenea agrega a continuación un punto 3.3 "Breve esbozo de la Teoría del *Self*" (de Goodman) que no es de Celedonio y que aunque no es la pretensión pudiera prestarse a confusión. Difiero también de algún modo de la conclusión de Patxi: "No creo que una discusión teórica sobre cuál de los ciclos es más efectivo a la hora de hacer terapia nos lleve a ninguna conclusión que merezca la pena", en realidad este trabajo es esta discusión. Ni siento en realidad estos dos ciclos equivalentes: si se abandona la pretensión de acomodar un bloqueo en cada fase del Ciclo, o si bien asumimos, como señala Di Grazia (2006), que "desde cualquier fase del ciclo hay que volver a la sensación" en realidad el ciclo de Celedonio funciona muy bien. La otra formulación es por decir lo menos mucho más confusa, véase a manera de ejemplo sólo la definición de la proyección... (Sansinenea 2011: 78-79).

[23] Si bien esto se observa más claramente en la edición anterior de *Psicoterapia Gestalt, Proceso y Metodología* (1999) también está presente o al menos confuso en la nueva edición (2002: 44-45), en la medida en que plantea que "el Pseudo Yo se desarrolla antes que el Yo en tiempo, ya que aparece cuando aún no está desarrollada la capacidad de diferenciación yoica" (2002:44).Y que a las 3 semanas, el bebé inicia un aprendizaje por imitación, también automático y sin consciencia y que "Este es el momento en que se establece el *Pseudo Yo*, como contenedor de experiencias y mensajes que vienen del mundo externo que rodea al individuo. Para ello necesita usar energía específica para asociar, sin conciencia, los datos percibidos y con ello preservarse en su medio". (2002: 46). La formulación en su nuevo libro es aún más clara. (2012: 14).

PARTE III

Método, estrategia y técnicas

CAPÍTULO 11

Sobre el *método* y la *estrategia*

11.1. La necesidad de distinguir los términos

Ante las necesidades simultáneas de mantenernos en contacto con nosotros mismos y con el consultante, y de *fluir* con el proceso en transcurso, por una parte, y de orientarnos en la sesión, de comprender lo que sucede y lo que estamos haciendo, por la otra, la experiencia nos ha ido marcando la conveniencia de distinguir tres niveles de trabajo, desde lo más general hasta lo más puntual y particular:

a.   El método. Que como indicamos anteriormente implica los elementos esenciales, inherentes a la misma Terapia Gestalt, de modo que si no están presentes podemos decir que en realidad no estamos haciendo Gestalt.

b.   La estrategia. Que corresponde a la manera general como planteamos la sesión y cómo nos orientamos en ella, o por decirlo en términos de Zinker, al tipo de experimento que escogemos. Como veremos, la elección adecuada de la estrategia pre-supone para el terapeuta una ubicación adecuada del sí mismo.

c.   Las técnicas que utilizamos. Que son muchas y de cierta forma intercambiables entre sí. (Entendemos por técnicas lo mismo que Naranjo).

Al referirnos a "*el método*" (en singular) en Terapia Gestalt intentamos responder a cuestiones básicas como: *¿Cuáles son aquellos elementos esenciales, inherentes a la misma Terapia Gestalt, de modo que si no están presentes podemos decir que en realidad no estamos haciendo Gestalt?* A esta pregunta hemos venido respondiendo ya a lo largo del texto, en particular cuando nos hemos referido al "*trabajo en el ahora*", en el presente —lo que implica *darse cuenta* y *responsabilidad*—, como *el método* en Terapia Gestalt, y a "*llegar a y ayudar a expresar el sí mismo*" de la misma manera, por lo que no creo necesario repetirlo ahora. (Véanse los apartados respectivos).

Dicho de manera sencilla, y aun un poco esquemática, el método de la Gestalt no es otro que el método fenomenológico. Además de la importancia y primacía de la experiencia subjetiva del propio existente, a la que sólo éste tiene acceso, el ahora es *el fenómeno*, lo que aparece, lo inmediatamente dado, el punto de partida de nuestra psicoterapia.

165

Y constituye también la vía de acceso a la esencia, al sí mismo, que se encuentra negado o por lo menos parcialmente fuera del acceso de nuestra consciencia, y que, como hemos mostrado, es algo a lo que hay que llegar, y ayudar a descubrir y a expresar. Las diferentes estrategias y técnicas de la Terapia Gestalt se orientan y se articulan desde aquí.

Son estos criterios, además del encuentro existencial y el carácter profundamente dialógico de la Gestalt, que como dice Yontef se da cuando tanto paciente y terapeuta expresan su sí mismo interno al otro, y permiten el encuentro desde este ámbito, (Yontef 1995: 209, 206-207), los que nos permiten distinguir lo esencial y saber si estamos haciendo Gestalt.

Una segunda cuestión responde a cosas todavía más concretas: ¿qué hacemos en sesión? ¿Cuál es el camino (o los caminos) que seguimos? ¿Existe un mapa para orientarnos y saber dónde estamos en un momento dado en la sesión? Corresponden a este ámbito las formas de permanecer en el presente, la presentificación de escenas del pasado o el futuro, el esquema de "las capas de la neurosis" planteado también someramente por Perls, la ubicación *del centro* y el arte de la polarización correcta, y el ciclo de autorregulación, que no es sino un esquema del proceso de autorregulación del organismo.

La distinción entre este segundo ámbito, al que estamos llamando *la estrategia*, y el tercero (*las técnicas*) no es de ninguna manera ociosa. Responde a cuestiones de fondo como la necesidad que tiene el terapeuta de mantenerse *en contacto y fluir* efectivamente durante la sesión, —aquello de que si estamos pensando perdemos el contacto y la conexión y con ello, literalmente, nos perdemos en la sesión—. Y responde también, al mismo tiempo, a la necesidad *de ubicación* del terapeuta, de comprender lo que está pasando y de poder hacer sus elecciones lo mejor posible.

Estar pensando al nivel de las técnicas no es de ninguna manera deseable. Esta práctica —frecuente entre los terapeutas noveles— suele llevar en realidad a que el terapeuta *pierda el contacto*. Nuestras técnicas fluyen con nosotros, están *al servicio del encuentro*. Si estamos en contacto, si una técnica es nuestra vendrá sin forzarla, sin que la busquemos. En otras ocasiones, mantenernos en contacto significativo hará incluso posible que de repente *inventemos* las técnicas necesarias, los recursos para facilitar la resolución adecuada de la situación.

La distinción de *la estrategia* pretende en cambio facilitar al terapeuta la comprensión, sobre la base de una teoría sólida, de aquellos elementos que necesita para ubicarse adecuadamente y para elegir el mejor rumbo en la sesión, para saber *qué está haciendo y en dónde se encuentra* en la sesión. *Esta comprensión no lo hará perder el contacto*. Por el contrario, lo liberará de manera significativa, le dará seguridad y le ayudará a facilitar el contacto y el encuentro existencial con su cliente, así como a facilitar efectivamente *la resolución* de la situación inconclusa con la que está trabajando.

Por lo demás respetamos la distinción entre método y técnicas que con criterios distintos puedan hacer otros autores. En nuestro caso tratamos de especificarlos lo mejor posible.

11.2. Sobre *el ahora* y el continuum de consciencia

La noción del ahora *y el trabajo en el ahora* son como hemos visto elementos centrales de la Terapia Gestalt. Acabamos de definirlas como parte inherente *del método*. La tarea ahora es plantear las estrategias para esta permanencia o este trabajo.

Claudio Naranjo distingue dos posibilidades: "el modo directo" contra el "indirecto". Mientras el modo directo implica la permanencia en el ahora, como lo hacía Perls, el indirecto permite el planteamiento de la situación por el paciente *y la presentificación,* la vivencia en el ahora de lo que pudo haber sucedido hace mucho o lo que se teme que suceda. (Naranjo 1990: 137-152).

Perls solía pedir a sus pacientes que permanecieran en el ahora mediante la técnica del *continuum del darse cuenta* y la utilización reiterada de la frase "ahora me doy cuenta", por medio de la cual buscaba tanto la permanencia en el presente como el desarrollo de la responsabilidad y de la percepción de las propias capacidades del paciente. En *El Enfoque Guestáltico* dedica a esto un capítulo entero. (Perls 1955-56: 69-78. Véase también Perls 1948:60). Esta permanencia o continuum en el ahora está presente hasta la etapa final de Perls. En *Sueños y Existencia* leemos:

> *¿Cuál es la técnica que estamos utilizando en Terapia Guestáltica? La técnica está en establecer un continuum del darse cuenta. Este continuum del darse cuenta es requerido por el organismo para poder funcionar de acuerdo al sano principio guestáltico: siempre surgirá la situación inconclusa más importante y podrá entonces ser atendida. Si no nos permitimos lograr la formación de esta guestalt, funcionamos mal y terminamos llevando a cuestas cientos de situaciones inconclusas.* (Perls 1968b: 62).

Este continuum es para Laura Perls incluso el objetivo de la Terapia Gestalt (1974: 164), y es "sinónimo del proceso de crecimiento, el proceso mediante el cual tanto nosotros mismos como nuestras relaciones se desarrollan". (L. Perls 1974: 168). Es esta permanencia en el ahora la que permite el surgimiento de la situación inconclusa más apremiante y su avance y su resolución.

167

Para Perls, el momento crítico lo constituye precisamente la interrupción de la experiencia, que impide que la vida y la terapia tengan éxito. Este momento de interrupción es el que permite diferenciar qué fragmento de la experiencia le es aceptable o no al individuo, para facilitar el darse cuenta de la manera como se interrumpe y la resolución de la situación inconclusa. (Perls 1966b: 25-26; 1969b: 150).

Este continuum de conciencia, o continuum del darse cuenta, cubre para Perls tres zonas o capas: el darse cuenta de sí mismo (lo que incluye el self), el darse cuenta del mundo, y el darse cuenta de la fantasía, de la zona intermedia que a menudo impide que la persona esté en contacto consigo misma y con el mundo. (Perls 1968b: 61; Naranjo 1990: 124; Peñarrubia 1998: 99-100).

Y aquí está ya el tema en el que creo que es conveniente detenerse; porque en realidad el continuum en cada una de estas tres zonas no significa lo mismo. El continuum de consciencia en la zona interna implica el contacto con la sensación, con lo que corporalmente estoy sintiendo, y la unidad de la atención y la percepción. Es una forma de meditación, que efectivamente implica la permanencia en el ahora y escuchar el mensaje del organismo, posibilitar el surgimiento de la situación inconclusa.

Pero a menudo el continuum en la zona intermedia no es tal, sino precisamente la evitación del contacto. Irse a la zona intermedia es ya de hecho evitar el contacto. Y la profundidad del contacto en el continuum en la zona externa es variable, depende de cómo se dé. Puede ser darse cuenta y contacto si el objeto de la percepción es significativo, si corresponde al proceso en curso y si va acompañado de emoción y responsabilidad (una interacción con el grupo por ejemplo que luego lleva a alguna situación relevante). Pero igual puede ser una simple enumeración de objetos que en realidad es también una forma de evitación y manipulación: "la pared es blanca, su camisa es verde, al techo le haría falta pintura..." (Véase Naranjo 1990: 77).

Y si esto es así, en el continuum la información sobre estas zonas sirve únicamente en cuánto puedan proporcionar claves de cómo detectar la forma de la interrupción y de cómo hacer desde aquí el abordaje para la resolución de la situación inconclusa significativa. Por lo que podemos apreciar Perls tenía en su última etapa claridad teórica y la habilidad para hacer esto. Pero los terapeutas o teóricos posteriores por lo general no. Ni Naranjo por un lado ni los autores de la Costa Este por el otro tuvieron esa comprensión.

Esto hizo que, si bien suele ser reconocido que el contacto y el trabajo en el ahora son componentes esenciales del método de la Terapia Gestalt, como tal la técnica del "ahora me doy cuenta" fue poco utilizada después y –al menos en nuestra experiencia– es poco usada actualmente por los terapeutas ni de una ni de otra corriente.

Críticas importantes a esta técnica o a su absolutización se hicieron de hecho bastante temprano. Así por ejemplo Laura Perls:

> *El continuo de la conciencia es a menudo confundido en Terapia Gestalt y la gente dice que lo practica, cuando lo que está haciendo exactamente es una especie de asociación libre, saltando de una cosa a otra. Ahora me doy cuenta de esto, ahora me doy cuenta de lo otro. Realmente el continuo de la conciencia se desarrolla cuando movilizas o disuelves las barreras, las tensiones musculares, los bloqueos, las gestalten fijas. Tú te concentras en las gestalten fijas y en cómo las fijas.* (L. Perls 1984: 52).[24]

Otra crítica temprana e importante al continuum del darse cuenta vino del lado de Polster, quién plantea el problema de la relación entre lo que aparece en el momento presente y los acontecimientos más relevantes de la historia de vida del consultante:

> *Conviene precisar lo que entendemos por presente, aclarando y extendiendo las fronteras del concepto. Muchos han comprendido ya que un criterio demasiado rígido –tal que no incluya sino las experiencias literalmente actuales, y no permita relacionarlas con ninguna otra– no lleva a ninguna parte. Sólo una exclusión arbitraria suprime del diálogo terapéutico historias de acontecimientos que han ocurrido o pueden ocurrir, fuera del marco del aquí y ahora; algunos de esos acontecimientos componen el drama intenso y sobrecogedor de una vida, y desterrar estas historias supone una gran pérdida.* (Polster 1973: 24-25).

Aunque en otro contexto, la historia ha dado a ambas críticas la razón. Es evidente que –si bien trabajamos desde el ahora y con la situación que emerge en el momento presente–, en el contexto de una relación terapéutica no es conveniente prescindir por completo de la historia de vida del consultante y de sus hechos más relevantes. Pero más importante resulta la crítica de Laura Perls, con la que coincido. En mi experiencia, y como dice el mismo F. Perls:

> *Este continuum del darse cuenta es requerido por el organismo para poder funcionar de acuerdo al sano principio guestáltico: siempre surgirá la situación inconclusa más importante y podrá entonces ser atendida.* (Perls 1968b: cita).

---

[24] Problemática resulta en cambio la identificación que hace L. Perls de la "terapia de concentración" con "lo que ahora Gendlin llamaría *focusing*". Si bien ambos pudieran ser similares en el papel del *felt sense* o la sensación sentida, se trata en realidad de métodos distintos, y la posibilidad de la asimilación de las proyecciones en la Terapia Gestalt amplía por otra parte los recursos de ésta. El tema merece mayor discusión.

Y esto supone un contacto adecuado con la zona interna, con la sensación, de modo que la situación inconclusa negada pueda emerger a la conciencia. Es sin embargo paradójico que sean (y perdón por la generalización) los grupos afines a los institutos o escuelas de la llamada Costa Este los que con más frecuencia han perdido el contacto con o diluido la importancia de la autorregulación del organismo.

11.3. La presentificación

En terapia empezamos por lo general desde el planteamiento del consultante, de lo que le sucede ahora. Iniciamos por sus situaciones o conflictos más apremiantes, sean actuales o del pasado.

A la manera mediante la cual trabajamos con estas escenas del pasado (o del futuro) le llamamos presentificación, y consiste en re-vivenciar la escena de la manera más completa posible en el momento presente, como si estuviera sucediendo ahora. El ahora incluye también esta presentificación de la situación inconclusa: las visualizaciones, los sueños, etc. (Naranjo 1990: 30).

Como señala el mismo Perls, para que el ahora funcione, el paciente:

> *Tiene que transformar su pensamiento del pasado en acciones del presente que vivencia como si el "ahora" fuera el "entonces". No lo puede hacer meramente con un relato de la escena, tiene que vivirla de nuevo. Tiene que pasar por lo mismo una vez más y asimilar los sentimientos interrumpidos… No basta con recordar un incidente del pasado, uno tiene que volver a él sicodramáticamente… Lo importante es el evento inconcluso, que aún vivo e interrumpido, espera ser asimilado e integrado. Es aquí y ahora, en el presente, donde debe llevarse a cabo esta asimilación.* (Perls 1955-56: 72).

¿Qué estrategias necesitamos, entonces? ¿Que nos permitan integrar la permanencia en el ahora (tanto de una como de otra forma), el proceso de autorregulación del organismo, los diferentes medios para llegar a y ayudar a expresar el sí mismo y los elementos necesarios para la resolución y el cierre de las situaciones inconclusas?

Correspondientes a este ámbito, intentamos a continuación dos apartados. Desarrollamos por una parte una propuesta del ciclo de autorregulación, a la que hemos llamado: "El Proceso de Autorregulación. Una propuesta de seguimiento" que critica los errores más frecuentes e importantes de los modelos desarrollados hasta ahora e integra, en un solo esquema, los elementos de teoría más débiles o ausentes del cuerpo de la Terapia Gestalt. Y un segundo apartado: "Polaridades: El Centro y la Polarización Correcta" en el que buscamos iniciar al lector en el arte de la polarización, ausente creemos también hasta ahora. Ambos apartados se encuentran además articulados y concatenados.

CAPÍTULO 12

El *ciclo de la experiencia* o *de autorregulación*. Una revisión crítica

12.1. La búsqueda de un modelo...

La búsqueda de un modelo a través del cual orientarnos ha sido una constante en la historia de la Terapia Gestalt. Diversos intentos, no sin problemas, han sido hechos *al menos* por Perls (1942), Goodman (1951), Zinker (1977), Katzeff (1977, citado en Peñarrubia 1998), Kepner (1987), Castanedo (1983-1990-2001), Salama y Castanedo (1991) y Salama (1993), y más recientemente otra vez por Zinker (2006) y por Ramos (2008). El modelo también ha sido profusamente criticado (así por ejemplo Peñarrubia 1998: 140-141).

Aunque los diferentes modelos planteados están llenos de problemas, el ciclo de autorregulación, como modelo del proceso que sigue el organismo para satisfacer sus necesidades, resulta un esquema de mucha utilidad porque nos permite ubicar con claridad no sólo el proceso del organismo, sino los *diferentes elementos y momentos presentes en la sesión de terapia*, y en ese sentido constituye un mapa que nos permite ubicar tanto el camino recorrido –hasta el momento en el que estemos–, como los distintos elementos presentes: a qué es lo que es necesario poner atención, qué es lo que está faltando y qué es necesario enfocar.

Siendo consecuentes con lo que hemos desarrollado hasta ahora, podemos plantear de entrada:

a. Que el ciclo de autorregulación corresponde al proceso de autorregulación del organismo. Aquél es la manera habitual como éste se desenvuelve; describe, de manera más detallada, el proceso mediante el cual el organismo satisface sus necesidades.

b. Que corresponde también a la formación figura/fondo, o al proceso de formación y destrucción de las gestalts. Describe la manera como, si no se le interfiere, la necesidad más apremiante emerge como figura (principio de formación figura/fondo) y el organismo avanza hacia su satisfacción y asimilación.

c. Que el proceso del ciclo de autorregulación sucede *en el ahora*. En el momento en que dejamos *el ahora* interferimos también este proceso.

d. Que los mecanismos neuróticos, bloqueos, resistencias, interrupciones o como se les quiera llamar, *interrumpen* el ciclo y no corresponden a éste, además de una manera de la que por lo general no nos damos cuenta.

e. Que la división en polaridades es también una forma de interrupción e interrumpe también el proceso.

f. Que en ese sentido es más claro y adecuado el uso del término *ciclo de autorregulación*, y no de la Experiencia, pues como es sabido ésta no siempre corresponde a aquélla. De hecho, cada vez que el proceso es interrumpido, por lo general de una manera que no nos damos cuenta, *la experiencia no corresponde al proceso del organismo*.

Hay varias cosas que aclarar, o qué plantear, sin embargo. Vamos por partes.

12.2. Un poco de historia

En su primer texto: *Yo, Hambre y Agresión*, Perls le llama "el ciclo de la interdependencia del organismo y el medio ambiente", y lo plantea de la siguiente manera (resumen):

> *Hemos completado ahora el ciclo de la interdependencia del organismo y el medio ambiente. Hemos descubierto:*
>
> *1) El organismo en reposo.*
>
> *2) El factor perturbador, que podría ser:*
>
> > *a) Un perturbador externo, una exigencia que se nos hace o cualquier interferencia que nos pone a la defensiva.*
> >
> > *b) Una perturbación interna, una necesidad que ha reunido bastante ímpetu para luchar por la satisfacción y que requiere:*
>
> *3) La creación de una imagen o realidad (función más menos y fenómeno fondo-figura)*
>
> *4) La respuesta a la situación dirigida hacia:*
>
> *5) Una disminución de la tensión −logro de satisfacción o sometimiento de las exigencias, que producen:*
>
> > *6) La vuelta al equilibrio orgánico...* (Perls 1942: 57)

En el apartado sobre "El Ajuste Creativo" de su *teoría del Self*, Goodman desarrolla su propuesta en este sentido. Transcribo:

El proceso de contacto es una totalidad única, pero se puede distinguir, por comodidad, la siguiente secuencia de figuras y fondos:

1. *Precontacto: el cuerpo es el fondo, el apetito o el estímulo ambiental es la figura. Es lo que es consciente (aware) como "dado" o el Ello de la situación, lo que va a disolverse en posibilidades.*

2. *Toma de contacto:*

    a) *La excitación del apetito se convierte en el fondo, y algún "objeto" o conjunto de posibilidades es la figura. El cuerpo disminuye (o, al contrario, en el dolor, se convierte en figura). Hay emoción.*

    b) *Hay elección y rechazo de las posibilidades, agresión para acercarse y superar los obstáculos, orientación y manipulación deliberadas. Estas son las identificaciones y las alienaciones del Yo.*

3. *Contacto final: sobre un fondo que comprende el entorno indiferente y el cuerpo, un objetivo vivo se destaca como figura y se contacta con él. Se relaja cualquier actitud deliberada y hay una acción unitaria espontánea de percepción, de movimiento y de sentimiento. La consciencia inmediata logra su mayor claridad en el Tú.*

4. *Postcontacto: hay una interacción flotante entre el organismo y el entorno que no es una relación figura/ fondo; el self disminuye.* (Goodman 1951: 227-228).

El ciclo de Perls es retomado posteriormente por Zinker, que lo denomina originalmente: "La satisfacción de necesidades: un ciclo de conciencia–excitación–contacto". También resumo:

> *En toda persona se opera un ciclo fisiológico. Se relaciona con la satisfacción de necesidades y a veces se lo denomina "ciclo de autorregulación del organismo".*

> *El ciclo empieza por la sensación: estoy sentado aquí y, a medida que trabajo, empiezo a sentir contracciones en mi estómago. Son acompañadas por sensaciones de sequedad en mi boca...*

> *Las sensaciones se convierten en conciencia. Soy capaz de nombrar y describir esos mecanismos sensoriales... La conciencia me permite comprender qué necesita mi cuerpo en ese momento... me permite comprender qué sucede en mi interior y qué debo hacer para sentirme mejor.*

> *A medida que cobro conciencia de mi hambre, mi cuerpo se moviliza. Siento que algunos músculos de mis piernas entran en calor. Visualizo el acto de dirigirme a la heladera y tomar allí queso, pan y fruta. A medida que visualizo, siento que mi respiración se intensifica y que hay en mi cuerpo una movilización general de energía. (Movilización de energía)*

> *Me incorporo y voy a la cocina. En ese proceso intervienen los músculos de mis piernas y mis brazos, la respiración, más intensa, y el ritmo cardiaco respaldan mi actividad. Es la etapa de la acción.*

> *El siguiente punto del ciclo se denomina "contacto". Al tomar el queso y empezar a masticarlo se presenta en mi estómago una sensación de agrado. Disfruto del gusto de la comida. El contacto es el proceso psíquico por medio del cual me comprometo con la comida… el alimento y yo nos transformamos en uno.*
>
> *A medida que sigo comiendo y bebiendo, cobro conciencia de una plenitud en mi estómago. Ahora estoy satisfecho. Me siento completo y un poco embotado. Entro en una etapa de retirada, de relajamiento, de recuperación, desinterés… (Retirada, reposo).*
>
> *Al entrar en esa etapa de retirada y satisfacción de mi necesidad, cobro conciencia del trabajo que dejé atrás… El trabajo surge entonces como la necesidad existente… Este movimiento, que pasa de sensación a contacto y de allí a retirada, para volver a la sensación, es típico de todo organismo. En condiciones saludables, el ciclo se cumple de forma suave y grata, sin interrupciones.* (Zinker 1977: 77-79).

Apenas con algunas modificaciones, Celedonio Castanedo sigue el ciclo de Zinker, (1983: 99-104; 1990: 93-100 y siguientes). Si bien originalmente parece agregar una fase a la que llama "excitación" entre las fases 3 y 4, (movilización de la energía y acción, 1983:100), ya después del trabajo con Salama vuelve al ciclo de Zinker, mismo que expone con mayor precisión en ocasión del X aniversario de la muerte de Laura Perls, a nuestro juicio la formulación más sencilla y clara del ciclo. (Castanedo 2001: 19-36).

Salama (con Castanedo, 1991 y posteriormente 1992 y 1999) amplía el ciclo de la experiencia, incluyendo dos fases alrededor de la de contacto, a las que llama "precontacto" y "postcontacto", delineando un ciclo de la experiencia con 8 fases. Salama agrega además el acomodo de cada una de estas 8 fases del ciclo a la zona interna, la zona de la fantasía y la zona externa del darse cuenta. Para Salama, el reposo y la sensación corresponderían a la zona interna, la formación de figura (término que prefiere al de "conciencia" o "darse cuenta") y la movilización de energía a la zona de la fantasía, y la acción y el precontacto a la zona externa; mientras que el contacto y el post-contacto son ubicados en lo que llama "continuo de conciencia". Salama distingue además dos partes del ciclo: una parte pasiva, a la que corresponden la zona interna y la intermedia, y una parte activa, a la que corresponden las dos últimas. (Salama 1992; 1999: 71-76; 2002: 73-83).

Si bien desarrolla un método distinto, basado en el trabajo corporal, en cuanto a las fases del ciclo J. Kepner sigue también la propuesta de Zinker. (Kepner 1987). Aunque con algunas diferencias en el orden, tanto Zinker como Kepner, Castanedo y Salama acomodan un bloqueo o interrupción en cada una de las fases del ciclo.

Disculpe el lector si no nos ocupamos ya nuevamente de las imprecisiones y términos confusos del modelo de Goodman. En cuanto a Zinker, Kepner, Castanedo

174

y Salama, más que ocuparnos de las diferencias entre ellos creo que es conveniente detenernos en la consideración de algunos problemas comunes a todos los modelos.

12.3. Algunos problemas comunes:

12.3.1. La relación dialéctica de sensación y figura

Aunque Zinker señala que recoge el ciclo de Perls de 1942, es necesario revisar esta afirmación en algunos aspectos importantes. En primer término, Perls plantea que no es necesariamente primero el perturbador interno o el externo —lo que sería "la sensación" o "la visualización" que viene en una fase posterior— (y que luego Castanedo o Salama llaman "la figura"), sino que existe una relación dialéctica entre ambas:

> ¿Es el organismo el factor primario y el mundo es creado por sus necesidades? ¿O existe primariamente un mundo al que responde el organismo? Ambas maneras de ver son correctas in toto... En absoluto se dan contradicciones: las acciones y las reacciones están entretejidas. (Perls 1942: 55).

Incluso, –si bien aclara las excepciones, en aquellos casos en los que la reacción está determinada como un reflejo–, Perls previene sobre el peligro de suponer una causalidad o de concebir la secuencia de manera lineal:

> La secuencia realidad-respuesta se opone a la simultaneidad de la situación instinto/realidad. La tensión hambre interna y la visión apetitosa de alimento aparecen y desaparecen simultáneamente... (Perls 1942: 55).

En el plano filosófico, este punto es importante para la comprensión dialéctica del pensamiento de Perls y de su intento deliberado de escapar de todo mecanicismo o idealismo, a los que considera "obstrucciones de la totalidad".[25] No existe una conciencia "a priori" que posteriormente visualice la realidad, sino que la conciencia o el darse cuenta es siempre un darse cuenta de algo (contra Kant y cualquier forma de idealismo). Ni tampoco es la realidad la que genera los estímulos a los que el organismo reaccionaría, sino que éste tiene siempre una parte activa en el proceso (contra el materialismo mecanicista, el empirismo y el conductismo). Lo subjetivo siempre es darse cuenta y lo objetivo es el contenido del darse cuenta. (Véase también Perls 1955-56: 176-177; 1968b: 25, 67, 69).

---

25 "Yo no suscribo a ningún mecanicista o idealista, déjenme decirlo, a ningún paradigma (weltanschauung). Todos estos mecanicismos, idealismos o mentalismos, todos son obstrucciones de la totalidad (de un todo total)". (Perls 1957: 12). Cf. el paralelismo entre este desarrollo y las célebres *Tesis sobre Feuerbach*. (Marx 1845: 7-10).

Perls señala más adelante que el factor perturbador del ciclo puede ser tanto interno como externo, y que el ciclo que se genera no es diferente. (1942: 57-58, véase en esta dirección también Castanedo 2001: 30). La sensación puede ser generada o catalizada a la conciencia por el estímulo externo. Un fuerte olor a tocino puede hacer aparecer o acrecentar mi sensación de hambre. O más claramente: voy caminando tranquila y sosegadamente por la calle y en eso escucho el ladrido de un perro Doberman que se abalanza sobre mí. Y esto genera una fuerte emoción y una serie de sensaciones que no estaban presentes antes.

Desde el punto de vista terapéutico, esta noción de que el factor perturbador puede ser tanto interno como externo abre la posibilidad de iniciar el ciclo desde la situación que el consultante nos plantea, desde "lo que le hace figura", corroborando después la sensación y su correspondencia con la situación a trabajar.

Detengámonos un momento en esta reflexión: si el ciclo iniciara siempre por la sensación, estaríamos condenados a trabajar permanentemente desde el continuum de conciencia y la concentración, esperando la emergencia de la figura o de la escena correspondiente para que el proceso pudiera desarrollarse. O en su caso a perder la sensación y el referente corporal, con lo que perderíamos el referente organísmico. La comprensión dialéctica de la sensación y la figura, en cambio, abre considerablemente las posibilidades de la Gestalt. (Lo que no quita que el trabajo iniciando desde el continuum de la sensación y la concentración sea por supuesto un método potente y adecuado).

Sobre el ciclo de Goodman, si bien mantiene varios de los problemas ya mencionados, conviene rescatar al menos que en cuanto al inicio del ciclo, en la fase que él llama "precontacto" mantiene la corrección dialéctica y no cae en la linealidad de la sensación a la figura.

12.3.2. ¿Un mecanismo o bloqueo en cada fase del *ciclo*?

Detengámonos un poco más en los problemas de este ciclo de la experiencia, comunes como decíamos al menos a Zinker, Kepner, Castanedo y Salama. El principal de ellos parece sin duda la pretensión de colocar un mecanismo neurótico o bloqueo en cada una de las fases del ciclo, (lo que de ningún modo puede atribuirse a Perls), pretendiendo que si el ciclo se interrumpe en determinada fase es interrumpido por ese mecanismo.

Este esquema no corresponde a la realidad. En todos los mecanismos neuróticos, precisamente en cuanto neuróticos no nos damos cuenta de lo real y no se forma la figura correcta. Si estamos hablando de la proyección, por ejemplo, efectivamente no hay formación de figura, porque la figura que se forma es una figura falsa: yo digo "me siento culpable, algo malo debí de haber hecho" cuando en realidad la figura correcta tendría que ser el coraje que siento hacia la persona a la que le estoy proyectando mi agresión, de lo que no soy capaz de darme cuenta. Y lo mismo sucede si proyecto el deseo sexual, o cualquier otra emoción o parte del cuerpo desagradable, y en lugar de asumir la responsabilidad por ella digo "me atacan" o "me persiguen". En la proyección no me doy cuenta ni de la emoción verdadera ni de la figura hacia la cual va dirigida.

Pero igual sucede si estoy retroflectando, en realidad la figura correcta no aparece. Puede ser que aparezca la emoción, que yo me dé cuenta del coraje, pero al decir "estoy enojado conmigo mismo" –o tengo que dominarme, o controlarme a mí mismo–, en realidad la figura correcta, que es mi necesidad o deseo de agredir, o de controlar o dominar a otra persona o situación, no aparece, y entonces la figura correcta tampoco se forma. Y menos aun cuando no nos damos cuenta siquiera de la emoción verdadera, como es el caso de la depresión o de las situaciones en las que la el coraje permanece fuera de la conciencia, debajo de una capa de aparente tristeza.

En la introyección lo que hay es una confusión en la figura, yo me identifico con el introyecto en lugar de identificarme con la necesidad o la emoción del sí mismo. La necesidad verdadera puede aparecer pero aparece alienada, negada, confundida con un "yo no soy" o un "yo no siento": los hombres no lloran, entonces yo no tengo las ganas de llorar, o bien las niñas buenas no se enojan, yo no estoy enojada.

Incluso en otros mecanismos como la proflexión, ya mencionada, la figura real tampoco aparece: yo siento una necesidad de satisfacer a alguien más, cuando en realidad el satisfactor lo necesito para mí mismo.

Lo que tenemos en síntesis es que, mientras en la introyección hay una confusión de la figura (en términos de Perls, de lo que somos nosotros mismos con lo que no somos, con los deberías o la regulación externa), esta confusión origina, en todos los demás mecanismos –que son mecanismos complejos que tienen detrás una introyección–, la pérdida del contacto con la emoción o con la figura real, de modo que la figura correcta no se alcanza a formar, y esto de manera que no nos damos cuenta.

Esto quiere decir que, desde el punto de vista del sí mismo o del ciclo de autorregulación, todos los mecanismos están en la fase que Zinker, Kepner, Castanedo o Salama llaman la consciencia o la formación de la figura. Esto ha sido señalado ya con claridad por Peñarrubia: "Además, hablando con rigor, todos los mecanismos son neuróticos por la falta del "darse cuenta" así es que todos deberían ser considerados como previos al punto 2 (consciencia)." (Peñarrubia 1998: 140-141)

12.3.3. La relación entre los bloqueos

Otro problema lo constituye la manera de plantear la relación entre los diferentes mecanismos neuróticos, que en este esquema se plantean todos de manera lineal, colocados consecutivamente en una ola o campana de Gauss (o bien en un círculo como Salama), como si cada mecanismo se presentase en una fase distinta, y como si los mecanismos no tuvieran relación entre sí. Más aún, la proyección se coloca antes que la introyección.

Esto es distinto del planteamiento de Perls, para quién el mecanismo base es la introyección, a partir de la cual se generarían luego los otros mecanismos. Tanto la proyección como la retroflexión (y evidentemente también la proflexión) son en realidad mecanismos complejos, detrás de los cuales está presente un introyecto.

Y éste no es un problema menor, pues la práctica terapéutica nos demuestra una y otra vez la relación entre la proyección y la introyección, y a menudo nos compele a buscar las escenas y/o los introyectos que están detrás de las proyecciones, dando origen a éstas. Detrás de la proyección del coraje o la agresión (a cualquier otra persona o figura) está un introyecto que dice "las niñas buenas no se enojan", o "tú no debes enojarte". Y lo mismo en las demás emociones y partes de nosotros que proyectamos.

Y el introyecto está presente también en el caso de la retroflexión. Es precisamente el introyecto, el "tú no debes enojarte" o "si te enojas no te voy a querer" el que (además del miedo) impide la expresión de la agresión y genera la retroflexión.

Y es necesario insistir en que esto tiene consecuencias importantes en la práctica terapéutica, ya que si no se comprende adecuadamente la relación entre los distintos mecanismos va a ser difícil posteriormente que el terapeuta tenga estrategia en la sesión, que comprenda adecuadamente lo que está sucediendo y sobre todo cómo abordarlo, y que pueda plantearse rutas eficaces para la resolución.

12.3.4. ¿Un bloqueo en cada capa de la neurosis?

Y si desde la perspectiva del sí mismo o del ciclo de autorregulación, todos los mecanismos son una evitación o una interrupción que impide formar la figura correcta, desde el esquema de las capas de la neurosis, como ya vimos, todos los mecanismos están en el *como si*, en el estrato falso o el juego de roles. No tiene fundamento por tanto la pretensión de Salama de colocar una capa de la neurosis en cada uno de las fases del ciclo. (Salama 1992: 46). Y menos fundamento tiene todavía, e implica una confusión mayor, la pretensión de ubicar ¡las emociones! en las distintas fases del ciclo. (Salama 2012: 46-49; 1992: 59-60). Como hemos mostrado ya, la expresión de cada una de las emociones básicas se interrumpe primariamente por la acción de algún(os) introyecto(s), proceso que se ve además complejizado en los demás mecanismos neuróticos, y esta pretensión de Salama de atribuirle una emoción a cada fase del ciclo es una gran confusión. El TPG presenta todavía otra serie de problemas adicionales.

12.3.5. Los mecanismos neuróticos son *inconscientes*

Un último problema a abordar lo representa la pretensión de trabajar localizando en el ciclo el punto en el que se localiza la interrupción, y desde ahí continuar sencillamente hacia adelante el proceso del ciclo de la experiencia. Se pierde el hecho, como ya vimos, que en los mecanismos neuróticos no se forma la figura correcta, y que no es posible seguir adelante sin facilitar antes la resolución del mecanismo de que se trate y el darse cuenta de la emoción o de la figura de la que no nos damos cuenta. La pretensión de "seguir hacia adelante" no responde a la realidad, y ha originado problemas en la comprensión y la formación de muchas generaciones de terapeutas.

Los mecanismos neuróticos son inconscientes o parcialmente inconscientes: si en la introyección hay una confusión de la figura, de lo que somos nosotros mismos con lo que no somos, y tenemos por tanto un nivel de consciencia parcial, confundida, el resto de los mecanismos son inconscientes y suceden de modo que no nos damos cuenta.

12.4. Facilitar la resolución de la parte neurótica, *antes* de que el ciclo pueda avanzar

Y este es otro punto importante porque *de cada mecanismo neurótico necesitamos facilitar su resolución primero*, para que luego después el ciclo de autorregulación pueda continuar.

▸ Cuando los introyectos son significativos, por ejemplo, se necesita superar la confusión en la identificación, primero y que el paciente asuma que verdaderamente tiene ganas de llorar, o de expresar su enojo, su miedo o lo que fuere. Es necesario rodear de algún modo el introyecto y permitir el contacto con la sensación y la emoción verdadera, además de la aceptación o re-vivencia del disgusto, para que de ahí se pueda pasar a la expresión y el contacto.

▸ En el caso de la proyección, es necesario, además de la corrección o inversión del lenguaje, deshacer la proyección asimilándola, para que efectivamente la emoción verdadera sea reconocida como tal y el proceso pueda avanzar.

▸ Para deshacer la retroflexión, además del reconocimiento del impulso o emoción real es necesario que aparezca el verdadero blanco a quien va dirigida, para que la emoción pueda entonces expresarse y se haga posible su liberación.

➤ Y deshacer la proflexión implica el reconocimiento de la propia necesidad y la búsqueda y el contacto con los satisfactores adecuados.[26]

Es decir que de cualquier manera, sea que se trabaje desde la sensación, manteniéndonos en el ahora y mediante la técnica de concentración, dejando que emerja la figura asociada a ella; o desde una figura o una situación que nos plantea el cliente y desde la que hacemos contacto con la sensación y la emoción significativa; es necesario primero la resolución del mecanismo neurótico, o bien la integración de las polaridades, para que el ciclo pueda continuar y se pueda facilitar la resolución.

---

[26] Sobre este tema véase el apartado sobre la reorientación topológica en "Teoría y Técnica de la Integración de la Personalidad". (Perls 1948).

CAPÍTULO 13

El *ciclo de autorregulación*, una propuesta de seguimiento. Primera parte

Una vez aclarados y separados los problemas, el ciclo de autorregulación nos permite ubicar con claridad no sólo el proceso del organismo, sino los diferentes elementos y momentos presentes en la sesión de terapia, y en ese sentido constituye un mapa relativamente completo que nos permite orientarnos en sesión. Aún falta sin embargo bastante por acomodar y construir.

13.1. Las dos partes del ciclo

Diversos autores distinguen en el ciclo dos partes principales: una fase preparatoria, (sensación-conciencia-energetización), en la que se enfatiza el darse cuenta, y una parte resolutoria (acción-contacto-retirada), en la que el énfasis está en el contacto. Castanedo, refiriendo a Brewer, señala que en los tres primeros estadios del ciclo predomina un darse cuenta de algo que representa una parte alienada del self, mientras que en los tres últimos estadios se produce la integración y la parte alienada se reincorpora a la estructura del self, y esta formulación aparece como significativa porque ilustra con claridad el proceso en términos del sí mismo. (Castanedo 1990: 94-95, Peñarrubia 1998: 141-142).

La fase o etapa del *darse cuenta* implica el contacto con la sensación, y la emergencia de la emoción y de la figura que proviene del organismo. Si no interrumpo el proceso me voy a dar cuenta de la necesidad más importante en este momento, de algo que permanecía alienado y de lo que no me estaba dando cuenta, de una parte del sí mismo negado, en términos de Kepner. Posteriormente, la etapa *del contacto* implica la expresión de la emoción y la liberación de la energía atorada, así como la resignificación de la situación de modo que resulte asimilable para el Yo, lo que permite la resolución y la asimilación de la situación inconclusa y su integración al self.

Aunque agrega dos fases más, Salama también distingue estas dos partes del ciclo y las designa como la parte pasiva –en la que no hay acción del organismo hacia su zona externa– y la parte activa del ciclo –en la que éste sí se relaciona con la zona externa–. (Salama 2002: 73-74; véase también Castanedo 2001: 32-33).

Tanto la mayor cantidad de fases como los nombres que les asigna Salama no hacen sino agregar problemas a las de Zinker o Castanedo.[27] Pero si bien no es conveniente entramparnos en ellas, quiero utilizar la formulación de las zonas de relación para precisar que el ciclo de autorregulación incluye necesariamente:

a. El contacto con la zona interna (con la sensación).

b. El contacto con la zona intermedia *conectada con la sensación* (la formación de figura).

c. El contacto con la zona externa, con las personas u objetos del ambiente hacia los que se dirige el impulso.

d. Un proceso final, en el que la situación es asimilada de manera distinta. Y cuya asimilación posibilita su cierre como situación inconclusa y su *integración al self*.

Vamos a cada una de ellas.

13.2. La sensación

Si bien ya hemos expuesto como en realidad el proceso puede iniciar tanto desde la sensación (a través del contacto con la zona interna o de la concentración en la sensación y en el síntoma), o bien desde la situación que nos plantea el consultante, la importancia del contacto con la sensación no debe ser subestimada. No en balde Perls *identifica la zona interna como la zona del sí mismo.* (Perls 1968c: 111).

Por sensación entendemos específicamente la experiencia de la zona interna, la experiencia corporal de la propia persona: qué tensiones siente, qué ardor, dolor, opresión, punzadas, si siente calor o frío, si se siente relajado o cansado, si siente hambre o siente agitado el corazón, la experiencia de la propia respiración y de las diferentes partes de su cuerpo. Lo que Kepner entiende como "sensación interior":

> *Las capacidades sensoriales pueden dividirse en dos categorías… Están los sentidos orientados hacia nuestro sentido interno del sí mismo: propiocepción (sentido de la posición de partes corporales), cinestesia (sentido del movimiento), sensaciones visce-*

---

[27] Poco adecuada es por ejemplo la pretensión de Salama de colocar un bloqueo *dentro* de la fase de Reposo. (P.e. Salama 2002: 83; 2012: 43). Perls señala explícitamente que esto no es así. Cito:
"Respecto al "ciclo instintivo" descubrimos la interrupción –la evitación de contacto– en cualquier parte menos en:
1) El organismo en reposo. En este punto cero no surge el problema de la evitación. Tomar el aburrimiento o la depresión como puntos ceros es un error, ya que ambos son evidentemente situaciones emocionales, factores perturbadores, resultado de ciertas inhibiciones". (Perls 1942: 90).

rales (plenitud o vacío de órganos digestivos, hambre, latidos del corazón) y diversos receptores para la presión, el dolor y el placer… Estos sentidos nos hablan del estado actual de nuestro organismo, de nuestros sentimientos, carencias y necesidades, y nos ubican en nuestra realidad personal. Sin sensación interior clara, perdemos contacto con nuestra identidad y nuestras necesidades. (Kepner 1987: 95).

El contacto con la sensación se favorece facilitando el contacto con la zona interna. Enfocar específicamente en ésta el ahora me doy cuenta de Perls es una buena técnica. También se puede dirigir un pequeño ejercicio de meditación, pidiendo al paciente que ponga su atención en la sensación que va emergiendo, y que siga con su atención fija en las sensaciones que van apareciendo hasta que una se va convirtiendo en la dominante.

Sobre la sensación que aparece: tensión, molestia, punzón, ardor, opresión, etc., se le pide que se concentre hasta que emerge la escena asociada a ella. (Véase Kepner 1987: 4-6).

Y no sobra insistir en que el contacto con la sensación lleva a y tiene por objeto la emergencia de la escena, de la situación inconclusa significativa, con la que una vez abierta se trabajará hasta facilitar la resolución. Es frecuente también el error de facilitar el contacto con la sensación y abrir y luego no llegar a la escena ni formar la figura, lo que es delicado pues la persona puede quedarse abierta con una situación muy significativa.

Tanto Laura Ramos (2008: 38-41) como el mismo Kepner (1987: 100-103) insisten también en la importancia de mantener en esta etapa el contacto con la respiración, observación con la que coincidimos plenamente (véase también Calais-Germain 2006).

El contacto con la sensación es por así decir *el criterio de verdad*, lo que nos va a permitir validar si la situación con la que trabajamos corresponde en realidad a la necesidad del organismo. Con frecuencia sucede que el paciente nos refiere una situación y una emoción, le preguntamos dónde lo siente y le pedimos que se concentre en esa sensación. Y lo que emerge de allí es otra emoción y otra escena distinta, que en realidad es la que hay que seguir.

Y esto nos habla de la diferencia entre lo que realmente es el proceso o el ciclo de autorregulación, y pretendidos trabajos o ciclos que no tocan la sensación o la emoción en profundidad, y que no responden sino al discurso o a la defensa del paciente, a lo que éste ya se da cuenta o a necesidades aparentes, por no decir abiertamente al "como si".

Podemos sencillamente continuar y pasar a la expresión cuando la emoción ha aflorado y responde a una situación significativa. Pero a menudo el costo de no hacer contacto con la sensación es la realización de una terapia "light", "platicada", que no facilita un darse cuenta y por tanto la integración de una situación significativa, y que no responde a la necesidad del organismo.

Sin un contacto adecuado con la sensación, todo el proceso del ciclo deja de estar conectado con el organismo, y la "figura" que se forma no corresponde a la situación inconclusa más significativa. A menudo el neurótico no puede ver claramente sus propias necesidades; es probable incluso que se trate de alguna de las formas de evitación y no de la necesidad real. En palabras de Kepner:

> *Sin una sensación clara y disponible perdemos contacto con nuestras necesidades, nuestro estado organísmico presente, nuestra situación con el mundo y nuestra relación con el entorno. Sin una sensación clara de nosotros mismos, y de nuestro entorno, perdemos nuestra base en el mundo. Sin la información que esta base nos brinda, los significados que creamos y las acciones que emprendemos no están relacionados con nuestras necesidades reales, y a menudo se fundan en conjeturas y estimaciones.* (Kepner 1987: 95).

13.3. La figura

Perls definía implícitamente el término "figura" como "la necesidad dominante del organismo, en cualquier momento, que pasa al primer plano mientras las demás retroceden, al menos temporalmente, al fondo." (Perls 1955-56: 23. Véase también Perls 1942: 53-54, 243-245; 1955-56: 17-19). Junto a la percepción en totalidades, es éste uno de los conceptos básicos de la Terapia Gestalt, y sin embargo también uno de los que con más frecuencia se presta a confusión entre los terapeutas y en las jergas gestálticas.

Utilizo el término de la misma manera que Perls, y que la mayoría de los teóricos de la Gestalt. Para evitar confusiones intento sin embargo una definición precisa, agregándole un apellido a la definición:

> *La figura es la imagen del satisfactor relacionada a la necesidad dominante del organismo, y que cuando el proceso no se interrumpe emerge al primer plano de nuestra percepción.*

Esta figura corresponde en realidad al proceso de autorregulación, a la situación inconclusa más apremiante, emerge desde el ahora y está asociada a la sensación.

(Lo que estoy haciendo al agregar el apellido es plantear que lo que emerge al primer plano cuando la situación está interrumpida: por el introyecto, por nuestra proyección o por cualquier otra defensa, no es en realidad la figura, sino su evitación, una pseudo-figura o algo que necesita otro nombre).

En el plano psicológico, si las necesidades del organismo están energetizadas y catalizadas por las emociones básicas, la figura corresponde entonces también al proceso de éstas. La figura es, sencillamente:

> *El elemento del ambiente (persona, animal o cosa) hacia el cuál van dirigidas el impulso del sí mismo y la emoción básica del organismo, y cuyo contacto es necesario para la resolución de la situación inconclusa.*

Lo que vuelve funcional y operativa la definición para el trabajo terapéutico. Vamos ahora a las confusiones o a las otras formas como se utiliza el término.

Una primera confusión estriba en utilizar el término figura para designar no la necesidad del organismo, sino cualquier cosa que emerja a la conciencia, vale decir cualquier cosa en la que estemos pensando, lo que incluiría a) tanto el satisfactor de la necesidad o la emoción básica del organismo, b) como lo que constituye en realidad su interferencia y c) las cosas en que pensamos que no son ni una ni otra, la actividad de planificación, organización, etc. Sí mismo y *como si.*

Esta confusión es por demás común en terapia. Con frecuencia escuchamos a pacientes decir cosas como: "lo que me hace figura es…" en lugar de simplemente "pienso que…", y el término usado así resulta en realidad de muy poco valor para la práctica terapéutica.

La otra confusión, quizá incluso más frecuente, consiste en utilizar el término figura para definir algo así como "la situación que hay que trabajar" o "en la que se puede trabajar" en una sesión de terapia. Esto se presta a confusión porque usamos el mismo término para indicar cualquier situación que aparece en la sesión y en la que el terapeuta considera prudente intervenir —lo que sería mejor llamar "la situación terapéutica" o distinguirlo de alguna otra manera—.

Aquí puede tratarse efectivamente de:

a. *La figura,* de la emoción básica y la persona hacia la que ésta va dirigida, por ejemplo: "el dolor por la muerte de un ser querido"; "el miedo, o el coraje hacia el violador".

b.   Pero hay también otras situaciones en las que *la figura* todavía no aparece o todavía no está formada, por ejemplo: "se siente culpable con su hijo", "siente vergüenza de que se portó mal", situaciones en las que todavía no aparece la emoción básica y por tanto la figura proveniente del organismo, sino que corresponden a sentimientos neuróticos.

c.   Y lo mismo sucede cuando la situación en la que decidimos intervenir es un síntoma o una incongruencia entre la apariencia fenoménica y el discurso del paciente, lo que hace evidente la existencia de una situación o de una emoción que necesita expresarse, pero donde *la figura* todavía no aparece, o todavía no está formada.

Necesitamos en realidad dos términos distintos. Yo prefiero llamar "*situación terapéutica*" o "*situación de intervención*" a lo descrito en los incisos b. y c. , y reservar el término *figura* para el inciso a., lo que es consistente no sólo con el sentido original del término, sino con el proceso del ciclo de autorregulación en el que venimos trabajando.

La *figura* como la hemos definido, como *el elemento del ambiente hacia el cuál va dirigido el impulso del sí mismo y la emoción básica del organismo,* aparece algunas veces con claridad, y el proceso avanza sencillamente hacia la explosión y la expresión de la emoción. Pero a menudo tenemos que vérnoslas primero con la interrupción del proceso.

Lo que es activo en terapia no es tanto lo que sí sentimos y de lo que sí nos damos cuenta, lo que es neurótico es la incapacidad de identificar claramente la necesidad, *de lo que no nos damos cuenta.* Con frecuencia hay al menos una parte de la figura que *no aparece,* precisamente la parte desagradable que evitamos. Y como dice J. Enright: "La misión del terapeuta es ayudar al paciente a superar los obstáculos que bloquean la toma de conciencia" (1970: 113).

Ahora bien, dado que lo que estamos evitando es en realidad una necesidad organísmica, y que la mente y el cuerpo forman una sola totalidad, nuestra necesidad (si bien no siempre aparecerá con claridad en el discurso, dado que su acceso a la consciencia se encuentra interferido), se mostrará y tenderá a emerger por otros medios, a través de las emociones, del lenguaje no verbal, quiebres o tonalidades en la voz, o del lenguaje corporal. Más que *la figura* como tal, con frecuencia lo que aparece son *claves* que nos indican de lo que el paciente no se da cuenta, en dónde se está interrumpiendo.

Llamaremos entonces "*situación terapéutica*" o "*situación de intervención*", a cualquier situación en la que se hace evidente la interrupción del proceso, y en la que se hace oportuna o necesaria la intervención del terapeuta. Por ejemplo:

a.   Los diferentes mecanismos neuróticos, cuya resolución es necesaria para que pueda emerger la *figura real* y la emoción en curso.

b.   Los síntomas, que como hemos planteado representan una componenda (por decir, un arreglo a medias), entre la emoción y el impulso que proviene del sí mismo y la interferencia, en la que también se ha involucrado el cuerpo.

c.   Los sentimientos neuróticos como la culpa, vergüenza, la ansiedad o angustia; etc. (Véase por ejemplo Perls 1955-56: 75, 80, 81, 83; Naranjo 1990: 101).

Con frecuencia esto es lo que aparece. Ahora bien, en estos casos la figura *todavía no está formada*. Aquí lo que tenemos son *"claves donde entrar"*: básicamente donde nos parece percibir una emoción, un sentimiento, una acción, que el paciente no asume o de la que no se da cuenta y que puede resultar significativa, o donde percibimos un síntoma o un mecanismo neurótico. Cada uno debe ser integrado por el paciente y debe ser transformado en una expresión de sí mismo, de modo que realmente pueda descubrirse a sí mismo. (Perls 1955-56: 84; Enright 1970: 113, 115.)

Llamaré entonces, para clarificar, *"proceso de formación de la figura"* a este momento en el que el terapeuta trabaja desde la situación terapéutica hasta que emerge la emoción verdadera, y puede convertir el material original en autoexpresión o en una expresión del sí mismo, lo que, aunque puede suceder rápidamente, es importante tener claro. Una vez realizado este trabajo *estamos en donde hay que trabajar*. La figura ha sido formada, o aclarada, y podemos pasar a la expresión.

Ahora bien, ¿qué sucede cuándo al estar expresando una emoción, ésta da paso a otra? Con frecuencia sucede que detrás de un estado manifiesto existe otro latente, y que al estar expresando una emoción poco a poco aparece otra. En muchas mujeres es frecuente que, detrás del llanto, las frases y la actitud van dando paso a algo que en realidad es coraje. O bien sucede el proceso inverso, personas (con mayor frecuencia hombres) para los que la agresión y la violencia constituyen la conducta aprendida, el mecanismo de defensa que impide en realidad el acceso a la debilidad, la ternura o la pena. La emoción aparente corresponde por lo general a la conducta aprendida, al *como si* y es en realidad una *pseudofigura* que no corresponde a la *figura*, a la necesidad real del organismo. Es necesario llegar a ésta.

Hay que tener cuidado sin embargo de no violentar los procesos. En ocasiones es posible desmontar esta conducta aprendida, o pseudofigura, confrontando directa y suavemente: – "Mauricio, oigo tu voz y veo tu postura y no percibo el coraje que me dices, ¿no será más bien tristeza lo que sientes?, o bien mediante la utilización de otros recursos, por ejemplo usándonos a nosotros mismos: – "Mauricio, si a mí me hubiera pasado eso yo estaría muy triste, en realidad me estaría llevando la chingada… ¿no es ese más bien tu sentimiento?". Pero de cualquier manera, aún y cuando al terapeuta le parezca que se trata de determinada emoción, es necesario que verifique ésta con el paciente y que éste la asuma efectivamente, y no querer forzar la expresión.

Es *un error muy frecuente* de mucha(o)s terapeutas querer empujar al paciente hacia la expresión de lo que ellos creen que es, en particular hacia el coraje, sin respetar el ritmo del paciente –y a veces además de manera equivocada–. Con frecuencia es necesario permitir una "explosión" completa de la emoción aparente y apenas luego ir facilitando el paso a la emoción genuina, una vez que ésta va emergiendo con claridad y que el paso resulta natural.

13.4. La emoción

A lo largo de este trabajo hemos venido desarrollando ya de diversas maneras la importancia y la relación de las emociones en el proceso del organismo. Si como decía Perls: "la emoción es la fuerza básica que energiza toda acción, y la emoción existe en toda situación vital" (Perls 1955-56: 88), es necesario cuestionarnos sobre cuál es el papel de las emociones en el proceso y el ciclo de autorregulación. Dice Perls:

> *Ya tenemos la jerarquía de necesidades, el equipo necesario —sensorial y motor— para satisfacerlas, las catexis negativas y positivas del campo, el contacto y el retiro, la impaciencia y el miedo. Esto nos trae a la cuestión de la fuerza básica que energiza toda nuestra acción. Esa fuerza parece ser la emoción. Porque aunque la siquiatría moderna trata las emociones como excedentes molestos que tienen que ser descargados, las emociones son nuestra vida misma.*
>
> *Podremos teorizar o interpretar las emociones de cualquier manera; sin embargo esto es una pérdida de tiempo. Porque las emociones son el lenguaje mismo del organismo, ellas modifican la excitación básica de acuerdo a la situación ante la cual nos encontramos. La excitación se transforma en emociones específicas y a su vez las emociones son transformadas en acciones sensoriales y motoras. Las emociones energizan la catexis y movilizan los medios que tenemos para satisfacer necesidades. (Perls 1955-56: 35-36).*

Para Perls, las emociones son entonces el lenguaje del organismo, el medio natural de éste para relacionarse con su entorno. Todo el excitamiento y la emoción necesaria para crear y para hacer frente a la situación proviene del organismo –y forma parte, por tanto, del proceso de autorregulación–, y su importancia en este proceso es innegable.

Como señala por ejemplo Di Grazia: "la figura es una emoción, refiere a una emoción que no se ha expresado, y que necesita expresarse". (Di Grazia 2006). O también: "la emoción, conectada por la sensación, es lo mismo que la necesidad" (Di Grazia 2008: 15-16). El proceso de autorregulación del organismo implica entonces la emergencia de la emoción ligada a la situación inconclusa, y su expresión, su transformación en contacto y la liberación de la energía bloqueada.

Como cada emoción tiene siempre, necesariamente, un componente fisiológico, físico, y otro mental, voy a situarla en el esquema del ciclo entre la sensación y la formación de figura.

En cada proceso psicológico significativo, en realidad es la emoción el elemento que energetiza y conecta tanto la sensación, (la parte física: en dónde está, cómo lo siento) con la figura, (el elemento del ambiente hacia el que va dirigido el impulso). Si por ejemplo tengo coraje, el coraje está en alguna parte de mi cuerpo, lo siento como una sensación. Pero al mismo tiempo, ese coraje es coraje por algo o contra alguien, existe una situación concreta asociada a la emoción del organismo. Y lo mismo sucede con la tristeza: estoy triste en razón de una pérdida o de una situación específica que estoy atravesando y esa tristeza está y la siento en alguna parte, y así con cada una de las emociones básicas.

Si la emoción no está en alguna parte del cuerpo puede tratarse de un pensamiento o de una pantalla. Si cuando preguntamos a la persona ¿dónde sientes el coraje? no sabe, algo está pasando, quizá se trata de un pensamiento o una intelectualización, pero no siente corporalmente la emoción y ésta no se encuentra conectada al proceso del organismo, y es preciso detenerse primero a afianzar el proceso.

La emoción también está conectada a una figura: "tengo coraje porque invadieron mi espacio, porque me atropellaron", "tengo miedo de ese policía". Como decía Perls, el darse cuenta es siempre darse cuenta de algo.

Antes de seguir adelante es necesario recordar que los sentimientos neuróticos: la culpa, la vergüenza, la ansiedad o el estrés no son emociones básicas, y no corresponden al proceso del organismo sino a alguna de las formas de evitación.

No forman por tanto parte del ciclo de autorregulación; ni se trabajan de manera directa, pasando a la expresión como cuando se trata de las emociones, sino que en cada uno de los casos es necesario plantear una estrategia adecuada para su abordaje, lo que puede implicar o bien presentificarlas (vivenciar la culpa o el resentimiento, o bien la ansiedad, en presente, como si las escenas estuvieran sucediendo ahora) de modo que la emoción real pueda fluir; o bien deshacer el mecanismo neurótico para que la emoción verdadera pueda expresarse de manera directa; o bien plantear correctamente el trabajo de polaridades para que la división pueda integrarse. Abordamos esto con algún detalle en el capítulo siguiente.

13.5. La correspondencia de sensación, emoción y figura

La ventaja de incluir la emoción en el esquema del ciclo de autorregulación es que esto nos va a permitir observar fácilmente tanto su emergencia como su congruencia con la sensación y la figura, lo que facilita verificar en la sesión si el trabajo está efectivamente conectado y está fluyendo.

Sea que el paciente nos plantee primero la situación que lo apremia y que desde aquí facilitemos el contacto con la emoción y con la sensación. O sea que la emoción emerja prácticamente desde el inicio o ya esté a flor de piel, y que la sintamos conectada. O sea que vayamos al contacto con la sensación y desde ésta emerjan la escena y la emoción, lo importante es que tenemos la posibilidad de verificar fácilmente la correspondencia entre sensación, emoción y figura; y de apreciar lo significativo de la situación y su conexión con el proceso del organismo.

Y si los tres elementos son significativos y están conectados entonces estamos en la situación inconclusa significativa, en la gestalt, en el proceso del organismo. Eso es lo que necesita ex-presar-se; y toca pasar a la expresión y al contacto.

A veces este proceso es sencillo, efectivamente emerge la emoción genuina y se necesita simplemente pasar a expresar y resolver. A veces llegamos a esto luego de un proceso, deshaciendo la interferencia o el mecanismo neurótico.

13.6. La situación inconclusa actual y la escena originaria

Otra situación se presenta cuando detrás de la figura inicial con la que estamos trabajando aparece una figura anterior. Estamos trabajando el duelo por el abandono del esposo y aparece el duelo por el abandono del padre. O detrás de una escena de abuso o de maltrato aparece otra anterior.

En este caso se trata de figuras, de escenas que aparecen conectadas con la misma emoción y en el mismo canal neuronal. Se trata aquí de figuras reales, que pueden corresponder a situaciones inconclusas de diferentes etapas de la vida.

Una vez que ha aparecido una figura anterior, por lo general es conveniente ir a ella y resolverla primero. O conectar la sensación e ir a la primera escena que el consultante pueda recordar (a la que podríamos llamar figura originaria, o figura madre) y resolver esa gestalt, expresando la emoción que no se había expresado y reescribiendo o re–significando la escena, de modo que la situación pueda efectivamente asimilarse y cerrarse.

La resolución, reescritura o resignificación de la escena originaria y su asimilación facilita luego considerablemente también el cierre de las situaciones o escenas que se encuentran en el mismo canal, si bien es importante realizar efectivamente este trabajo y no dejarlo inconcluso. (La descripción más detallada de esto se desarrolla en los siguientes apartados).

Si bien una vez que se ha abierto es conveniente ir a la situación originaria, no considero correcto (como se hace con frecuencia) demeritar o devaluar el trabajo con las situaciones presentes: una explosión de coraje por el abuso del marido es también real, independientemente de que más atrás pueda haber situaciones similares con personas de la infancia. Es frecuente también que a lo largo de un proceso de terapia se presenten primero las situaciones "actuales" y una vez que se han trabajado éstas, en sesiones posteriores aparezcan las escenas de infancia.

Difiero de esta desvaloración por varias razones. Por una parte, el trabajo desde el presente, iniciar desde la situación y el conflicto actual del consultante es una de las grandes fortalezas del método de la Terapia Gestalt.

Por otra parte —y ésta es una de los aspectos centrales de la incomprensión del método dialéctico–, las memorias corporales de cada emoción se encuentran en el mismo canal neuronal, y cualquier trabajo en éste impacta tanto la situación presente como las memorias inconclusas atoradas. Como suele decir el maestro Javier Hernández: las emociones son atemporales. Una fuerte explosión de llanto y de pena de un hombre que no podía llorar no sólo tiene que ver con la situación actual que está trabajando, también mieliniza los canales de la pena y abre los pulmones y las corazas musculares que tenían quizá muchos años atoradas. Abre y "moja la tierra" por decir de alguna manera, tanto de ida como de vuelta. Y lo mismo sucede con una explosión de coraje contra el marido o contra la madre superiora actual: la explosión permite conectar con el grito primario y con la propia fuerza y el propio poder, liberar la opresión acumulada, empoderarse y aprender a marcar límites, tanto para la situación actual como para las anteriores.

Desde la comprensión dialéctica del tiempo, en el principio está el ahora, y no lo que sucedió hace 30 o 50 años. Pretender que un trabajo es más importante sólo porque sucedió hace más tiempo (y en ese sentido desvalorar los trabajos sobre situaciones actuales) es no comprender la dimensión dialéctica del tiempo y volver a caer en una concepción mecánica, lineal, propia del Psicoanálisis pero no de la Terapia Gestalt ni de las psicoterapias humanistas (y ni siquiera conductuales), que trabajan desde el presente.

En todo caso se trata, como planteaba Perls, de ir pelando las capas de la cebolla. El propio consultante va marcando al ritmo y va teniendo acceso a situaciones anteriores. Con frecuencia un buen trabajo sobre la situación actual abre y prepara para abordar la escena de infancia. Y si, a medida que el proceso terapéutico avanza, se hace importante buscar y resolver las escenas originarias, no es porque las actuales no tengan importancia, sino porque aquéllas representan situaciones inconclusas y porque favorecen y son importantes para la comprensión, la comprensión de lo que Perls llamaba "el argumento de nuestra vida" de lo que hemos sido y de lo que somos en realidad, y porque preparan para la aceptación, para la aceptación en sus términos de la propia vida y con ello de lo real y de lo actual, que es la base para dejar de manipular y para asumirnos responsablemente. "Sí, es cierto. Esto fue lo que hicieron contigo… pero ¿cómo eliges tú vivir ahora?"

13.7. Ir a la escena originaria

El terapeuta tiene con frecuencia la opción ya sea de mantenerse en la figura que emerge a partir de la situación actual, o bien de buscar la escena originaria. Los recursos para ir a las escenas originarias son sencillos y conviene que el terapeuta los tenga claros. Se puede llegar a través de preguntas o desde la concentración en la sensación o en la emoción.

a. A través de preguntas. Son preguntas que se usan en el diálogo terapéutico y que ante la emergencia de una emoción o situación dolorosa van hacia atrás y permiten rastrear su origen.

   > ¿Cuándo fue la primera vez que sentiste eso?
   > ¿Dónde lo aprendiste?
   > ¿Con quién lo aprendiste? o mejor ¿Cómo lo aprendiste?
   > ¿Dónde te lo hicieron? O ¿Cómo te lo hicieron?

b. Desde la sensación, mediante la técnica de concentración. Hay que partir de hacer contacto con el cuerpo y con las sensaciones que van emergiendo, para luego focalizar la atención en la sensación o molestia más significativa (dolor, ardor, tensión, punzada, etc.) hasta que surge la situación o la escena asociada a ella. Hay que facilitar la concentración en la sensación el tiempo necesario para posibilitar la emergencia de la escena. (Véase Kepner 1987: 4-6).

   Una vez que la escena emerge, se sigue preguntar ¿cuántos años tienes? Y pedirle al consultante que vuelva a la concentración en la sensación y que vea si recuerda o emerge una escena anterior. En lo que llevo de camino, luego de 2 momentos de concentración la gran mayoría de los pacientes (en prácticamente todos los grupos) llegan a escenas entre los 3 y los 5 años y lo que se sigue son trabajos en profundidad.

Este sencillo método es en realidad el método original de la Terapia Gestalt: no en balde ésta fue llamada por los Perls "Terapia de Concentración" durante toda su primera etapa, y es en realidad tan potente, que además de esto no necesitamos sino algunas cuantas cosas más. Constituye una variación del "ahora me doy cuenta" con la ventaja de que aquí el darse cuenta se focaliza sobre la zona interna, y mediante la concentración se facilita la emergencia de la situación inconclusa significativa, evitando la dispersión o la enumeración de objetos en los que la frase puede derivar.

c. Lo mismo puede hacerse desde la concentración en la emoción, ya que en realidad cada emoción que se generó y no se expresó ha dejado memorias corporales, que como explicamos corresponden a la situación inconclusa: ¿Esta emoción, qué otras situaciones te recuerda? ¿Cuándo fue la primera vez que sentiste esto?

En realidad, tanto a través de la sensación como de la emoción podemos ir hacia la escena o figura originaria a la que el consultante puede tener acceso en este momento. Tanto de una como de otra manera hacemos un contacto significativo con el organismo y esto posibilita la emergencia de la situación inconclusa que responde a la necesidad. Normalmente esto no funciona si se intenta a través de los recuerdos o de otro recurso cognitivo.

Pedro de Casso insiste con frecuencia en la importancia de ir a la gestalt originaria. Uno de los méritos de los trabajos de Fernando García Licea (2003, 2009) es precisamente este énfasis en ir a las escenas originarias; sus propuestas permiten al lector distinguirlas y le proporcionan herramientas para ir a ellas. Creo sin embargo que en su propuesta de esquema para llevar la sesión de terapia algunas partes pueden resultar forzadas. García L. llama "fondo" a las escenas originarias, algo muy distinto de lo que esto significa en Terapia Gestalt, y da también un significado distinto a varios de los términos más usuales en la Gestalt, por lo que sus textos necesitan ser revisados con cuidado, lo que no quita de ningún modo su valor.

13.8. Las *polaridades* y el *ciclo de autorregulación*

Todavía en esta primera parte del ciclo, otro problema relevante lo constituye la relación de las polaridades con el ciclo de autorregulación. En la mayoría de los textos sobre Terapia Gestalt, las polaridades están separadas del resto de la explicación: se explican por una parte los mecanismos neuróticos: la introyección,

193

la proyección, la retroflexión (o en su caso el ciclo de la experiencia), y por otra parte las polaridades, como dos cosas sin relación. En el esquema del ciclo de la experiencia de Zinker, Castanedo o Salama no aparecen las polaridades, y esto no es en realidad casual.

Lo que sucede es que la explicación de los mecanismos neuróticos, por una parte, y la de las polaridades, por otra, corresponden a dos épocas distintas en el pensamiento de Perls, y después no parece haber sido fácil para nadie advertir o aclarar la relación entre ellas. El esquema de los mecanismos neuróticos corresponde en su mayor parte a la primera etapa, que inicia desde el capítulo 3 de *Yo, Hambre y Agresión* y va de hecho a culminar con *El Enfoque Guestáltico*, hacia 1955-56. Durante toda esta etapa Perls sigue como hilo conductor la división entre el individuo y su ambiente (a los que concibe entonces como opuestos dialécticos), entre la moral organísmica y la deberista, entre el sí mismo y los introyectos, división que está en el origen también de su explicación del resto de los mecanismos neuróticos.

A la luz de los desarrollos posteriores es necesario precisar sin embargo que este tipo de división no es en realidad una división polar –tanto desde el punto de vista de las polaridades taoístas como del de la dialéctica hegeliana o marxista, de la indiferencia creativa de Salomo Friedlander o del planteamiento del mismo Perls en los dos primeros capítulos de *Yo, Hambre y Agresión*–.

Perls de hecho se da cuenta y esto lo lleva al descubrimiento del perro de abajo, y con él del nuevo esquema de las polaridades. Este nuevo esquema del perro de arriba y perro de abajo, o del opresor y el oprimido –que sí es polar desde las perspectivas de todos los sistemas anteriores y que es sorprendentemente consistente con los dos primeros capítulos de *Yo, Hambre y Agresión*–, aparece por primera vez en "Resolución" en 1959 y corresponde a su 2ª. etapa, a la etapa de madurez.

En esta etapa, como ya vimos, Perls es enfático en que de las dos polaridades ninguna es el sí mismo. Cuando habla del perro de arriba y el perro de abajo los define como "dos payasos que juegan el juego de auto tortura en el escenario de un sí mismo mudo y tolerante". Perls es muy enfático en que las dos polaridades se encuentran en el "como si" en el "juego de roles". Lo que se polariza es el "perro de arriba" (con el perro de abajo), nunca el sí mismo. (Perls 1966b, 29-32).

Esto es por lo demás también coincidente con los desarrollos de Salomo Friedlander, el autor de *La Indiferencia Creativa*, quién escribe:

> *Pensamos en antagonismos como: aquí la esencia, ahí el fenómeno, aquí "del otro lado", allí "de este lado", pero la oposición ocurre sólo en el fenómeno, en "este lado":*

la esencia, por contra, no es ningún "otro lado", sino el centro, es el punto creativo de lo diferente, de los fenómenos aislados. No es nada diferenciable. Cualquier otra comprensión de la nada es incorrecta. (Friedlander 1926: 14; citado en Frambach 2002: 429).

Y si ninguna de las polaridades es el sí mismo, no corresponden tampoco entonces al proceso de autorregulación, sino que son también una interrupción de éste. Es decir que de la misma manera que en el caso de los mecanismos neuróticos, la división en polaridades también es un impedimento para la formación de la figura que corresponde al sí mismo y a la necesidad del organismo, y por tanto es una interrupción en la fase de la formación de figura: la división en polaridades impide el acceso y el flujo de la emoción verdadera, de la necesidad que proviene del sí mismo, y el cierre del ciclo.

Nos volvemos fóbicos para evitar el dolor o las emociones desagradables, nos dividimos en el juego de la auto tortura, y en esta división no participa el sí mismo, sino que ambas partes están en el estrato falso, en el juego de roles, en el "como si", lo que es también un impedimento para la formación de la figura correcta.

Tenemos entonces que tanto los mecanismos neuróticos: la introyección, la proyección, la retroflexión y la proflexión, así como la división en polaridades —cuando se trata de polaridades correctas, no cuando es el sí mismo el que se opone al introyecto—, son en realidad distorsiones que impiden la formación de la figura correcta, la que responde a la necesidad del organismo. Y en ese sentido cualquiera de ellos son en realidad interrupciones del proceso.

Las polaridades sin embargo se trabajan de manera diferente. Tanto la manera de distinguir las polaridades correctas, por un lado, de la división entre el sí mismo y los introyectos (que es también la división de la emoción básica del organismo contra el introyecto), como las orientaciones para distinguir el centro e integrar adecuadamente se presentan en el apartado correspondiente a *El arte de la polarización*.

13.9. La articulación del ciclo y las polaridades: *el punto cero*

En realidad el punto de articulación importante que se ha perdido, entre las polaridades y el ciclo de autorregulación, lo constituye el llamado *punto cero*. Perls usa *el mismo término*, el punto cero, para referirse tanto a la fase de reposo en el ciclo de autorregulación, como al centro pre-diferente anterior a las polaridades, punto que también representa su integración.

Vayamos primero con la fase de reposo en el ciclo. El punto cero es primeramente el punto de equilibrio de las necesidades del organismo, la fase de reposo una vez que el ciclo ha concluido y cuando no se ha abierto aún la próxima gestalt:

> *Usted sabe que, para sobrevivir, usted necesita una cierta cantidad de agua en su organismo [...] Digamos que usted tiene un "menos uno" galón de agua en su sistema. A este galón "menos" usted le añade un galón "más" del oasis, usted lo pone dentro de su sistema y usted obtiene un "más menos" o cero, que es un balance. Yo le llamo a esto, últimamente, alcanzar la "necesidad cero"...*

> *Está siempre la tendencia a lograr este "punto cero". Si usted tiene un superávit, entonces usted se quiere quitar o liberar de este superávit. Si usted tiene un "menos" usted quiere agregarle "un más" a este "menos".* (Perls 1957:12. Véase también Perls 1969a: 222).

Y más claramente:

> *Respecto al "ciclo instintivo" descubrimos la interrupción (la evitación de contacto) en cualquier parte menos en: el organismo en reposo. En este punto cero no surge el problema de la evitación...* (Perls 1942: 90).

Pero también el punto cero es el centro, el punto pre-diferente, a partir del cual se desarrollan las polaridades:

> *Pensar según opuestos tiene hondas raíces en el organismo humano. La diferenciación según opuestos es una cualidad esencial de nuestra mentalidad y de la vida misma. No es difícil adquirir el arte de la polarización, con tal de que se conserve en la mente el punto de pre-diferencia. De otra forma se cometerán errores que llevarán a un dualismo arbitrario y equivocado...* (Perls 1942: 21).

> *Los opuestos existen por diferenciación de "algo no diferenciado", para lo cual sugiero el término "pre-diferente". El punto en el que comienza la diferenciación se llama ordinariamente punto cero.* (Perls 1942: 21-22).

Y también:

> *Debe recalcarse que las dos (o más) ramas de una diferenciación se desarrollan simultáneamente y que, en general, la extensión es igual en ambos lados. En un imán la intensidad de la energía tractora de ambos polos aumenta y disminuye en igual proporción que la distancia de los polos del punto cero.* (Perls 1942: 23)

Perls usa entonces el mismo término: *el punto cero,* para indicar tanto la fase de reposo en el ciclo de autorregulación, como el punto que representa el punto previo, o pre-diferencial, anterior a la polarización, y el centro en el que se integran las polaridades.

Y la reflexión está madura ahora para integrar un solo esquema. Tenemos entonces el punto cero o fase de reposo, a partir del cual se hace presente la necesidad o la emoción básica del organismo. Si el ciclo de autorregulación no se interrumpe, ésta emergerá a nuestra conciencia mediante el darse cuenta, la expresaremos y haremos el contacto necesario hasta su asimilación y cierre, y estaremos nuevamente en el punto cero o fase de reposo.

O bien tenemos el punto cero o fase de reposo, a partir del cual se diferencian y se energizan las polaridades; con las que trabajamos en su escucha e integración para, una vez integradas, encontrarnos nuevamente en el punto cero, pre-diferencial o fase de reposo. Hasta aquí el esquema de Perls. Sencillo.

Bueno, no tanto. Quiero problematizarlo un poco planteando que, al integrar las polaridades, podemos estar efectivamente ya como plantea Perls de regreso en el punto cero, en la *resolución* que va a posibilitar la asimilación.

Pero en la práctica también sucede que al integrar las polaridades emerge apenas la emoción del sí mismo que se estaba evitando (que la división polar del "par de payasos" evitaba) y entonces estamos aún, más bien ahora sí, en el proceso del ciclo de autorregulación. En realidad sigue siendo sencillo. Y de todo esto hay ejemplos más adelante.

Figura 6: Las polaridades y la expresión del *sí mismo*

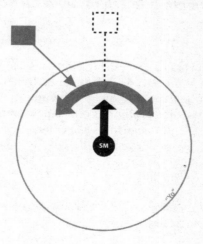

Es ya momento de avanzar en el ciclo. Pero no quiero dejar esta reflexión sin insistir en la correspondencia de la última etapa de Perls con esta primera aproximación de los dos capítulos de *Yo, Hambre y Agresión*, (a diferencia de todo el resto de su obra de la 1ª. etapa). Casi al final de su vida, en *Dentro y Fuera del Tarro de la Basura* encontramos al punto cero como las dos cosas, como centro de las polaridades y como el equivalente de la fase de reposo, a la que se llega una vez que se ha realizado la digestión:

> Fue en este torbellino que Friedlander dio a conocer su sencillo modo de orientación primaria. Cualquier cosa que es se va a diferenciar en opuestos. Si se ven pillados por una de las fuerzas opositoras entonces están atrapados, o al menos muy inclinados a serlo. Si permanecen en la nada del centro cero, están balanceados y pueden tomar perspectiva.

> Después me di cuenta que éste es el equivalente occidental de la enseñanza de Lao-Tzé. [...] Para mí, la orientación de la indiferencia creativa es bien clara. No tengo nada que agregar al primer capítulo de Ego, Hunger and Agression. (Perls 1968c: 73).

> Luego que el alimento se ha molido hasta una pulpa, aún se requiere el proceso des-estructurador (destructor) de los jugos digestivos. Los alimentos, tanto mentales como físicos, no pueden ser utilizados por el organismo para sus funciones específicas a menos que sean degradados en aminoácidos, etc., es decir, hasta llegar a una substancia elemental que las células puedan aprovechar.

> Este es el punto cero. Este es el momento en que la substancia extraña a uno pasa a formar parte de uno mismo... (Perls 1968c: 222).

13.10. *Del darse cuenta a la esfera de la táctica*: el *Yo* en la elección de alternativas

Ésta es entonces la primera fase del ciclo: sensación, emoción y figura, relacionadas todas con el proceso de darse cuenta. Independientemente de que el proceso inicie por la sensación (lo que como vimos nos puede llevar a través de la concentración a trabajos profundos o a etapas tempranas) o que desde la situación que el cliente plantea lleguemos a la emoción y la figura significativas; de cualquier manera, si los elementos del darse cuenta están conectados (sensación, emoción y figura) vamos a un trabajo significativo, el que emerge desde la necesidad del organismo.

Una vez aquí llegamos al momento de la elección de alternativas. En la vida real existen tres opciones principales:

a.   Pasar al contacto y la expresión directa,

b.   Posponer la expresión. Darme cuenta del campo y organizar tácticamente mis recursos y mis acciones para enfrentar la situación en otro momento y/o de mejor manera, y

c.   Retirarme del campo.

La primera opción es pasar al contacto, a la expresión directa, continuar con el proceso del organismo. Si bien haríamos bien en ser menos controlados, menos reprimidos, estar más en nuestros sentidos y permitirnos con mayor frecuencia expresar nuestras emociones, incluso explotando, el problema es que en la realidad con frecuencia esto no es posible, o al menos no conveniente.

Pongamos un ejemplo: la emoción es coraje, va dirigida hacia mi jefe y el impulso es gritarle o ahorcarlo. Esto puede responder al proceso del organismo, pero el problema es que si lo hago me van a llevar a la cárcel, o por lo menos a correr del trabajo, por lo que dada mi situación esto no es una opción viable, a pesar de que aparezca como el impulso natural. Y si esto es así en las situaciones actuales, lo es más aún en relación a los corajes organísmicos, almacenados corporalmente y sin expresar durante años, que con frecuencia están referidos a personas cercanas y en las que la explosión de la ira acumulada puede ser muy fuerte. Las consecuencias de la explosión pudieran ser graves, y no se trata en ningún caso de dañar otra persona. Y aunque ciertamente la expresión de ira puede ser la más amenazante, la situación puede ser similar en relación con otras emociones básicas, en cuanto a las explosiones de llanto, de gozo o de miedo.

Aunque no sobra insistir en que *nos iría mejor de lo que creemos* si fuésemos menos controlados y nos permitiésemos enfrentar o incluso explotar con mayor frecuencia, que ganaríamos muchísimo en libertad, en ligereza y frescura para nuestra vida, e incluso en respeto de las demás personas, esto no siempre es posible. No siempre la explosión o la expresión directa es la mejor alternativa en la realidad.

Lo que sucede es que si hasta aquí habíamos estado en el terreno del darse cuenta –o de la neurosis–, aquí entramos ya al de la responsabilidad y de la *táctica*. Puedo estar hirviendo de coraje, pero si estallo en este momento voy a ganar poco y me van a correr, entonces pasar a la explosión directa puede no ser mi mejor opción. Pero puedo esperar otro momento y hablar con mis compañeros, y obtener así mejores condiciones para enfrentarlo. O puedo buscar otra alternativa y retirarme del campo.

Si este proceso es consciente, si nos damos cuenta de la situación y de nuestras emociones, y de la situación del campo, *en realidad la opción más sana es la que más nos conviene.*[28]

Aún y cuando la elección de posponer la expresión pueda ser consciente, conviene tener presente que una vez generada la emoción ésta por lo general necesita ser liberada. A menos que realmente seamos capaces de perdonar y de soltar, de modo que la situación no esté ya en nuestro campo, lo contrario conduce a una nueva retroflexión.

Esto está de hecho en el origen de muchas de las depresiones. Aunque en el momento original pudimos ser consciente de la contención de la agresión o de la emoción, al no liberarse ésta, con frecuencia se vive luego como "tristeza" o depresión (en realidad se vuelve contra uno mismo), y posteriormente se pierde incluso la conciencia del motivo que le dio origen.

La gran ventaja de la terapia es que nos facilita el proceso de darnos cuenta y el acceso a la consciencia de situaciones y emociones de las que normalmente no nos damos cuenta. Como señala Peñarrubia (1998:53):

> ... la esencia del uso de la silla es la exploración interna, por lo tanto la utilizaremos cuando el paciente necesite percatarse de sus fantasías, prejuicios, temores o demandas hacia el otro. Si en lugar de esta exploración interna precipitamos la comunicación directa con el otro, estamos favoreciendo la evitación de la conciencia, es decir, no hacerse responsable de sí, sino manipular el entorno.

Además de esto, en terapia facilitamos y nos permitimos la explosión y el contacto directo, en un ambiente protegido al que normalmente no tenemos acceso, y esto

---

[28] Aunque sea brevemente permítaseme hacer un paréntesis. No está por demás mencionar la importancia que tiene la revisión de alternativas para nuestros consultantes, especialmente cuando enfrentan situaciones presentes, actuales, en las que deben tomar decisiones difíciles o de alto riesgo.

Además de los casos relativamente frecuentes de violencia de género (en los que a menudo la mujer necesita ponerse a salvo) en los últimos años en Ciudad Juárez ha sido muy común atender en terapia a gente que está enfrentando situaciones de extorsión, de amenazas, o que han sido víctimas de secuestro o de asesinato y en los que hay posibilidad de nuevas secuelas de violencia. Si bien el terapeuta *no debe asumir responsabilidad por las decisiones de su cliente*, en tales situaciones no sólo es conveniente sino necesario, indispensable, que ayude a éste, en la medida de su experiencia y de sus posibilidades, a valorar la situación, aportando los elementos de orientación o de análisis de la realidad que le ayuden a valorar adecuadamente la situación y a tomar la opción o la decisión que crea más conveniente.

En estas situaciones, esta valoración en cierta medida política de la situación y del riesgo en el que se encuentra nuestro paciente no debe evadirse y es indispensable que se realice de inmediato. Si el terapeuta no se siente capacitado para ello es importante que busque ayuda, así como que revise con supervisión si debe tomar el caso o la mejor manera de canalizarlo, pero en ningún caso es conveniente evadir o no tomar suficientemente en cuenta la realidad.

nos va a permitir la descarga y la liberación de las emociones. Esto *hace posible después valorar las alternativas reales con mayor claridad*, con una mejor apreciación de nuestras necesidades, de nuestro propio poder y de nuestras posibilidades en el campo.

Cuando el momento es adecuado, cuando la necesidad ha emergido, es entonces conveniente pasar a la expresión.

13.11. Aprender haciendo

Aun cuando la elección consciente de alternativa corresponde al seguimiento del proceso, en esta fase el ciclo puede interrumpirse por lo que Salama llama la deflexión. A pesar de que somos conscientes de nuestra emoción y de la figura hacia la que va dirigida, deflectamos, no enfrentamos y dirigimos nuestra acción hacia otra parte, como consecuencia del miedo o de algún introyecto previo del que por lo general no somos conscientes.

Esto de cualquier manera abre la posibilidad, tanto en la vida real como en terapia, de resolver la situación sin necesidad de ir para atrás, simplemente enfrentando y resolviendo la situación. Esto puede funcionar, de hecho funciona. Cuando el darse cuenta del consultante corresponde a lo real, al proceso del sí mismo, como en estos casos, en terapia se puede pasar directamente al re-establecimiento del contacto. En ocasiones el apoyo del terapeuta puede ser suficiente para facilitar el contacto y llegar a la resolución: "hazlo aquí a ver qué pasa, y luego evaluamos"

Esta posibilidad tiene que ver también con la noción del aprendizaje desde la acción. Al menos en buena parte de la más rica tradición humanista (Piaget, Marx, Freire, entre otros) el aprendizaje se da en y desde la práctica.[29] Los aprendizajes importantes en la vida se aprenden por lo general haciendo. Para aprender a caminar, a hablar, a nadar, a andar en bicicleta, a besar o hacer el amor, a retirarse o a enfrentar a una figura de autoridad, *es necesario hacerlo*. El aprendizaje se da así en la acción, en la práctica. El aprendizaje se define también como la adquisición de destrezas, o como la reflexión sobre la práctica. Perls mismo decía que "*aprender es descubrir que algo es posible*". Y esto por lo general se descubre cuando lo hago.

En ese sentido me parece terapéuticamente importante la posibilidad de *prescribir la acción*, a veces simplemente hacer las cosas. Esto no elimina la reflexión tera-

---

[29] Para un análisis de la relación y la influencia de Paulo Freire y la educación dialógica latinoamericana en la Psicología Humanista véase los documentados trabajos de Lourdes Almada (2015 y 2011).

péutica y la resolución de lo que estaba atorando el paso a la acción, pero a menudo esta reflexión es más productiva *cuando ya lo hice.*

Hacer las cosas conecta además con la satisfacción que produce el éxito. Cuando la decisión (decir – sí – a la acción) no se ejerce, la voluntad se estanca, se enmohece. Se pierde el entusiasmo y surgen la apatía, la desidia y la abulia. La depresión.

La voluntad es como un músculo que se atrofia y que necesita desarrollarse y ejercitarse. La forma como se ejercita la voluntad es haciendo, actuando, pasando a la acción. (Almada Breach 1979). Entre las diferentes posibilidades y recursos para esto, este autor desarrolló: *El Juego de Realizar la Idea*, que consiste en una baraja de 70 cartas. En cada carta, escritas por el mismo lado, viene una instrucción sencilla, del tipo: "Arregla los papeles de tu escritorio". "Haz una llamada de agradecimiento a una persona que te haya hecho un favor." "Recomienda un libro a alguien". "Haz algo que exprese cariño a uno de tus hijos" "Lee una noticia y coméntala con tus hijos", etc. (Son instrucciones sencillas y nobles que no llevan mucho tiempo.) Se toma la baraja, se reboruja, se parte. Y donde caiga, sin excusa ni pretexto hay que realizar la idea. Hay que hacer lo que tocó. Hay como 7 barajas distintas: la personal, una para reuniones, otra sobre "Cómo hacerse mejores padres", etc., y puede escogerse cuál utilizar.

Lo importante es que se use con disciplina, por ejemplo tomar una baraja todos los días, a la misma hora, a la hora de almorzar o la que se quiera pero regularmente. Y hacer lo que salga. El planteamiento es que esto desarrolla la voluntad, la capacidad de actuar. Además del darse cuenta sensorial, o afectivo, habría una capacidad de *pasar a la acción* que hay sencillamente que desarrollar. Otra herramienta útil es el conocido "hacer la lista de pendientes" con alguna variante que efectivamente resuelva, por ejemplo resolver sin excusa al menos uno de los pendientes por día.

CAPÍTULO 14

El *ciclo de autorregulación*. Segunda parte

14.1. La segunda parte del ciclo

Luego del proceso de darse cuenta y de la elección de alternativa pasamos a la segunda parte del ciclo, a la que se le ha denominado "la parte activa" y en la que se privilegia el contacto. En esta parte incluimos en realidad tres procesos: la expresión y el contacto propiamente dicho, la transformación de la situación, que es lo que va a permitir su posterior asimilación, y la fase de cierre, lo que:

a. Implica en primer lugar la expresión: hacemos contacto con la figura correspondiente y expresamos lo que había quedado inconcluso, liberando la emoción retenida del organismo y elaborando sobre ella.

b. Pero también implica la transformación de la situación, de modo que ésta pueda ser asimilada, lo que incluye no sólo la expresión de la emoción, sino *la reescritura y/o la resignificación* de la escena.

c. Y finalmente la fase de *cierre*, en la que facilitamos la integración de lo vivenciado en el contexto de la vida de la persona y preparamos la vuelta a la realidad, al aquí y ahora concreto.

En la práctica de la Terapia Gestalt se ha privilegiado por lo general la expresión, en ocasiones incluso de manera repetitiva, no existiendo en cambio énfasis o atención (menos explicación) para lo que sucede o es necesario hacer en las últimas fases. Esto origina que las situaciones no cierren bien y que a poco se vuelvan a abrir.

Déjenme platicarlo coloquialmente, como lo hice para una de mis alumnas:[30]

–"Samantha, bien tus reportes.

En cuanto a lo de que "De aquí surge la expresión, resolución o re significación para apoyar al cierre (aquí es donde aún batallo para lograr entender)" *te comento algunas cosas:*

---

[30] Almada, H. Correo electrónico a Samantha Arreola, del 13 de marzo de 2013.

Una vez que se ha hecho (como vienes comentando) el trabajo con la sensación y la concentración, lo que suele emerger es una escena, la escena que corresponde a la situación inconclusa. En esta escena están contenidas tanto la emoción como la figura. Esta escena puede ser actual o corresponder a situaciones inconclusas de infancia.

Lo que sigue es trabajar, revivenciar la escena. En este proceso:

a. Permitimos la expresión de la emoción que no se había expresado, buscando su liberación. Es conveniente que esta expresión se energetice adecuadamente. (Hay diversos recursos para facilitarlo).

b. En ese mismo camino, sobre-escribimos la escena, la convertimos en algo diferente: Por ejemplo, el niño no vuelve a ser victimizado, sino que ahora, apoyado por la mamá, por su propio adulto, o por cualquier otro apoyo, se defiende adecuadamente, incluso agrediendo o sometiendo al agresor. (O bien la mamá o el adulto lo rescata y lo protege, de la manera que fluya naturalmente).

c. Y/o la re-significamos: aunque la escena pueda vivirse de la misma manera, en el camino liberamos la culpa o la vergüenza, explicándole al niño, o posibilitando el auto-perdón, o cualquier otro medio que libera de los sentimientos neuróticos asociados a la escena. También aquí puede ir por ejemplo el perdón que otorga otra persona, ya sea directa/ o mediante el cambio de roles. Este proceso va en realidad a facilitar la resolución de la situación y a facilitarle al Yo su asimilación, que ya resulta aceptable.

d. Posteriormente viene la etapa de cierre: Una vez que esto sucede vienen preguntas como: ¿De qué te das cuenta? Y sobre todo ¿Qué quieres hacer ahora? El cierre implica la vuelta a la realidad, al ahora. Algo así como "Bien, esto es lo que hicieron contigo, pero ¿cómo eliges tú vivir ahora?" "Es cierto que sufriste esto, y esto ¿cómo afectó tu vida? ¿te das cuenta? ¿Qué es lo que has venido haciendo?... "Como yo fui víctima… en realidad asumí que…" Y sobre todo viene el "Bueno, pero ¿cómo eliges tú vivir ahora?

Bueno, no sé si fui muy claro. Son pues tres procesos ligados pero en cierta manera distintos: el contacto y la expresión de la emoción inconclusa, la modificación y asimilación de la situación (a veces esto es sutil, p. e., papá simplemente baja la mirada) y el cierre.

En mi experiencia (por favor entiéndase que estamos tratando de teorizar en algo en lo que no hay mucho escrito) esto es lo que facilita que la situación cierre efectivamente y que no se vuelva a abrir. A veces una situación bien cerrada puede implicar un cambio importante en la vida de una persona." (Almada 2013).

Bueno, pues esto es. Vayamos a cada una de las partes.

14.2. La expresión. La necesidad de la explosión

Hemos escuchado con frecuencia discusiones sobre la necesidad o no de la explosión. Vayamos primero a los alegatos o salvedades más usuales:

➤ La terapia es en realidad un proceso.

➤ El terapeuta no debe empujar al cliente, sino que debe privilegiar el contacto, la relación dialogal, y respetar su propio ritmo.

➤ Uno de los mayores vicios de la Terapia Gestalt es que se ha convertido en un ejercicio de golpear cojines, incluso a esto se le ha llamado "la terapia bum bum bum" (Yontef 1995: 10-11) o simplemente "el cojinazo". (Contreras 2012).

➤ Existen además diferentes alternativas para el trabajo de cada situación.

➤ No siempre la explosión es intensa. A veces sucede algo a lo que Perls le llamaba *fusión*.

➤ Existen diferentes tipos de sesiones, y no se trata de que en todas las sesiones se presenten explosiones significativas.

➤ Hay situaciones que tardan más de una sesión en trabajarse.

➤ Y no basta sólo la explosión, sino que es necesario que la situación pueda realmente asimilarse y cerrarse.

Todo esto es cierto. Pero con todas las salvedades, es necesario no sólo plantear *sino ser enfático en la necesidad de permitir y de facilitar la explosión*, como la vía de conexión con el sí mismo, y que esta expresión sea adecuada y suficiente. Sobre esto es el siguiente apartado.

14.3. La explosión: liberación de la energía contenida

Como hemos venido planteando, una situación inconclusa es básicamente una emoción cuya expresión se interrumpió y que no se ha expresado (y en cuya contención se involucró de alguna manera el cuerpo). Esta emoción tiene un contenido energético, es *una energía atorada*, y por eso tiene que ver con la sensación corporal: con las contracturas y corazas musculares, con el dolor crónico en la espalda, la tensión, la sensación de ardor, la gastritis, las úlceras, el asma o las enfermedades respiratorias, con las posturas y deformaciones corporales o incluso con cosas como la devastación del propio campo interno que está confundiendo al sistema inmunológico en las enfermedades autoinmunes.

Este involucramiento del cuerpo generó también las memorias corporales que como vimos posibilitan luego, a través del contacto con la sensación o con la emoción básica del organismo, la emergencia de la situación inconclusa. *Ésta es la Gestalt.* La seguridad de que, si no se le interrumpe o si sabemos de alguna manera evitar o suprimir la interrupción habitual, la necesidad más importante del organismo emergerá a la superficie.

Permítasenos insistir en que la emoción, la emoción ligada a la situación inconclusa significativa, *no es un pensamiento*, no es principalmente cognitiva, *sino* básicamente una energía. Hay ciertamente creencias que son particularmente dañinas, y que hacemos bien en resignificar, pero la situación inconclusa pertenece mayormente a la esfera afectiva, a la de las emociones, e implica un bloqueo de la energía. Por esto es por lo que es tan relevante la carga emotiva de la Terapia Gestalt, por lo que ésta es tan potente y efectiva y por lo que no suelen ser tan eficientes programas meramente de modificación cognitiva.

El proceso de autorregulación del organismo implica entonces la explosión, la liberación de la energía contenida. Si bien como planteamos esto no basta para cerrar la situación, una buena explosión de coraje, de llanto o de miedo, la catarsis, es parte del proceso y *es en sí misma liberadora.*

No comprender esto, –confundirlo con alguno de los problemas mencionados– conduce a terapias descafeinadas, *light*, en las que la Terapia Gestalt pierde gran parte de su potencia, lo que en el mejor de los casos hará más largo y costoso el proceso para el consultante.

Si permitimos el contacto con y nos concentramos en la sensación, y si permitimos la emergencia de la escena y de la emoción básica del organismo asociada a ella, la explosión *sucede* de manera natural. Podemos y yo diría que debemos en todo caso facilitarla, pero no forzarla. (La percepción de que estamos forzando o empujando es una señal de que algo no se está haciendo bien).

Y es conveniente ayudar a energetizarla, y posibilitar que la expresión sea suficiente para la liberación de la emoción y la energía contenida. Esta explosión lo que va a producir es *una gran liberación*, la liberación de la energía que estaba atorada, y a permitir la reconstitución del proceso del sí mismo y un nuevo fluir de la vida y de la energía.

....

Permítasenos hacer un paréntesis aquí para discutir con los terapeutas Gestalt que trabajan al mismo tiempo con Constelaciones Familiares —que ante las dificultades para comprender y cerrar adecuadamente en Terapia Gestalt parecen volverse cada vez más abundantes—. En principio queremos discutir la forma de comprender el trabajo con los padres y con los ancestros familiares.

Desde el postulado básico de "las leyes del amor", las Constelaciones nos han hecho un gran aporte al enfatizar la necesidad del perdón a nuestros padres como condición necesaria para la liberación y para la asimilación y el cierre de las situaciones asociadas a ellos, que como todos sabemos son fundamentales en cualquier proceso de terapia. Uno de los vicios o errores más frecuentes de la TG consiste en concebir "el trabajo con la figura paterna" o "materna", básicamente como una expresión de coraje que se suele hacer de manera repetida, en ocasiones un sinnúmero de veces, sin ir a la comprensión de la situación, al perdón y/o la reconciliación, al cierre y a la responsabilidad por la propia vida.

Pero al plantear que no se puede expresar (liberar) el coraje a nuestros padres, pues dado su lugar en el orden del amor esto sería soberbia, se dificultan considerablemente los procesos. *El perdón sin expresión no es otra cosa que retroflexión,* particularmente cuando no se trata de berrinches sino de corajes organísmicos significativos.[31]

Puntualicemos. La expresión de coraje, y en particular a nuestros padres (a nuestra mamá o nuestro papá introyectado) es un momento dentro del proceso. No es posible quedarnos ahí, pues el precio es *no cerrar,* y seguir entonces utilizando las afrentas o heridas recibidas, como muletilla o pretexto para no responsabilizarnos por nuestra propia vida. La expresión de este coraje y la liberación de esta energía es necesaria,

---

[31] Las Constelaciones plantean que no hay nada que perdonar, que esto mismo constituye ya soberbia, juicio, dado que desde el orden en el amor "tú eres el grande, yo soy el chico" y yo debo solamente apoyarme en ti y tomar el soporte que tú me das.

No es el tema de este trabajo plantear las diferencias entre la Terapia Gestalt y las Constelaciones, y las razones del por qué considero que (a diferencia de la Bioenergética y las diversas terapias corporales, el Yoga, el Zen o los diferentes sistemas de meditación, la P.N.L., el Eneagrama, la Hipnosis Ericksoniana, las Flores de Bach y tantos otros sistemas alternativos), las Constelaciones Familiares suponen en realidad *necesariamente otro mapa* que no es compatible con el de la Terapia Gestalt. No es con todo ocioso el comentario, dada la cantidad de terapeutas Gestalt que están haciendo Constelaciones o la frecuencia con la que asistimos a trabajos de "Gestalt con Constelaciones" o con la que oímos comentarios en el sentido de que "es lo mismo" o "muy parecido". Mientras todos los demás sistemas mencionados pueden ser integrados y asimilados en el esquema de la Terapia Gestalt, siempre y cuando se comprenda su lugar o la forma de su utilización, las Constelaciones suponen *de partida* otro mapa (lo que el representante hace no son sus proyecciones, sus deseos u ocurrencias sino *los movimientos del espíritu del sistema del representado*) que no es en realidad compatible con la Gestalt, y su utilización indiscriminada ha generado mucha confusión entre los estudiantes, máxime cuando a menudo ni los mismos terapeutas saben bien a bien lo que están haciendo. Preciso: no niego la potencia o el significado que puede tener el trabajo con Constelaciones —en ocasiones suceden cosas extraordinarias—, pero sí es necesario entender que se trata de mapas distintos, y yo no recomendaría su uso a estas alturas sin comprender adecuadamente las diferencias.

incluso como vía de acceso a nuestro propio poder, pero una vez cumplida esta fase es necesario pasar a la comprensión y al perdón (en algunos casos a la reconciliación) para poder responsabilizarnos por nuestra propia vida.

Como hemos podido constatarlo en terapia una y otra vez, por lo demás esta expresión de coraje *al papá o la mamá introyectada, nos libera y nos permite resignificar la relación con el papá o con la mamá real*, posibilitando el verdadero encuentro amoroso que antes estuvo siempre interrumpido por la introyección y la retroflexión.

14.4. El proceso de Terapia Gestalt: Hacia la ecualización de nuestras emociones

Otro elemento relevante de la explosión lo constituye *su papel en el proceso de terapia.* En cada uno de nosotros, la falta de expresión e incluso de consciencia de las emociones no es casual. No hacemos contacto y a menudo ni siquiera tenemos consciencia de aquellas emociones que tuvimos que aprender a reprimir, y esto sigue patrones establecidos.

El proceso de terapia implica el desarrollo del contacto y la expresión precisamente de estas emociones. Una mujer que aprendió a estar en función de los demás, a no expresar ni a sentir su coraje y que incluso puede ir por la vida llorando y haciendo la víctima, necesita hacer contacto con su coraje y permitirse su explosión, entrar en contacto con su grito primal, con su fuerza y su propio poder, empoderarse, en una palabra, para aprender a marcar límites, a decir no y a resignificar sus relaciones con perspectivas de mayor equidad. Y esto no lo consigue con platicaditas, para esto necesita explotar y conectar con su fuerza y su poder.

Que no nos platiquen, sin empoderamiento no hay proceso de terapia que valga. Y lo mismo sucede por ejemplo con un hombre violento o agresor, que aprendió a usar la violencia como defensa para enmascarar su ternura, su debilidad o su impotencia. Necesita aprender a contactar su dolor, a sentir el dolor de los demás, en particular el de las mujeres de su casa, y a abrir sus corazas musculares y a llorar, como medio de recuperar la conexión consigo mismo. Igualmente, sin este proceso de sensibilización no hay avance significativo.

Aun la terapia individual supone la humanización del campo. Mediante el proceso de terapia vamos entonces aprendiendo a *ecualizar* nuestras emociones, tal como con el ecualizador de un estéreo. Si en nuestro sistema sólo funcionaban los bajos, o los agudos, a medida que avanza el proceso tenemos ahora toda una gama de posibilidades, de modo que nuestra responsa-habilidad va aumentando y somos cada vez más capaces de responder a lo que la situación y la vida requieren de nosotros. (De Casso 2003: 340).

14.5. Dificultades u obstáculos para la expresión

Aun y cuando la figura y la emoción significativa parezcan haber emergido, en terapia no siempre se logra la explosión o la liberación de la emoción retenida. No en balde las resistencias están presentes, los introyectos tienen una fuerza considerable, y la conducta aprendida sirvió en su momento como un medio de defensa necesario, a menudo en un medio ambiente hostil, y se presenta ahora como la costumbre, como lo conocido, como lo que el paciente aprendió y con lo que se ha sentido a veces relativamente cómodo, como un "yo soy".

El Yo se halla confundido y se identifica con los introyectos (lo que representa la neurosis) en lugar de con el verdadero sí mismo. (Perls 1955-56: 41-43, 51-52; De Casso 2003: 338-340). Y suele haber no sólo confusión sino también miedo a la figura real; sea ésta en el presente o con mayor razón si se trata de alguna escena o figura de infancia. El consultante se siente pequeño o tiene miedo de enfrentar a papá o a cualquier figura de autoridad.

14.6. Qué son las resistencias

Encontramos las resistencias no sólo en las fases iniciales del ciclo sino en el momento mismo de pasar a la expresión. La consultante puede, por ejemplo, haberse dado cuenta del coraje a su mamá, pero no quiere hablarle directamente, gritarle o menos aún intentar otro tipo de expresión, lo que puede entenderse como una división o conflicto directo entre la emoción emergente y el introyecto (o el miedo) que impiden la expresión.

En ocasiones se fuga hacia la realidad: "esa no es mi mamá, ese es un cojín" o bien hacia la salud: "– a ver, concéntrate en el dolor… –No, ya no siento la molestia, ya me siento bien."

Las diferentes formas como se presentan las resistencias son a fin de cuentas interrupciones al proceso del sí mismo, de la emoción básica del organismo. Como hemos desarrollado ya, y como su mismo nombre lo indica, son resistencias al proceso en transcurso, al proceso del sí mismo.

En cada caso, se trata de una división del tipo del sí mismo contra los introyectos… Las resistencias no son parte del sí mismo, son precisamente la resistencia al proceso de éste.

Las dos partes de esta división no son polaridades. No son del mismo orden. Ya hemos aclarado que de las dos polaridades ninguna es el sí mismo, y aquí una de las partes sí lo es y es necesario detenernos por un momento en los planteamientos de Kepner (1987: 24, 27, 147-150) y Yontef (1995: 139), entre otros, que colocan a las resistencias como polaridades.

Las resistencias han tenido una función y tienen una razón de ser, y es cierto que no se pueden forzar o desechar sin más. Pero de ahí a plantear que son parte del sí mismo hay diferencia, y esto no es así. Si tanto una como otra parte fueran el sí mismo, ¿para qué nos serviría el término? ¿Entonces qué sería la interrupción?

Ya nos hemos referido a ello y no es necesario extenderse nuevamente. Pero vale la pena recordarlo porque se relaciona directamente con la manera de trabajo. Este tipo de divisiones (las del sí mismo contra las resistencias) no se resuelven poniendo a dialogar a las dos partes hasta que se integren, como en el caso de las polaridades, sino por lo general sólo en la medida en que la emoción del organismo puede expresarse y liberarse.[32]

14.7. Opciones y recursos para facilitar la expresión

Cuando el terapeuta entiende que lo que está acompañando no es en realidad un trabajo de polaridades sino una división del sí mismo contra los introyectos, o cuándo ha emergido *la figura*, la imagen o escena que corresponde a la sensación y la emoción del organismo, lo que toca es sencillamente facilitar la expresión. Los recursos para facilitar la expresión son en realidad muchos y muy variados, enumero sólo algunos de ellos:

a. A veces el proceso es sencillo y fluye de manera directa: "díselo a él", (lo que C. Naranjo llama "ser directo"). O sencillamente deshacemos una retroflexión: ¿puedes cambiar el "estoy enojado conmigo mismo", por "*estoy enojado contigo, mamá*", (o papá o la figura hacia la cual parece ir dirigida la emoción).

b. La técnica de exageración es siempre un valioso auxiliar en este camino. Repetimos y exageramos tanto las expresiones verbales como las no verbales, las posturas o movimientos corporales que representan o pueden implicar la expresión de la emoción básica del organismo.

c. En ocasiones necesitamos movilizar la energía, para lo que un recurso importante es mantener el contacto y el ritmo de la respiración. No hay que olvidar que la principal forma de interrupción del proceso en transcurso es precisamente la

---

[32] En ocasiones el diálogo en un primer momento sirve para darnos cuenta tanto del impulso como de las resistencias o los introyectos. En ocasiones también de aquí se pasa a otro esquema o estrategia. Me ha tocado sin embargo asistir a y supervisar una buena cantidad de trabajos malos, en los que la situación no se resuelve y el consultante termina incluso con dolor de cabeza, porque el terapeuta confunde este tipo de división como polaridades.

interrupción de la respiración. Mantener el ritmo y el contacto con la respiración ayuda desde el principio a favorecer el contacto con la sensación; y en esta fase es importante.

Hay también diversos ejercicios con los que mediante la respiración se favorece la movilización de energía: profundizándola, acelerándola o dirigiéndola de manera focalizada, lo que abordamos en el apartado sobre técnica.

d. Cualquier cambio en la postura puede implicar movimientos importantes de la energía: sencillamente ponerse de pie en lugar de estar sentado implica un cambio importante en la percepción del propio poder de la persona en relación a la situación. O viceversa, se puede acentuar una postura de postración, de frustración o de dolor. Y además de la postura existen toda una serie de ejercicios bio-energéticos con este propósito.[33]

e. Otro recurso importante puede ser dar un rodeo para evitar confrontar directamente al introyecto, algo como lo que L. Ramos (2008) llama construir el espacio alterno: "–Éricka, está bien, tú no te puedes enojar, ni nunca has podido enojarte. Pero bueno en la naturaleza, ¿qué animal sí se enoja, cuál es para ti el animal que pueda mostrar más enojo? ¿Una pantera? ¿Podríamos jugar y ver si te puedes convertir en la pantera? ¿Cómo es una pantera? O bien: ¿qué elemento de la naturaleza implica para ti mayor fuerza, o destrucción? –Un volcán. –¿Puedes convertirte en el volcán? (Esto es mejor incluso si el consultante forma la imagen en un ejercico de visualización o si ésta proviene de un sueño). A lo que sigue posteriormerte elaborar. A través de esta construcción del espacio alterno podemos sensiblemente facilitar la expresión.

f. Otro recurso que a mí me ha dado muy buen resultado puede ser *pedirle permiso al introyecto*, sobre todo con gente que ya tiene algo de proceso:

–En esta situación concreta, ¿quién no te da permiso de enojarte?
–Pues mi papá…
–A ver, para esta situación en la que te están jodiendo en el trabajo, (o para este conflicto que tienes) ¿puedes pedirle permiso a tu papá, de enojarte por esta vez? Explícale a tu papá… incluso puedes pedirle que él se venga contigo y que te ayude. Que él esté de tu lado, y que él lo ponga en su lugar… Esto facilita mu-

---

[33] Aunque pueda ser importante en esta fase que la expresión esté energetizada, difiero de la conveniencia de separar la Movilización de Energía como otra fase del ciclo. A menudo *empezamos* el trabajo o la sesión con algún ejercicio de respiración, movimiento, o bioenergética que implica precisamente una movilización de energía importante, para favorecer el contacto con la sensación y la emergencia de la emoción y la figura significativa. Si se comprende esto, separarla como otra fase no es sin embargo un problema mayor. La relación entre los diversos elementos del proceso es, una vez más, dialéctica y no lineal.

cho el proceso de expresión. Y el poder que la o el consultante adquiere puede luego usarse con cualquier otra figura, incluso con el mismo papá.

g. También aquí el terapeuta puede *usarse* él mismo como instrumento, acompañando por ejemplo con su grito el grito del paciente –si está a su alcance–, o con un llanto de bebé la apertura de los canales de la expresión de pena, –si sabe hacerlo– (lo que no debe confundirse con forzar el proceso).

h. Finalmente y usados adecuadamente, algunos ejercicios de Bioenergética suelen resultar de mucha ayuda, tanto el arraigo como el arco o el taburete bioenergético.

Los recursos entonces son amplios y variados, y conocerlos ayuda al terapeuta a facilitar el proceso. Esta facilitación, sin embargo, se realiza una vez que el terapeuta se encuentra en contacto significativo con el paciente, de manera que *pueda estar ahí, y acompañarlo con amor* (no encuentro otra mejor manera de decirlo), independientemente de que vayamos a una explosión de pena, de coraje, de miedo o de cualquier otra emoción.

Permítaseme insistir en que el terapeuta *no fuerza el proceso*. Puede proponer, saber a dónde va, y tiene recursos para facilitar. Y esto le permite *fluir* con el proceso, facilitar el proceso del organismo.

14.8. Cuando la expresión no se completa: Qué es y qué implica quedarse abierto

De hecho, en ocasiones sucede que a pesar de que el paciente ha hecho contacto significativo, no se logra pasar a la expresión. Esto es lo que se llama en realidad *quedarse abierto,* pues ya no están presentes las defensas habituales *del Yo* y se ha abierto (y todavía no liberado) una emoción significativa. Distinguimos dos tipos de situaciones:

a. Cuando se ha hecho un contacto significativo con la sensación, y de alguna manera ha emergido una emoción significativa (por ejemplo una gran ansiedad) pero el paciente no ha alcanzado a formar la figura. En esta situación (que observamos con alguna frecuencia en los terapeutas en formación) no es de ninguna manera deseable dejar ir al paciente así, pues una vez que se ha abierto, la figura o escena significativa, –incluso escenas que pueden estar bloqueadas–, puede aparecer o abrirse en cualquier momento, cuando el consultante no tenga a la mano apoyo. En estos casos es conveniente que el terapeuta permanezca facilitando la concentración en la sensación y ayudando a la emergencia de la escena, para que una vez que ésta haya emergido pueda efectivamente liberarse y trabajarse.

b. Cuando ha emergido la emoción y se ha formado ya la figura significativa, pero el consultante no puede o no quiere pasar a la expresión. (Por ejemplo, la o el consultante ha abierto un coraje significativo hacia mamá, o una pena significativa, pero no quiere expresarla). En estos casos quedan ya abiertas y confrontadas dos energías: el impulso que proviene del sí mismo y el introyecto que lo detiene, y es muy probable tanto que se genere un buen dolor de cabeza como que se sienta mal, ya desde la sesión o durante la semana.

Más allá de cierto límite o de plantear algunos recursos, el terapeuta no insiste y respeta el ritmo y la decisión del paciente. Es importante sin embargo ayudar a hacer conciencia y a que éste *entienda con claridad la situación*: hasta dónde llegó y cuál es la situación en la que se marcha: "Olivia ha pasado esto, y avanzamos hasta aquí. Si no quieres expresarlo está bien, tal vez toque hacerlo en otro momento. Es posible que durante la semana sientas tensión, o que te vaya a doler la cabeza, esto es normal, date cuenta en este momento de tu emoción… y de que es difícil expresarla, y que la estás conteniendo… y quizá en la siguiente sesión puedas trabajarlo y entonces va a fluir el proceso."

Hemos dedicado ejercicios completos de Supervisión, en grupo, a sistematizar la experiencia de la(o)s maestrantes, tanto de las situaciones en las que se han quedado abiertas en sus propios procesos, como de aquéllas en las que sienten que sus pacientes pueden haberse quedado así. Y la experiencia nos marca que en estos casos es muy importante, hace mucha diferencia, explicar bien. Si además de que se fue abierto, el consultante no entiende qué le pasa, puede pasarla mal y es posible que la experiencia incluso lo vacune contra la apertura y la confianza necesaria para el proceso de terapia. Si la explicación es adecuada, en cambio, ésta va a dejar en principio la sensación de respeto y de apoyo por parte del terapeuta y a facilitar en realidad el proceso de crecimiento. Para que ello sea posible el terapeuta necesita primero haber entendido bien lo que ha sucedido.

14.9. Más allá de la expresión

Una pregunta que escuchamos con frecuencia es: ¿por qué si ya he trabajado antes esa situación, se vuelve a abrir? O bien: ¿por qué si ya he trabajado tanto a mi papá (o a mi mamá), siento que la situación no cierra, que no se ha cerrado? Ésta es una situación común en terapia. Aunque en ocasiones el darse cuenta y la expresión de la emoción contenida puede ser suficiente, a menudo conocemos de trabajos reiterados sobre una situación, que huelen incluso a repetido, y que sin embargo no cierran adecuadamente.

Lo que sucede generalmente es que se le suele dar mucho peso a la expresión, "al contacto" y no se tiene consciencia de los pasos que son necesarios para facilitar el cierre.

Con la explosión no se cierra la situación. Puede haber efectivamente una liberación importante de la emoción atorada, lo que resulta liberador en ese momento, pero si no hay un cierre adecuado con frecuencia la situación se vuelve a abrir.

14.10. La situación inconclusa y su posibilidad de asimilación

Para comprender lo que se requiere para la asimilación y el cierre, conviene primero revisar qué es la situación inconclusa. Una situación inconclusa implica, o puede implicar:

a. Una emoción, y por tanto una energía, que se generó y que no se expresó, que se quedó atorada.

b. Una situación que no pudimos interrumpir o ante la que fuimos incapaces de reaccionar adecuadamente, porque no tuvimos los recursos o el poder para ello, y en la que fuimos atropellados, golpeados, o abusados.

c. Una realidad que no pudimos comprender adecuadamente, y sobre la que nos generamos ideas erróneas, que van en contra de nosotros mismos (y que por tanto mantienen inconclusa la situación): culpa, vergüenza o introyectos que distorsionan el autoconcepto o que van en contra del autoamor o del propio poder.

Que la situación inconclusa sea una emoción que no se ha expresado, conlleva la necesidad de llegar a ella y de expresarla, a lo que ya nos hemos referido. Los incisos b. y c. implican también la necesidad de reescribir y/o resignificar la escena, de modo que la situación pueda ser ahora asimilada adecuadamente.

14.11. Reescribir la escena

Una vez que hemos llegado o se ha abierto la escena que corresponde a la situación inconclusa, por *reescribir la escena* entendemos la manera como ésta es modificada, por lo general en el mismo proceso en que la re-vivenciamos y en que expresamos la emoción pendiente.

Esta modificación implica la inversión de la relación de poder desfavorable, de modo que el niño o el consultante no vuelve a ser victimizado sino que obtiene ahora gratificación, o por lo menos el niño agredido es rescatado y protegido ahora por la persona a quién corresponde protegerlo (mamá, papá) o bien por su propio adulto.

Pongamos por ejemplo la situación, dolorosamente frecuente, en la que el niño observa como papá está golpeando a mamá. Una vez que se llega a la escena, que a menudo se encontraba bloqueada, es necesaria la liberación de las emociones, del miedo y/o del coraje que se quedaron atorados con la situación, para lo que es necesario conectar el grito y facilitar la(s) expresión(es).

Pero esto no basta, para el niño es necesario además *interrumpir* la escena, lo que en realidad era su necesidad en el momento en el que las cosas sucedieron. Re-vivenciando ahora, el niño puede gritar (lo que en su momento no pudo) o hacer algo. Pero el grito por sí mismo no basta, lo relevante para la asimilación sucede cuando gracias a este grito papá voltea a verlo, o se sorprende o de cualquier manera la escena se interrumpe. Puede ser que sea capaz de mirar a papá y de gritarle: ¡Déjala! o bien ¡Nooooooooo! o hasta de meterse en medio. O papá puede simplemente sorprenderse o irse. La modalidad en realidad no importa, el paciente sobreescribe de acuerdo a su necesidad. Pero lo que sí es relevante es que efectivamente la escena se sobreescribe, cambia, de manera que el resultado de la escena que vivenciamos ahora es distinta en realidad ya a como fue la original.

Además de esto es conveniente luego, claro, que el adulto acompañe, consuele y le explique al niño. Pero la primera necesidad que tiene que resolver es esta interrupción de la escena.

Cuando estamos trabajando con una violación, volver a revivir la violación es muy doloroso. He recibido opiniones muy distintas sobre la necesidad o no de esta re-vivencia. En mi experiencia considero que sí es necesario desbloquear y llegar a la escena, abrirla, de manera que puedan emerger las emociones atoradas, lo que constituye la situación inconclusa.

Pero ya una vez ahí no necesitamos seguir avanzando mucho más. Esto en realidad sería "rudeza innecesaria", volver a victimizar a nuestra(o) paciente y no existe una razón para ello. Lo significativo en cambio es esta reescritura de la escena, el proceso mediante el cual, con los apoyos adecuados, la víctima se empodera ahora y revierte la agresión contra el violador, facilitando de esta manera la expresión completa del coraje contenido y reprimido. En un trabajo de violación suele ser necesario elaborar otras cosas, pero el primer paso es este proceso en que la relación de poder se invierte y en donde el coraje puede ser efectivamente descargado.

Esta acción de sobreescribir las escenas es posible porque, cuando re-vivenciamos en el presente, nuestro cerebro no distingue la realidad de la fantasía, de modo que efectivamente borra, *se la cree*, y esta sobre-escritura es la que va a quedar ahora como el recuerdo de la escena. Yo imagino un proceso como cuando en las máquinas de escribir antiguas poníamos corrector "liquid-paper" y escribíamos encima de la escritura anterior, de manera que lo que quedaba ahora escrito es el texto nuevo.

Creo que es por lo demás imposible describir la relevancia que este proceso de *re-escribir las escenas* tiene para la psicoterapia. Es esta posibilidad la que nos permite revivenciar las escenas interrumpidas sin que este proceso resulte excesivamente doloroso y extenuante para nuestros pacientes y la que nos va a permitir reescribir las escenas de una manera que resulten ahora aceptables, y por tanto asimilables, para el *Yo*.

Este proceso de sobre-escribir la escena implica como decíamos invertir la relación de poder desfavorable. En ocasiones esto puede hacerse directamente –nuestro paciente, incluso vivenciándose como niño, tiene la fuerza necesaria para interrumpir y sobre-escribir la situación–, pero con mucha frecuencia esto no es así. Existen sin embargo diversos recursos que prestan una gran ayuda:

a. La respiración es un elemento muy importante. Pedir al paciente que respire más profundo y más rápido carga el cuerpo de energía y ayuda a la emergencia del coraje necesario para la interrupción.

b. Cambiar de postura. Sencillamente ponerse de pie, o encima de una silla o de un taburete, cambia la percepción y la correlación de poder.

c. Ayuda también cualquier movimiento que implique mayor arraigo o poder al organismo: "apoya bien los pies, sepáralos ligeramente, tensa las piernas, tensa los brazos y los hombros...

d. Se puede y es muy importante llevar a la escena al adulto. Cuando llegamos a la escena dónde el niño va a enfrentar la situación, le pedimos sencillamente: –"Bueno, ahora vamos a ir a la escena, pero te voy a pedir que imagines que ahí en la habitación va a estar también Rosa adulta, y Rosa la adulta va a estar disponible para cuando la niña la necesite". Esto es importante no solamente para reforzar la correlación de fuerzas en el momento de re-vivenciar la escena, sino porque si la situación está resultando difícil para nuestra paciente en cualquier momento podemos llamar al adulto. Constituye por así decir un ancla en el presente.

e. No sólo el adulto o la adulta actual pueden participar en la escena, en fantasía podemos llamar en realidad a quién queramos (a quién nuestra paciente necesite para invertir efectivamente la situación de la escena). Hay pacientes que le piden ayuda a su papá, o a su hermano. Hay pacientes que al re-vivenciar la escena han preferido llamar a la policía para que someta al agresor. En una ocasión una paciente mía, todavía atorada porque el agresor era muy grande, al preguntarle yo quién podría ayudarla me contestó: –¡Pues usted. Usted venga conmigo y ayúdeme! y el terapeuta no tuvo más remedio que participar en la escena en fantasía y ayudarle a someter al agresor.

f. La relación de poder puede invertirse a través de otros recursos: El cambio de postura puede ser no sólo del paciente, sino también del agresor: –Es que está muy grande –¿Puedes imaginártelo sentado? –Es que de todos modos me va a golpear. –¿Y si lo amarramos? A ver imagínate que así como está sentado, traemos una cuerda y lo amarramos… –Es que tengo miedo, me está viendo… –¿Puedes imaginarlo con los ojos vendados?

g. No sólo el poder o la fuerza física pueden modificarse, en ocasiones podemos hacer el ejercicio de submodalidades con alguno de los canales completos del sistema de representación: –Es que ellos tienen mucha luz, y dónde estoy yo está muy oscuro. –¿Cómo los ves, cómo es la imagen?... Ahora puedes imaginarte que poco a poco le vas quitando brillo a la imagen… que ves la imagen más peque- ña… que le quitas el color, y poco a poco la ves en blanco y negro… puedes verla hasta un poco borrosa… y ahora acá dónde estás tú, ¿puedes ponerle más luz?... (Véase Almada 2003: 123-147). E igualmente podemos trabajar modificándole, deformándole o hasta quitándole la voz a un agresor cuyos gritos u órdenes son atemorizantes o imponentes para nuestra paciente. (La capacitación en el trabajo con submodalidades es sin duda importante en la formación del terapeuta. Para una aproximación véase O'Connor y Seymour 1998: 78-86).

De alguna manera, esta reescritura de la escena es un tanto como *recuperar la inocencia perdida.* Como señala A. Spangenberg (2011: 114): "la solución al problema viene de alguna parte ingenua y nueva de nosotros mismos, quizás de un estado de consciencia similar al que teníamos cuando sufrimos la experiencia que nos hirió".

No sobra insistir en la importancia que tiene reescribir la escena. Volver simple- mente a re-vivenciar la escena *sin que la situación* sea *resuelta,* sin satisfacer la ne- cesidad que había quedado inconclusa, *es someter al paciente a un dolor o terror in- necesario, re-victimizarlo.* Hemos conocido terapeutas que piensan que es necesario volver a abrir la escena y a expresar una y otra vez, y volverla a abrir y a expresar, en ocasiones durante meses, hasta que paulatinamente la carga emocional va disminu- yendo. Esto es en nuestra opinión es un error y genera un sufrimiento innecesario para el paciente.

14.12. Resignificar la escena

Hay veces que no se reescribe la escena –esto puede no ser necesario–, y los hechos transcurren poco más o menos como habían sucedido, pero lo que hacemos es re-sig- nificarlos, ayudando a corregir las ideas erróneas que habíamos introyectado o que nos habíamos formado: por ejemplo la culpa o la vergüenza, que van en contra de nosotros mismos y que contribuyen a mantener la situación inconclusa.

Llamamos *resignificar la escena* a este proceso mediante el cual limpiamos los sentimientos neuróticos (culpa, vergüenza) y a menudo los introyectos asociados a la situación inconclusa. Por ejemplo: si nuestra paciente sufrió un abuso, *resignificar* implica ayudar a comprender en realidad qué fue lo que pasó, que ella no tuvo la culpa, y ayudar a la liberación de ésta. El niño no tiene la culpa de que haya muerto mamá, y entonces devuelve la culpa o se facilita la comprensión de la situación de una manera distinta, al mismo tiempo que se expresan las emociones que estaban atoradas. O igual se facilita la liberación de la vergüenza: no tienes por qué sentirte avergonzado de esto que pasó, si tú eras un niño. Explícale tú mismo al niño… Y dale lo que le faltó, que es lo que en realidad necesita ahora: abrázalo, quiérelo.

Resignificamos entonces y esta resignificación implica que comprendemos la escena de una manera que ya es asimilable para el *Yo*. Esto a menudo se da al mismo tiempo que la expresión, o igual puede darse después. Pero esta *resignificación* es lo que en realidad nos va a permitir concluir la situación inconclusa y posibilitar una asimilación distinta.

Hay veces que en el mismo trabajo con la situación inconclusa tienen lugar los dos procesos: además de la expresión de la emoción reescribimos la escena y además también la resignificamos. En ocasiones solamente sucede una de las dos cosas, o bien la reescribimos o bien la resignificamos. Sin embargo, en mi experiencia, para que haya *resolución*, para que la situación inconclusa se resuelva, sí es necesario que suceda al menos uno de los dos procesos: la escena se reescribe o se resignifica, y esto favorece su asimilación.

Un ejemplo tal vez conocido para el lector de lo que significa tanto reescribir como resignificar la escena podemos verlo en la película: *The Kid,* (traducida en Hispanoamérica como *Mi Encuentro Conmigo,* Walt Disney Pictures 2000) protagonizada por el actor norteamericano Bruce Willis.

En esta película Willis tiene un encuentro con su niño interior. Con él va recorriendo las distintas escenas de su historia y cuestionando su estado actual de vida, hasta que llega a la situación inconclusa significativa: al niño lo están molestando otros tres niños de su escuela, en particular un niño gordo bribón más grande que él. Le quitan a su perrito, (al que apodan "Tripié", porque cojea) y empiezan a lastimarlo mientras se burlan de él. Cuando el niño intenta defender a su perrito, es golpeado por los demás, en particular por el gordo…

Antes de volver a la escena, (lo que es un vistoso recurso terapéutico) Bruce Willis adulto prepara al niño para lo que viene, le da confianza y lo enseña a boxear. Ya en el momento, la escena se desarrolla de manera parecida a como había ocurrido originalmente: el niño llega, le quitan a su perrito y lo empiezan a molestar y a golpear. Pareciera que va a volver a ser victimizado. Sin embargo, justo en este momento, Willis adulto, que se ha quedado a prudente distancia detrás de la reja, le grita: "¡acuérdate, el 1-2!" El niño lo escucha y, con ese apoyo del adulto, zas, le pone el 1-2 al gordo y lo noquea. Los otros niños se sorprenden y mejor se van o echan a correr.

Éste es un ejemplo sencillo de lo que llamamos *reescribir* la escena: en el proceso de revivenciarla ésta es modificada. El niño no sólo llega a la situación inconclusa y puede ver la escena y re-vivenciarla, sino que satisface la necesidad que no pudo ser resuelta en aquel momento, *reescribe* la escena... También observamos aquí lo importante o significativo que resulta la presencia y el apoyo del adulto, su intervención en el momento adecuado se convierte en el factor que va a permitir el cambio en la correlación de fuerzas.

En la misma película viene después otra escena: "ahora viene en realidad lo peor", le dice. Y efectivamente, después de que es golpeado, el niño llega llorando a buscar consuelo con su mamá, que se encuentra enferma. Está en eso cuando interrumpe el papá y le grita: "¿qué no te das cuenta que tu mamá está enferma? ¡Tú vas a tener la culpa de su muerte!". El niño, que en aquel momento no tiene elementos para comprender, es sacudido, introyecta y desde entonces va a cargar con la culpa por la muerte de su madre. Y desde ahí desarrolla también *un tic*.

Ahora el adulto sencillamente le explica: "Fíjate, date cuenta de lo que pasa. En realidad tu papá tiene mucho miedo, se da cuenta que tu mamá está muy enferma y que va a morir, y no sabe estar solo y no sabe qué hacer. Está desesperado. Pero en realidad no te quiso decir eso... Tu mamá está enferma y va a morir, pero tú no tienes la culpa de eso"... Para el niño ahora la explicación es suficiente; puede *resignificar* la situación: comprender lo que pasa en realidad y liberar el sentimiento de culpa que ha cargado durante todo este tiempo.

Aunque sea brevemente, vale la pena observar también aquí el significado del tic. El tic es adquirido en el momento en que se genera la situación inconclusa. No es una expresión que proviene del sí mismo, es una defensa, la manera como el cuerpo ayuda a controlar una emoción que el niño no puede manejar y que amenaza con desbordarlo. Una vez que Willis adulto le explica al niño y la situación se resuelve, el tic también desaparece: "se me quitó el tic".

No sólo por estas escenas, sino en general por su desarrollo y su desenlace, la película es por lo demás recomendable. Verla *con ojos Gestalt*. Es importante observar como la resolución (en este caso la reescritura y resignificación de la situación inconclusa) genera un cambio completo en la vida del actor. Algunas veces esto sucede también en la realidad: trabajar y cerrar adecuadamente una situación inconclusa puede llevar a un cambio significativo en la vida del paciente.

Aunque lo entiende de una manera similar, Pablo Cervantes (2012) llama a esta liberación de la culpa o la vergüenza, "el perdón a sí mismo". Comenta que, luego de la

Figura 7: Ciclo de autorregulación

Ciclo de autorregulación

Hugo Almada Mireles

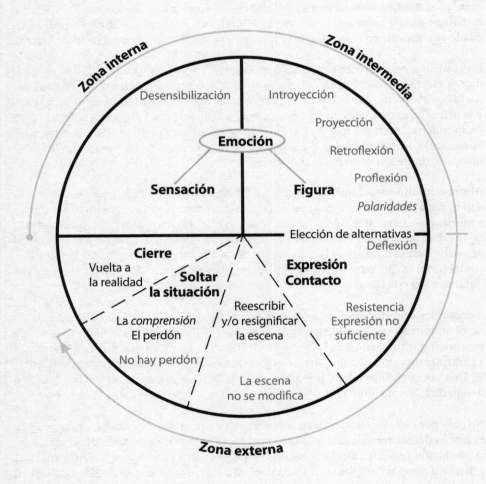

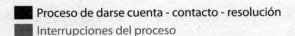
Proceso de darse cuenta - contacto - resolución
Interrupciones del proceso

Ilustración: Marisela Flores Medina

resignificación, hay que pedirle al paciente que trabaje con su niño o niña interior, y que lo abrace hasta que éste se abandone… A partir de aquí el adulto ya está a cargo de él: "ahora yo soy el adulto, yo me hago cargo"… El adulto también pide perdón al niño por todo lo que le ha hecho durante todo este tiempo, lo contiene y hace la alianza en la cual le ofrece protección, cuidado: "y nadie va a volverse a aprovechar de ti".

14.13. Soltar la situación: comprensión, perdón, responsabilidad…

Una vez cubierta la fase de contacto, y con ella la expresión de la emoción retenida y la reescritura y/o resignificación de la escena, queda preguntarnos qué otras cosas son necesarias para facilitar la asimilación y el cierre.

Creo que estamos en aguas en las que la teoría de la Terapia Gestalt ha navegado poco, intento algunas respuestas.

Además de la reescritura y la resignificación de la escena, esta fase tiene que ver con procesos como:

a. *La comprensión,* tanto de la situación como de las otras personas implicadas en la situación,

b. Del *perdón*, que son los elementos que efectivamente nos van a permitir *soltar* la situación inconclusa. (Se puede posibilitar, o no, la reconciliación –aunque de cualquier manera la comprensión y el perdón implican una resignificación profunda, existencial, de la relación con las personas trabajadas–), y

c. Especialmente tiene que ver con *la responsabilidad* y con la manera de pararse ante la propia vida.

La *comprensión* de la situación: entender qué pasaba con los otros y qué fue lo que pasó en realidad, cómo o por qué fue que pasó, de modo que yo resulté afectado, es en realidad muy importante para el cierre de la situación; a pesar de lo cual en la Terapia Gestalt no sólo se ha subestimado su conveniencia sino a menudo rechazado. Se suele confundir esta comprensión con aquello de no racionalizar, o con alguno de los dichos de Perls como el de que "hablar sobre nosotros mismos es una forma de evitar vivenciarnos a nosotros mismos".

Lo que sucede es que se confunde el momento de la comprensión: Querer "comprender" lo que pasaba con mamá –o con la persona hacia la cuál va dirigido el coraje o el dolor–, *antes* de permitirse el contacto con y la expresión de la emoción, es en realidad una forma de evitación, una tentación. Esta "comprensión" es en realidad una forma de evitación. Y oímos con frecuencia cosas como "no, es que no estoy enojado porque comprendo que mamá la tuvo difícil", o "no estoy enojado, en realidad lo perdono porque es mi padre" cuando nos damos cuenta que la emoción está ahí y que se está retroflectando. Esta "comprensión" o estas frases juegan el mismo papel que los introyectos.

Una vez que la emoción se ha generado, el perdón sin la expresión no es otra cosa que retroflexión. De ahí aquello de "no perdones demasiado pronto", a lo que nos referimos aquí no en cuanto al tiempo transcurrido desde el suceso que generó el resentimiento, sino a la fase del ciclo de autorregulación.

Se pudiera traducir esto como "no trates de perdonar antes de hacer contacto ni de expresar la emoción", pues eso no te llevará a nada más que a retroflectar y en realidad a perpetuar el resentimiento. Perdona cuando hayas liberado el resentimiento y la energía contenida y cuando hayas logrado en realidad otra comprensión de la situación, cuando efectivamente tu proceso esté maduro para soltar y para dejar ir. El perdón entonces es real y es liberador, para ti antes que para nadie más.

Pongamos como ejemplo el caso de un abuso sexual o de una violación. Cuando el violador es una persona externa y el acto fue una sola vez, eventualmente puede bastar con la liberación de las emociones retenidas y la reescritura de la escena, además de la resignificación de la culpa y la vergüenza asociadas, para dejar ir la situación. Sin embargo, ¿qué sucede cuando en el abuso está implicado una persona cercana, ya sea porque el abusador es el papá, el abuelo o la mamá, o algún tío o familiar; o bien porque en la situación está implicado que mamá (o papá) no me creyó o no me defendió?

A la situación en sí misma se añade la dificultad para comprender cómo es que esta persona, que se supone que debiera quererme y protegerme, haya hecho esto conmigo, lo que genera una gran confusión en los sentimientos. Y entonces yo tengo un problema y una división, porque por una parte siento el coraje (coraje que no es un berrinche sino un coraje organísmico: mi cuerpo ha sido efectivamente invadido o lastimado y esto ha dejado una memoria corporal) y por otra la gratitud hacia la persona a la que también le debo la nutrición y cariño. Esta situación es por lo demás común no sólo a los abusos de tipo sexual sino a cualquier escena en la que el niño(a) haya sufrido violencia por parte de una persona cercana.

O es muy común también que en este tipo de escenas encontremos situaciones dobles, esto es que además del abuso que sufrimos nos quedamos enganchados porque mamá (o papá) no me creyó, –lo que suele ser particularmente doloroso– o porque mamá no me defendió o no hizo nada. Entonces además del coraje o el dolor por el abuso sufrido, se va a quedar también pegado el dolor y el coraje hacia mamá.

Una vez que se ha reescrito la escena y expresado las emociones retenidas, en la fase de asimilación o cierre viene la parte que implica *comprender a mamá* (o la situación), entender la situación que vivía o en la que se encontraba. Ayuda preguntar y que la paciente caiga en cuenta de la información que conoce de la historia de mamá. Y acompañada por la terapeuta, por lo general el mismo adulto(a) puede explicar a la niña(o): "no es que mamá no te quisiera, es que mamá no podía, mamá estaba enfrentando una situación muy difícil con papá, o con el padrastro, a mamá la educaron de esta manera, mamá no podía levantar la voz, etc..."

La *comprensión* de la situación lleva a la aceptación, y eventualmente el perdón, porque si yo comprendo a mamá y puedo perdonarla entonces efectivamente estoy en la posibilidad de *soltar* la situación. Mientras que por el contario, si no perdono y sigo enganchado porque mamá no me defendió, o por cualquier otra razón, lo que pasa con frecuencia es que a pesar de haber liberado la emoción, al rato la situación se vuelve a abrir, y al rato quién sabe cómo pero otra vez se vuelve a abrir la situación.

Lo que está pasando es que, aunque mi resentimiento se haya generado por una situación concreta y tenga toda la razón de existir, en el presente ya lo estoy usando también de pretexto para no responsabilizarme, por lo general de una manera que no me doy cuenta. El resentimiento o el abuso sufrido se convierten en una muletilla a través de la cual hago berrinche y me justifico, en lugar de responsabilizarme de mí misma y de la situación.

Esto es a lo mejor difícil de comprender, pero cuando la gente ha sido victimizada, si de alguna manera no acepta la realidad y no se responsabiliza por su vida y por sus elecciones actuales, es muy difícil que la situación vaya a cerrar. La persona ya se acostumbró a ir por la vida como una persona abusada, como una víctima que obtiene compensaciones secundarias a través de esto, y entonces no quiere ahora responsabilizarse. Y entonces prefiere seguir enojada con mamá —o con el esposo infiel, o con quién sea—, que es una forma de seguirle cobrando, en lugar de asumir su responsabilidad y su poder. Y mientras sigamos enganchados la situación no cierra.

La práctica de la Terapia Gestalt ha sido por lo general mala en la fase del cierre —asistimos a explosiones repetidas una y otra vez y a situaciones que no cierran—, que creo que no sólo no sobra sino que es necesario insistir en esto. No basta explotar, expresar ni golpear cojines. Si no soltamos de verdad la situación, si no tenemos la generosidad de dejarla ir, la situación no va a cerrar.

14.14. Perdón o reconciliación

El perdón no es sin embargo una obligación, y es necesario tener cuidado como terapeutas en no "introyectar" el perdón, de alguna manera orillar al paciente a algo para lo que en realidad no está listo.

El perdón es un proceso. Y como señala P. Cervantes (2012) más que forzar o adelantar el perdón: "te perdono", en ocasiones es mejor, o por lo menos más real "estoy en disposición de perdonarte", que en realidad lleva a lo mismo, a la posibilidad de soltar.

Y el perdón no implica necesariamente la reconciliación. El perdón puede llevar a la reconciliación, pero no necesariamente, no siempre ni a cualquier precio.

Hay diferentes maneras de entenderlo, pero en esencia la diferencia entre el perdón y la reconciliación es que el perdón es en una sola vía: "Yo te perdono" –aunque tú estés en África, o aunque hayas muerto–. Y te perdono porque comprendo la situación o porque es lo mejor para mí, y bien puedo no estar de acuerdo contigo o puede no interesarme tu vida.

La reconciliación es en cambio en dos vías, implica una *resignificación de la relación*, darle un sentido distinto. Si el perdón implica "lo comprendo y puedo dejarlo ir, y puedo seguir mi vida adelante", la reconciliación implica además: "Y desde esta nueva perspectiva, que es sana e integradora para mí, te acepto como eres. Dejo de sufrir por ti y soy capaz de reencontrarme contigo."

La reconciliación *implica encuentro*, o re-encuentro, además del perdón. Cuando sucede es hermosa, y es evidentemente el mejor camino, porque permite no sólo la liberación de la situación sino también la rehumanización del campo.

Hemos constatado en muchas ocasiones como a un trabajo significativo se sigue luego la capacidad de enfrentar la relación de una manera distinta. La reconciliación, la resignificación de la relación real, aparece así a menudo como una consecuencia natural del trabajo en terapia.

Pero la reconciliación no siempre es posible.

Hay ocasiones en que la persona fue tan dañada, que en realidad necesita reconstruirse lejos de la persona que la dañó tanto. O hay veces que la relación actual, –la manera como la otra persona plantea la relación actual– resulta tan opresiva para nuestro paciente que en realidad tiene que separarse. Y esto es perfectamente válido.

Lo que es necesario subrayar es que sea cuál sea la situación que el paciente haya vivido, o la forma que tenga la relación actual, para que la situación pueda cerrar es necesario que seamos capaces de soltar, y esto requiere ahora sí que responsabilidad y conciencia actual.

14.15. El cierre

La fase de cierre es otra de las fases que está mal teorizada, apenas si hemos encontrado teoría significativa sobre esto en la Terapia Gestalt. Y es que si lo que aquí hemos llamado *la estrategia* no está claro, el terapeuta no tendrá claridad tampoco para saber si hubo *resolución*, si la situación inconclusa está resuelta y sobre la manera de cómo llevar a cabo el cierre. Cuando la situación inconclusa ha sido resuelta, en cambio, la fase de cierre, si bien profunda, suele ser en realidad sencilla.

La fase de cierre implica la vuelta a la realidad. Una vez facilitado el proceso de darse cuenta, la expresión y el contacto y la resignificación de la situación, el cierre *implica la vuelta a la actualidad de la situación. Implica elección y compromiso.*

Podemos distinguir, a grandes rasgos, dos o hasta tres elementos en el cierre. En primer término está el registro, *el darse cuenta de la experiencia,* su recapitulación. El darse cuenta de su significado, tanto el que pudo haber tenido en su vida como el que tiene actualmente. Aquí preguntamos cosas como: ¿Cómo te sientes con esto que has experimentado? ¿De qué te das cuenta ahora? ¿De qué manera esto había (o ha) impactado en tu vida? ¿Cómo ha sido tu vida hasta ahora?

Pero lo más relevante es sin duda el: ¿Qué quieres hacer ahora?[34]

Y este ¿qué quieres hacer ahora? implica cosas tan de fondo como: "Rosa, esto fue lo que hicieron contigo. Esto que pasó fue lo que hicieron contigo, ¿verdad? Y tú con tu conciencia limitada, habías estado viviendo así… Pero ¿Cómo eliges vivir ahora? ¿Cómo te quieres parar ahora? Ahora es en realidad tu elección: ¿Qué quieres hacer?"

"Es cierto, fuiste víctima de un abuso. Y el abuso te generó desconfianza en la relación con los hombres, y te generó dificultades para la intimidad, y durante todo este tiempo has vivido con tu sexualidad limitada (o confundida)… Pero, ¿cómo quieres vivir ahora? ¿Cómo quieres reconstruir tu ser mujer ahora? ¿Quieres seguir viviéndote como una víctima? ¿Cómo quieres replantear tus relaciones ahora?…

"Ok, esto es lo que pasó y ya te diste cuenta, así fue. Eso fue lo que te pudo dar mamá. A lo mejor no te dio el cariño que tú necesitabas, es cierto. Y lo has padecido durante todos estos años. Tu vida no ha sido fácil. Pero María, ¿Tú, qué quieres hacer ahora? ¿Qué vas hacer contigo misma, para empezar? Porque puedes elegir seguir viviendo como hasta ahora, haciendo la víctima y es cierto, tienes razón: no fui una niña queri-

---

[34] Ésta es por lo general una mala pregunta en otros momentos de la sesión o del ciclo, pues si la persona supiera o pudiera hacer lo que quiere por lo general ya lo hubiera hecho. Sin facilitar el darse cuenta de la resistencia y/o del impulso real del organismo, en momentos anteriores preguntar esto suele sacar al cliente del contacto y agudizar la resistencia.

da, no fui esto y miren como sufro, ¿verdad? O puedes empezar por darte a ti misma **el cariño** que necesitas… Y puedes empezar por replantear tus relaciones en términos **de dignidad** y en términos de amor ¿si?

"**Es cierto José,** nunca aprendiste a vivir tu ternura. Papá te violó, aprendiste que ser **hombre era** pelearte y defenderte, ¿verdad? Ahora que ya viviste el dolor de mamá y que **ya pasaste** por todo esto, ¿Cómo vives tu dolor? ¿Cómo quieres vivir tu ternura ahora?"

Este es el cierre. El cierre es, como se decía antes, *palabra de compromiso*. Se cierra haciendo un compromiso consigo mismo, un compromiso ahora desde el autoapoyo, desde el autoamor. Es el compromiso con el autocuidado, con la construcción de relaciones de dignidad y de amor.

Y entonces efectivamente la situación cierra. Cierra no sólo porque pude darme cuen**ta de** lo que estaba atorado o bloqueado, de lo que no podía ver, sino porque también **pude** expresar y liberar las emociones y la energía que había quedado atorada. Y cierra *porque ahora entiendo la situación de otra manera*, de otra manera en la que puedo asimilarla. Y cierra porque ahora elijo, elijo conscientemente lo que quiero, y me res**ponsabilizo** de mi elección…

Rocío: *¿Qué quieres hacer ahora?*

El último momento o elemento del cierre es en realidad más sencillo. El terapeuta es una especie de *testigo* del compromiso del paciente. Está presente simplemente y lo acompaña amorosamente cuando él elije los pasos que quiere dar, y esa presencia existencial es el mejor reforzamiento que puede hacer…

....
Bueno pues eso es… El *ciclo* ha dado sus siete vueltas…

La terapia es un proceso, va avanzando gradualmente, no siempre un ciclo se comple-ta en una sesión… Pero la Terapia Gestalt es un hermoso regalo de la vida, y con un poco de claridad y sencillez es increíblemente potente y amorosa.

226

CAPÍTULO 15

Polaridades. El centro y el arte de la polarización

Hemos desarrollado ya con amplitud como Perls descubrió e introdujo el "perro de abajo" hacia la segunda mitad de su vida pública, en 1959, y como para él ninguna de las dos polaridades, ni el opresor ni el oprimido, son el sí mismo, sino "un par de payasos" que corresponden ambos al *como si* o al estrato falso. (Véase el apartado 7.5.)

Hemos abordado también como, en concordancia con lo anterior, en términos fenomenológicos ambas polaridades corresponden al fenómeno, no a la esencia (Frambach 2002: 429). Y como, en relación al ciclo de autorregulación –al igual que los mecanismos neuróticos– la división en polaridades representa también una interrupción del proceso, que impide que la necesidad más importante del organismo pueda emerger a la conciencia y la gestalt o el ciclo se completen adecuadamente.

Este nuevo descubrimiento de Perls es un aporte fundamental no sólo para el trabajo y el método en terapia, sino también desde el punto de vista de la corrección dialéctica de su pensamiento, porque esta forma de concebir las polaridades es acorde a la concepción de éstas en todo el pensamiento dialéctico anterior, tanto en términos taoístas, hegeliano-marxistas o en los de la *Indiferencia Creativa* de Salomo Friedlander (Watts 1976, Frambach 2002, Frambach 2007).

Y es consistente también con los dos primeros capítulos de *Yo, Hambre y Agresión*. Perls indica en esta obra tanto que los opuestos existen por diferenciación de algo antes no diferenciado, a lo que llama punto cero o prediferente, como de la necesidad de adquirir *el arte de la polarización*, pues de otra forma se cometerán errores que llevarán "a un dualismo arbitrario y equivocado":

> *Los opuestos existen por diferenciación de "algo no diferenciado" para lo cual sugiero el término "pre-diferente". El punto en el cual comienza la diferenciación se llama ordinariamente punto cero...* (Perls 1942: 21-22).

> *La diferenciación según opuestos es una cualidad esencial de nuestra mentalidad y de la vida misma. No es difícil adquirir el arte de la polarización, con tal de que se conserve en la mente el punto de pre-diferencia. De otra forma se cometerán errores que llevarán a un dualismo arbitrario y equivocado...* (Perls 1942: 21).

> *Al permanecer atentos al centro, podemos adquirir una capacidad creativa para ver ambas partes de un suceso y completar una mitad incompleta. (Perls 1942: 17).*
>
> *El punto cero o bien es dado por los dos opuestos (como en el caso de un imán) o es determinado más o menos arbitrariamente... ... las dos (o más) ramas de una diferenciación se desarrollan simultáneamente y, en general, la extensión es igual en ambos lados... (Perls 1942: 22-23).*

Hemos planteado ya también la diferencia entre esta concepción de las polaridades y la del resto de la primera etapa de Perls, en la que éste concibe como opuestos a la autorregulación y la regulación deberista, al sí mismo y a los introyectos. Es tiempo de desarrollar y precisar esta diferencia.

15.1. Qué son las polaridades

a. Son parte del mismo proceso. Tienen la misma génesis y el mismo final.

b. Una no existe sin la otra. Ambas son del mismo tipo, del mismo material. [35]

c. No puede eliminarse una sin que se elimine también la otra.

d. Tienen un *centro*, o punto cero pre-diferencial. Este centro o punto cero es al mismo tiempo tanto el punto *pre-diferencial,* (anterior a la polarización) como el punto de integración.

e. Son equidistantes del Centro. A una mayor polarización de un lado corresponde una mayor polarización también del opuesto, y viceversa.

En términos terapéuticos, además:

f. Ninguna de las dos polaridades es el sí mismo.

g. No corresponden al proceso de lo real, sino que son una evitación de éste. En realidad están en la fantasía.

---

[35] La palabra "material" no expresa con claridad lo que quiero plantear: el día y la noche por ejemplo, corresponden al mismo proceso de rotación de la Tierra. La burguesía y el proletariado corresponden ambos al proceso de producción y en la concepción marxiana no pueden existir una sin la otra, ni el proceso sin ambas. El Yin y el Yang, lo femenino y lo masculino, corresponden al mismo Tao y tienen un centro. "Dios" y "el diablo", en cambio, no son polaridades correctas, a menos que se pretendiera hacerlos realmente equivalentes, lo que implicaría que Dios no sería omnipresente y que habría algo más allá de ambos, que representaría el centro (lo que sería en realidad Dios). Ni "el cuerpo y el espíritu" son tampoco polaridades correctas. La influencia griega y paulista en la tradición cristiana no es por lo general dialéctica sino dualista.

h. *Se integran dialogando.* Si bien encontramos con frecuencia una polaridad aceptada y otra negada, el proceso de resolución pasa por ver–vivenciar–escuchar las dos polaridades hasta que se logra la integración.

i. *Y la resolución,* esta integración, *es una solución nueva, que no corresponde a ninguna de las dos polaridades anteriores.*

Cuando el sí mismo se enfrenta a el o los introyectos, en cambio, no se trata de polaridades, sino de *una división que no es polar.* Cuando digo, por ejemplo: "tengo ganas de orinar, pero no debo molestarlos", no se trata de polaridades, sino de una división entre el sí mismo y el introyecto. De ningún modo es posible confundir las ganas de orinar con el saboteador. Se trata, claramente, de una necesidad del organismo que debe ser satisfecha. A diferencia de las polaridades, *esto no se va a resolver dialogando,* sino únicamente cuando pueda ir al baño y la gestalt pueda concluirse, vaciando la vejiga.

Y lo mismo sucede cuando son las emociones básicas (el sí mismo) las que se enfrentan de manera directa al introyecto. La división entre la necesidad de expresar una pena, un llanto que puede tener incluso muchos años contenido, pero que no se expresa porque "los hombres no lloran" o porque "tengo que ser fuerte" no es en realidad una polaridad, sino una necesidad del sí mismo que es contenida por los introyectos. Si bien explorar las dos partes en ocasiones puede ser de utilidad, esta división *no se resuelve dialogando sino,* como hemos visto, *expresando la emoción, llorando.* Hay que seguir el proceso del organismo, el ciclo de autorregulación. Y lo mismo sucede con el resto de las emociones básicas.

Esta distinción entre los dos tipos de divisiones, que corresponden también a las dos etapas del pensamiento de Perls, atañe también a dos maneras de entender la neurosis y el conflicto. Si en la primera etapa (1942-1957) Perls va a entender la neurosis básicamente *como un desbalance entre el individuo y la sociedad,* entre la autorregulación del organismo y la regulación social o deberista, y a partir de ahí va a construir el esquema de los mecanismos neuróticos: la introyección, la proyección y la retroflexión (véase Perls 1955-56, 37-52); en la 2ª. etapa va a dar más énfasis en cambio a la concepción del conflicto como una división interna y a la resolución de las polaridades.

Figura 8: Diferencias de la división en polaridades con la del sí mismo contra los introyectos

El sí mismo contra los introyectos	Las polaridades
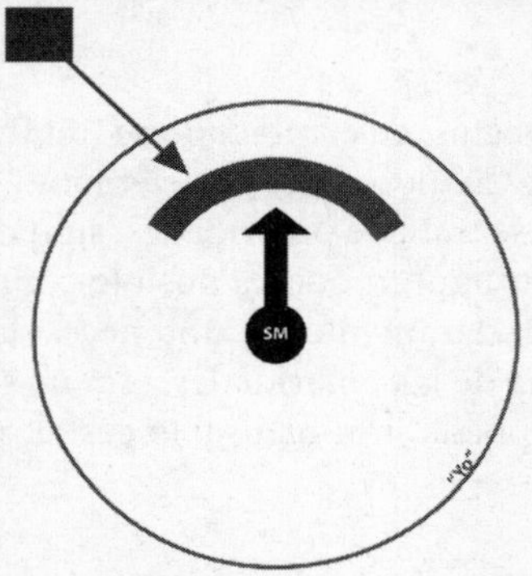	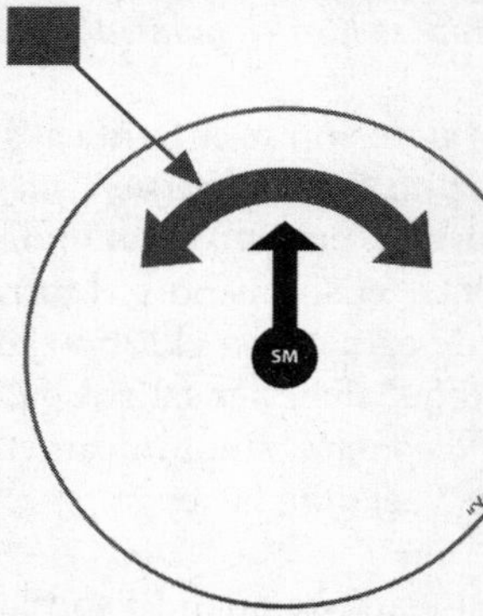
Una de las dos es el sí mismo. Corresponde a las necesidades del organismo (comer, orinar) o a las emociones básicas (coraje, ganas de llorar, etc.) **Está en lo real,** en el ahora.	Ninguna de las dos es el sí mismo. Representan una división interna, pero ninguna responde a la necesidad o la emoción real del organismo. Ninguna de las dos está en el ahora. Ambas están en la fantasía.
Puede existir una sin la otra.	No existe una sin la otra. Forman parte del mismo proceso. Tienen un centro, y son equidistantes. Puede haber diferencias de grado (mayor o menor polarización) pero ambas polaridades son de la misma intensidad.
Se resuelven expresando la emoción. **O satisfaciendo** la necesidad del organismo.	Se resuelven dialogando y escuchándose una a la otra hasta que se integran. La integración es una situación nueva, que no es ninguna de las polaridades

Y esto nos lleva a, o está en el origen, de las dos estrategias que desarrollamos en este trabajo. Podemos abordar el conflicto como una situación inconclusa, básicamente como una emoción que no se ha expresado. Hacemos contacto con la sensación, permaneciendo hasta que aparecen la emoción y la escena de la necesidad más apremiante, y pasamos al contacto y a la expresión, para la posterior asimilación y cierre de la situación, por ejemplo mediante una explosión de llanto ante una pérdida, o de la expresión del coraje o el miedo. O bien procedemos, *luego de ubicar con claridad el centro,* y por tanto las polaridades de manera correcta, al diálogo de las partes polares y a su integración.

Ambas posibilidades son buenas. Lo importante es permanecer en contacto, en el ahora, para darnos cuenta de las emociones y las energías presentes en la situación y para facilitar la resolución de la situación más apremiante.

15.2. El *centro.* El arte de polarizar

Presentamos a continuación, de manera enumerativa pero no exhaustiva, algunas de las polaridades más importantes y frecuentes en la práctica de la Terapia Gestalt. Nos limitamos sólo a aquellos casos que cumplen con los criterios planteados en el punto anterior, es decir en los que se trata efectivamente de polaridades correctas.

Para cada una de estas polaridades presentamos también *el Centro,* tanto como se presentaría antes de la polarización, como *punto cero pre-diferencial,* como el *centro o punto de integración* al que llegamos como resultado del trabajo terapéutico. Aunque las dos formas corresponden de alguna manera al mismo punto, el objetivo es facilitar el desarrollo de la capacidad del lector de *percibir el centro en otras situaciones* y por tanto *de su capacidad de polarizar adecuadamente.*

Cada uno de estos casos supone una división interna. Para cada uno de ellos, la integración que se logra mediante el diálogo y la escucha de las polaridades supone una resolución muy importante y a menudo *la sanación de un gran sufrimiento.*

Figura 9: Algunas polaridades frecuentes, punto cero pre-diferencial y punto de integración

Polaridad	Punto cero pre-diferencial	Punto de integración
Perro de arriba – perro de abajo. *"Tú debes"* – *"Sí, pero…"*	No se ha generado el conflicto interno (la falta de aceptación).	La auto-aceptación. La elección real del organismo, como resultado de la negociación que resuelve la situación entre el "mandón y el mandado." *Yo quiero.*
La culpa interna.	No se ha generado (no hay) culpa.	El perdón a sí mismo.
La vergüenza interna	No se ha generado la vergüenza.	La aceptación de sí mismo.
La división interna cuando una relación termina.	La relación no ha terminado. No hay duelo.	La aceptación de lo real y la vivencia del dolor.
El papá y la mamá *internos*.	No hay conflicto entre los padres.	El papá y la mamá internos se comprenden y se integran de una nueva manera, que resuelve la división y la identificación con uno solo de los padres.
Las polaridades en el trabajo de sueños.	No se ha generado el sueño. El proceso fluye.	Una situación nueva, que no corresponde ya a ninguna de las partes sino que las resuelve e integra.
Lado derecho – lado izquierdo.	Lado derecho y lado izquierdo funcionan armónicamente, cada uno desde su especificidad.	Emocionalmente el centro representa la integración *de la situación* que se refleja en la polaridad lado derecho e izquierdo (La forma que esto toma es variable). Corporalmente hay también un registro fenomenológico de la integración.

No incluimos en este grupo o este bloque, en cambio:

a. Ejemplos de cuando el sí mismo se confronta directamente con introyectos, que ya hemos explicado.

b. Casos de *atolladero,* que no se resuelven en realidad *integrando* sino *prefiriendo* una opción sobre otra.

c. Conductas o situaciones polares totales: "el fuerte y el débil", "la víctima y el victimario", que si bien son efectivamente polares y tienen un centro *no se integran en un diálogo* sino que son más bien *programas* que presuponen otros trabajos previos.

Vamos a cada situación.

15.3. La polaridad perro de arriba – perro de abajo

Al contenido o al significado que para Perls tiene la polaridad opresor/oprimido, o perro de arriba/perro de abajo, nos hemos referido ampliamente ya. Van ahora algunas notas sobre el trabajo concreto.

La polaridad perro de arriba/ perro de abajo es el juego de la autotortura o la no-aceptación. *El centro* por tanto, tanto previo como el punto de integración, lo constituye sencillamente la aceptación de uno mismo, *como es, como es ahora,* sin necesidad de cambiar. El cambio, sí es verdadero, vendrá sólo de esta auto-aceptación (Beisser 1973: 82-85).

Esta auto-aceptación, que representa tanto *el centro* como *la integración,* puede tomar básicamente dos formas:

a. Una relativamente superficial, que de cualquier manera con frecuencia es significativa, producto de la negociación entre "los dos payasos": "sí quiero en realidad bajar de peso y cuidar mi salud, pero no quiero matarme ni privarme de tal o cual cosa, lo voy a hacer de esta manera" o "sí quiero arreglar mis papeles, el que se perjudica soy yo, voy a sabotear a mi esposa de otra manera".

b. Otra en realidad más profunda, a la que puede llegarse sólo luego de la asimilación del introyecto, –o de su devolución y de la corrección de la identificación–, o bien de la resolución de las escenas originarias que subyacen a cada una de las polaridades (De Casso 2007).

De cualquier manera es necesario insistir en que el "yo debo" vs. el "yo quiero" no es una polaridad correcta. El "yo quiero" no es la polaridad del "yo debo", quién representa la polaridad es el saboteador. El *yo quiero,* aun en el nivel superficial descrito, representa el *centro,* el punto de integración de las polaridades, o en este caso el sí mismo.

Déjenme ponerles un ejemplo: En una de las sesiones del doctorado, uno de los compañeros planteó un conflicto: por una parte quería dedicarse ya a ser terapeuta y dar más horas a la psicoterapia, por otra no quería dejar su trabajo como médico ni la seguridad que esto representaba para su esposa y sus hijos. El resultado era que no hacía bien el trabajo como médico, estaba a desgana y se sentía mal consigo mismo, e incluso confesaba no estar rindiendo bien en la terapia. Durante el ejercicio, el terapeuta le pidió que experimentara primero el "debo seguir en el hospital" y luego el "quiero ser terapeuta", varias veces en cada rol. Cuando terminamos y salimos le pregunté cómo se sentía. –"No siento haber resuelto", me dijo. –"César, (le pregunté) ¿Qué haces en el hospital? ¿*Cómo te saboteas*? –"No llego temprano. Me la paso jugando solitario. Estoy de mal humor. Estoy pensando que no debería estar ahí" y empezó a llorar suavemente… … –"¿Ganas algo con eso? … ¿Y en realidad quieres ser terapeuta?" –"Sí"… –"¿Entonces, qué es lo que te conviene? ¿Cómo quieres estar en el hospital? … – "Ya" (me dijo). "Ya está. Gracias".

El módulo siguiente me comentó que se había organizado para estar sólo tres horas en el hospital, por la mañana temprano, que estaba aprovechando bien el tiempo, y que su consulta había crecido mucho y estaba ganando más dinero.

En cuanto a la forma de trabajar la polaridad, el esquema es sencillamente un diálogo entre una y otra parte, hasta que ambas se integran. Esto puede hacerse a la manera que hacía Perls: "inventa un sketch", y con cambios continuos hacia uno y otro lado, o dándole un poco más de tiempo a cada una de las polaridades y facilitando su asimilación. La integración resultante es como ya vimos la negociación o auto-aceptación.

Es sin embargo necesario estar atento en estos ejercicios porque la estructura *cambia con facilidad*, y sería deseable que el terapeuta *se diera cuenta*:

a. Cuando estamos trabajando "con el de abajo", puede suceder que al escuchar la voz del introyecto lo que se conecte no sea el saboteador, sino el sí mismo, la emoción del organismo. Y en ese caso lo que toca es facilitar la expresión de la emoción del organismo (vamos más bien a un trabajo del tipo del ciclo de autorregulación).

b. Cuando estamos trabajando con el perro de arriba, con frecuencia solemos preguntar "¿Y quién te dijo eso? o "¿De quién es esa voz" o "¿De quién más es esa voz" con lo que vamos a rastrear el origen del introyecto y posiblemente a un ejercicio de devolución de los introyectos y energetización del sí mismo.

Es válido entonces cambiar la estructura de un trabajo una vez que iniciamos –en realidad lo más adecuado es fluir con el proceso del organismo, siguiendo suavemente al cliente–, pero esto sí está en el ámbito de lo que hemos denominado *la estrategia,* es decir entre lo que podemos y debemos darnos cuenta, pues de otra manera con frecuencia nos perdemos y no sabemos ni dónde estamos.

Finalmente, en su trabajo: *"Un recurso gestáltico clave: El manejo de la polaridad perro de arriba perro de abajo"* Pedro de Casso ha mostrado como ambas polaridades suelen estar enraizadas en nuestros introyectos más profundos, y propone trabajarlas yendo a las escenas desde donde se generó la polaridad, a través de preguntas como: ¿Y eso, cómo lo aprendiste? ¿Cuándo fue la primera vez que pasó? O bien ¿Qué hubieras necesitado en ese momento? lo que enriquece sensiblemente las posibilidades el trabajo con el opresor y el oprimido. (De Casso 2007: 52-66). Creo que este trabajo abona a la comprensión de las polaridades y debiera incluirse en la formación de los gestaltistas.

15.4. El trabajo con la culpa en Terapia Gestalt

A diferencia del dolor, o el coraje, la culpa no es una emoción básica del organismo sino un sentimiento neurótico. No puede por tanto resolverse directamente, dejando fluir el ciclo de autorregulación, sino que presupone un trabajo previo.

Perls entendía la culpa como un resentimiento proyectado, y defendía esta concepción de una manera insistente y radical (Perls: 1957). Ante el señalamiento de un paciente de que se sentía culpable ante él, solía responder: – "Si es así, atácame".

Comprendiendo la proyección como un mecanismo neurótico complejo, que tiene como base una introyección y en la que se alienan en cambio emociones o elementos del sí mismo, entendemos con claridad la génesis de su planteamiento:

a. El coraje (o el impulso original del organismo) es rechazado de manera que la persona tiene que contenerlo o reprimirlo. Esto es reforzado por uno o varios introyectos: "las niñas buenas no se enojan", "si te enojas no te voy a querer", etc.

b. Cuando esto se repite origina una *alienación,* una des-identificación de la emoción conflictiva: "yo no estoy enojada" e incluso un autoconcepto limitado: "yo no me enojo."

c. Como la carga de la emoción está presente, entonces proyecto la emoción: *la que está enojada es mi mamá*. O mi esposo, o la figura correspondiente.

d. Y si es así algo malo he de haber hecho. Me siento culpable.

Al plantear las situaciones en las que es propicio un encuentro intrapersonal, C. Naranjo plantea en cambio que:

> *En la culpa siempre hay una auto-acusación, o una auto-acusación proyectada, que puede ser igualmente dramatizada representando al culpable de modo más exagerado y luego representando al acusador...* (Naranjo 1990: 101).

Los planteamientos de Perls y de Naranjo implican en realidad formas de trabajo distintas y *corresponden a situaciones diferentes*. Distinguirlas con claridad hace mucho más sencillo y efectivo el trabajo.

Cuando la culpa está referida *a otra persona*, particularmente a otra persona que es o ha sido cercana o forma parte del mismo sistema: papá, mamá, esposo(a), hijos,[36] se trata en realidad de un coraje proyectado, en los términos de Perls. Y el trabajo es muy sencillo: cuando la persona nos dice que se siente culpable con su mujer, o con su mamá, sólo hay que pedirle que haga un ligero cambio, y que en lugar de decirle "Me siento culpable por..." pruebe con la expresión: "Estoy resentido contigo por..." o "Estoy enojado contigo por..."

Y lo que sucede después es tan repentino y tan potente que parece magia: la persona suele conectar casi de inmediato una fuerte explosión de ira, de la que no era consciente. Y una vez aquí estamos ya en la fase de *expresión* del *ciclo*, y lo que sigue ya lo hemos descrito. Nuestra experiencia en este tema es tan significativa y representativa que todo lo que hay que decir es que esto debe hacerse.

Cuando la culpa está en realidad referida *a uno mismo*, en cambio, se trata de *una situación distinta* a la que visualizaba Perls. Puede tratarse más bien de lo que Evelyn Lowenstern define como "una traición al propio código de valores" (Salama 1999: 151), o de la pena a veces inmensa que suele quedarnos cuando una acción nuestra origina consecuencias que de ninguna manera hubiéramos querido.

---

[36] Precisamente porque "ellos no tienen la culpa" con frecuencia los hijos pequeños suelen ser depositarios de un fuerte coraje por parte de los padres, que no es visualizado y que conviene expresar en terapia para que posteriormente puedan elaborar y responsabilizarse de sus actos, y dirigir la agresión hacia dónde debiera ir efectivamente dirigida.

Cuando el gallo canta por 3ª. vez, y Pedro se da cuenta, no está en realidad enojado con Jesús. Está deshecho, internamente, al darse cuenta de su traición, y llora. Y esta culpa es tan terrible que lleva a Judas a suicidarse.

A diferencia del resentimiento proyectado, *este tipo de culpa es una polaridad*. Literalmente nos partimos en dos, entre una parte que acusa o que culpa y la otra que resulta culpada. Y se trabaja como polaridades. Va un ejemplo de sesión:

P/T	Diálogo	Expresión fenoménica
Velia (V):	En realidad me siento muy culpable desde que murió mi padre. Eso me he acompañado desde entonces, y me causa mucho sufrimiento…	Empieza a llorar
T:	Bien… Quisiera pedirte que permanezcas así de pie, y que pongas a Velia aquí enfrente, sentada en la silla… Ahora dile de todo lo que es culpable…	
VA:	¡Tú tienes la culpa, de que se haya muerto tu padre! Te paralizaste, cuando tenías que ayudarle…	Con mucha fuerza, señalando.
T:	¿Qué más le quieres decir?	
VA:	¡Eres una inútil! Tú eres doctora, tú debiste poder ayudarle. Si para eso fue para lo que estudiaste, para ayudarle a tu papá. ¡Y a la mera hora no serviste para nada. Cuando le dio el coma no serviste para nada! Te paralizó el miedo, como siempre… ¿Cuánto tiempo duraste paralizada? No despertaste, tu papá te necesitaba…	Habla con mucha fuerza, con coraje… (llora)
T:	Velia, ¿quieres decirle algo más? ¿No?... Ahí donde estás, respira profundo, cierra los ojos, y poco a poco ve dando la vuelta y te sientas aquí enfrente en la silla…	
T:	Velia, ¿te puedo llamar Velia culpable? ¿Sí? Velia culpable: ¿Cómo estás? ¿Escuchaste lo que te dijo Velia, tu parte acusadora	
Vc:	Sí… ….	Llora…

T:	¿Y qué pasa, cómo te sientes?	
Vc:	Mal… muy mal… buuuuúúú… tiene razón… buuuuúúúú….	Llora a sollozo abierto, unos 3 minutos…
T:	Velia, ¿cómo estaba tu papá? ¿Cuánto tiempo tenía enfermo? ¿O fue algo repentino?	
Vc:	… (Parece tranquilizarse un poco)… No, ya tenía tiempo grave… tenía diabetes y ya tenía varias complicaciones, se le había complicado…	
T:	¿Y qué fue lo que pasó?	
Vc:	Ya tenía varios días en cama… ya estaba muy mal… yo lo estaba cuidando…	
T:	¿Ya se iba a morir? …	
Vc:	… en realidad sí…	Llora…
T:	¿Y qué pasó?	
Vc:	Cuando vino el momento yo me paralicé… no pude hacer nada…	Llora fuertemente un medio minuto
T:	… Velia… ¿de qué te das cuenta? … … ¿Qué fue lo que pasó en realidad?	
Vc:	¿Te refieres a que si de todos modos se iba a morir?	
T:	Mmjj… Velia, ¿qué le quieres contestar a Velia la acusadora?	T asienta…
Vc:	¡Yo no quería que se muriera! ¡No pude hacer nada! ¡Yo lo quería mucho!	
T:	¿Y qué le quieres decir a ésta? ¿Qué más le quieres decir?	

Vc: ¡Que no me juzgue así! Yo no pude hacer nada, yo no quería que se muriera... además creo que de todos modos se iba a morir...

T: A ver, díselo.

Vc: ¡Yo no quería que se muriera, cómo iba a querer!...   Llora
        ¡No me juzgues, ya perdóname!

T: Repite eso...

Vc: No me juzgues, ya perdóname! ¡Yo he sufrido tanto como tú!

T: ¿Puedes cambiarte de lugar?...
        Ya no es necesario que estés de pie, siéntate aquí, enfrente...

T: Velia acusadora, ¿escuchaste lo que te dijo Velia?... ¿Sí? ¿Qué te dijo?

VA: Que ella no quería que se muriera, que cómo iba a querer... Que la perdone... Que ha sufrido tanto como yo...

T: Velia... ¿y tú, de qué te das cuenta?

VA: Mi papá ya se iba a morir... ya le tocaba... si no era ese día   Llora sua-
        iba a ser al siguiente...   vemente
                                                                            ahora...

T: ¿Y eso, qué significa?

VA: En realidad... en realidad se paralizó para que pudiera   Llora un
        irse...   poco más..

T: ¿Y qué le quieres decir?

VA: Mmmhhh... ... ¡Gracias! ...... Y perdóname tú a mí, porque te he juzgado muy duramente... y por eso hemos sufrido mucho...

T: Bueno, ella fue la que te pidió perdón, ¿tú quieres perdonarla?

VA: Sí, claro. Sí quiero perdonarla...

T: ¿Y cómo la perdonas?

VA: Te perdono… he sido una inconsciente… Te perdono completamente…

T: ¿Hay alguna otra forma cómo quieras expresarlo?

VA: Con un abrazo…

Primero agacha la cabeza, haciendo reverencia. … abraza un cojín…

T: ¿Hay alguna de tus compañeras que pueda representarte a Velia culpable?

VA: Sí… Saraí.

T: ¿Nos quieres ayudar?

S: Sí.

T: Dale el abrazo…

Velia y Saraí se abrazan unos 3, quizá 4 minutos… Cuando se abrazan Velia llora, un llanto más suave ahora, que luego va cediendo. En el grupo se ha hecho un silencio profundo que no interrumpo, sólo las dejo estar… Cuando se separan Velia emite un suspiro profundo: ¡aaaaaahhhhhh!

P/T	Diálogo	Expresión fenoménica
T:	¿Qué pasó?	
V:	… Me siento ligerita, ¡aahh! … ¡Cómo si tuviera el cuerpo nuevo!	
T:	¿Necesitas algo más?	
V:	No… bueno, en realidad quisiera despedirme de mi papá…	(se estira)

T: Bien… ¿Y en dónde quieres despedirte?

V: Ahí, en su cama, donde estaba…

T: Adelante…

V: No hubiera querido que te murieras… Te quise mucho…
        Te quiero mucho… Pero entiendo que ya te tenías que ir…
        Gracias por todo lo que me diste… Te amaré siempre…
        Ya..

T: Ya… ¿no quieres decirle nada más?

V: No… me está sonriendo… dice que me quiere mucho, y
        que él está bien… que gracias…

T: ¿No necesitas decirle nada más? ¿Necesitas algo más?

V: No… Gracias ! … ¡Cómo necesitaba esto!   Se estira…

T: Gracias a ti también.

Cuando escribo esta sesión vienen a mí otras varias. En una de ellas se trató de un secuestro. A la mamá de mi cliente, que tenía una papelería, la secuestraron, y a él le tocó atender y negociar con los secuestradores. En una de las llamadas, cuando estaban hablando de otras cosas, le preguntaron su fecha y año de nacimiento, se paralizó y no contestó rápido, y en razón de eso los secuestradores lo acusaron de que los estaba engañando y delatando. A la mamá la abandonaron en un lote, ya muerta, y mi cliente se enteró cuando vio en la televisión que habían encontrado un cuerpo. Al dolor por el secuestro y por la muerte de la mamá se le añadió una culpa inmensa, con la que no podía vivir. Llegó a terapia deshecho.

Trabajamos en realidad dos veces. En la primera me platicó el caso y le ayudé a revisarlo, a valorar la situación y el riesgo en el que todavía se encontraba. En la segunda trabajamos la culpa, de manera muy similar a lo descrito arriba. Fue una sesión impresionante, desgarradora y al mismo tiempo conmovedoramente tierna. *Se fue liberado, perdonado.* Me preguntó además otras cosas, y le dije que sí, que era necesario que platicara de esto con su esposa y sus hijos, que lloraran juntos y que expresaran sus emociones. Le di algunas sugerencias de cómo hacerlo.

Hablé por teléfono dos veces más con él. Me dijo que estaba muy bien, que el encuentro había resultado maravilloso, y que se iban a ir a El Paso unas semanas. No lo volví a ver, pero aún le estoy agradecido.

241

"Los cristianos no somos mejores, sólo somos perdonados", decía la calcomanía pegada en la parte trasera de un carro, que iba delante de nosotros cuando yo era niño... Cuando una consultante refiere una culpa significativa, suelo revisar bien si no se trata en realidad de una culpa hacia otra persona, de un resentimiento proyectado. Si no es así, sino que se trata de una culpa interna, voy entonces al trabajo con polaridades. Debo haber trabajado sesiones como éstas quizá unas 40, o 50 veces, con diferentes formas o formatos: en algunas de ellas ha sido el mismo Dios Padre (su Dios Padre interno) ante quien se vivía la culpa, el que ha otorgado el perdón, lo que suele ser sobrecogedor. Pero sea cual sea la forma, para mí ha sido asombroso como después de cada una de ellas me ha venido más o menos el mismo pensamiento: *"Si la Gestalt fuera sólo esto, nada más con esto sería maravillosa"*.

Hay todavía otra forma importante de trabajar la culpa: devolviéndola como se devuelve un introyecto:

Mi paciente cuenta que cuando su mamá estaba embarazada de ella, en una ocasión se sintió mal y le habló por teléfono a su marido. "Voy para allá" le respondió éste, y cuando venía en camino para su casa, lo atropellaron y murió. Y la mamá culpó desde entonces a mi paciente por la muerte de su padre. "Es que racionalmente yo entiendo que no es cierto, que no fue así, que yo no tengo la culpa, pero afectivamente la traigo metida hasta el alma" me decía.

Lo que hice fue pedirle que pusiera a la mamá enfrente a ella y que le dijera, simplemente: "Mamá, esta culpa no es mía, te la devuelvo", elaborando con lo que le viniera en el momento. Lo que sobrevino fue una explosión de pena impresionante, que parecía no tener fin, debe haber llorado de manera completamente abierta unos 20 o 25 minutos. Le devolvió la culpa a su mamá, energetizando luego la devolución desde las zonas del cuerpo en las que se encontraba atorada la energía y buscando ella misma los movimientos corporales de salida.

Cuando la vi la semana siguiente me dijo que se había aliviado. Y que había hablado con su mamá, lo que nunca antes había podido hacer, y que su relación con ella había cambiado, de manera definitiva.

15.5. El trabajo con la vergüenza

C. Naranjo (1990:101) señala que: "En el caso de la vergüenza, la sensación de exposición implícita en tal sentimiento también implica un observador o un testigo enjuiciador, cuyas actitudes pueden ser exploradas mediante la representación".

En realidad la vergüenza ofrece las mismas posibilidades de trabajo que la culpa. Cuando la vergüenza se siente hacia otra u otras personas, se puede trabajar avergonzando al real o supuesto avergonzador (lo que equivale también a expresar el coraje en lugar de proyectarlo), lo que funciona bien. La risa también suele ayudar.

Y cuando está referida hacia uno mismo, o cuando por lo menos es fuerte la sensación de malestar interno, la vergüenza se trabaja también como polaridades: escuchando tanto a la parte avergonzadora como a la que se siente avergonzada, y dialogando hasta que ambas partes se integran.

El Centro aquí es la aceptación, la aceptación plena de uno mismo, que representa tanto el punto cero pre-diferencial anterior a la vergüenza como el punto de integración, una vez que ha cesado el juego del par de payasos.

15.6. La división interna cuando una relación termina

Otro ejemplo clásico de polaridades es la división interna que suele formarse cuando una relación termina.

Como el desamor duele, y duele como la chingada, hay una tendencia en cierta forma natural a evitarlo. Y la manera de evitar la realidad es fantasear, fantasear que el otro (o la otra) regresa arrepentido y que nos trae flores o nos pide perdón, y que volvemos a los lugares en los que estuvimos juntos y que las cosas vuelven a ser como antes, o incluso mejor que antes. Los momentos hipnagógicos al acostarnos o al despertarnos suelen ser particularmente propicios para fantasear.

Y entre más se aleja esta fantasía de la realidad, más pronto llega la otra parte: "ya aliviánate, pendeja, a ti no te quiere, es más nunca te quiso, que no ves que anda con tu amiga, eres la burla o el hazmerreír de todos, ¿que no tienes dignidad?"

Lo que a su vez engancha nuevamente la parte anterior: "es que todavía lo quiero" "es que fue tan bonito... con nadie me he sentido así", etc.

Antes de avanzar es necesario aclarar dos confusiones. Una es que a menudo se suele confundir esta parte, el "todavía lo quiero", con el sí mismo. Se piensa que porque de este lado suele haber sentimiento, tristeza o llanto se trata en realidad *del dolor* y que esta parte es la auténtica, y la otra el introyecto o el perro de arriba que rechaza o evita el sentimiento. Y la otra confusión, ligada a la anterior, es que esta parte se confunde también con *el amor*... Y si esta parte es *el amor*, entonces por supuesto es "la buena", y la otra "la mala".

En realidad esto no es así.

Esta división no refleja el dolor, sino precisamente el sufrimiento que nos causamos en el intento de evitar el dolor. Ambas polaridades son una forma de evitación de lo real. Y la polaridad "de abajo", la parte que fantasea y "todavía lo quiere" es en estos casos precisamente la que hace más daño. Cada vez que nos engañamos y fantaseamos (lo que equivale en realidad a salirnos de lo real) volvemos a abrir la herida del sufrimiento. Y la parte "de arriba" y con ello la autotortura suele ser implacable.

Y éste es un trabajo de polaridades. Yo suelo iniciar el ejercicio pidiendo a uno de los compañeros que represente al hombre que se fue (o a la mujer en su caso, es exactamente igual) permaneciendo de pie y tratando de irse, y a la mujer que se tire al piso y se aferre y se abrace a una de sus piernas. Por alguna razón desconocida, el jalón de la pierna del hombre suele conectar con todo el miedo al abandono. La mujer se aferra desesperadamente a la pierna del hombre, generando a menudo escenas desgarradoras: ", ¡Noooooo! ¡No te vayas! … ¡No me dejes! … ¡Haré lo que sea, pero no me dejes!... La escena continúa unos dos o tres minutos mientras la expresión y el desahogo tienen lugar.

Luego le damos las gracias al hombre por su participación y le pedimos a la mujer que se ponga de pie, en su lugar. A la vez le pedimos que escoja entre las compañeras del grupo a alguien que la represente a ella. Y le pedimos que se vea a sí misma, en el suelo, rogando, y que le exprese lo que le tenga que expresar. La voz de arriba suele ser durísima: "Ya levántante, pendeja, ¿qué no tienes dignidad?" "Das lástima, todos se ríen de ti". "Me das vergüenza", etc.

El cambio de roles continúa algunas veces más –ya sólo entre sus dos partes, en el diálogo interno–, y se va suavizando hasta que las dos partes se integran. Los resultados posibles son básicamente dos:

a. Cuando en realidad ya no hay nada que hacer –lo que sucede la mayoría de las veces– la integración se logra cuando la división interna va cediendo y va dando lugar a la unidad. Esta unidad representa por un lado, *la vuelta a la realidad*, a la realidad que se estaba tratando de evitar, y por otro lado *la aceptación del dolor*. Cuando se llega a esto, en lugar del sufrimiento y el desgarramiento anterior, se suele llegar a frases como:
    –Estoy triste porque tú no me quieres. (O porque ya no me quieres), o
    –Me hubiera gustado que las cosas fueran de otra manera, *pero no lo son*.

    Estas frases son frases unitarias, es decir que representan e integran a las dos polaridades. Y esta integración permite el acceso al dolor. De hecho este ejercicio no termina ya con la integración, como otros tipos de polaridades, sino apenas con el acceso al dolor. Nos vamos a quedar muy tristes, increíblemente tristes. Mi experiencia es que incluso *duelen los huesos*, y que los dos o tres días siguientes son difíciles.

Pero en realidad *la (o lo) hemos dejado ir,* y por más extraño que pueda resultar, –a diferencia del sufrimiento, que podía tener meses o años atorado–, *este dolor fluye y pasa muy pronto*, mucho más pronto de lo que hubiéramos podido imaginar. Y la situación cierra efectivamente.

b. La otra posibilidad es que, mediante este diálogo interno, la persona se dé cuenta de que en realidad la situación no está aún resuelta, o no de manera definitiva. Puede ser que lleguemos a cosas como "es que en realidad sí lo quiero" o a que la paciente se dé cuenta de cosas que es necesario aclarar. En estos casos, el resultado del ejercicio es la solicitud de que hable con su pareja, y de que resuelva con claridad la situación, de modo que sea cual sea el resultado no siga prologando indefinidamente el sufrimiento.

En el abordaje de estas situaciones –una relación que terminó– se presentan también otros trabajos o posibilidades de trabajo: por ejemplo expresar el resentimiento o el coraje a la pareja, por el abuso o el engaño sufrido, etc. Esto puede ayudar, sin duda. Pero permítaseme sin embargo insistir en que *la estructura de la situación* es ésta que hemos reseñado. Lo que mantiene la situación abierta y perpetúa el sufrimiento es esta división interna en la que evadimos la realidad y no nos permitimos dejarla ir. Y mientras nos engañemos (o una parte de nosotros se engañe) y no la dejemos ir, la situación no cerrará.

Por lo demás, y aunque en el caso del duelo por una persona fallecida a menudo es necesario limpiar otras cosas, este trabajo puede ser igualmente efectivo.

Pedro de Casso insiste en que además de "Terapia de Autenticidad", debiéramos llamar a la Gestalt "Terapia de Realidad". (De Casso 2014). Y en este caso, sea cual sea, el resultado *es una vuelta a la realidad,* el darnos cuenta y permitirnos vivenciar la realidad que estábamos evitando: el dolor del desamor o de la situación.

15.7. El papá y la mamá *internos*...

Otra polaridad relevante la conforman nuestra mamá y papá *internos*. No se trata de papá y mamá reales. Papá y mamá reales no son polares, sino dos realidades o totalidades distintas. Pueden juntarse o separarse, amarse o pelearse violentamente, sin que a menudo nosotros podamos hacer gran cosa. No nos toca intervenir,

245

siquiera, es un conflicto mayor que nosotros, por lo menos si hacemos caso a Hellinger (2001) y a los órdenes del amor.

Otra cosa sucede con nuestra mamá y nuestro papá *internos,* o si se prefiere con la manera como los interiorizamos o introyectamos a cada uno y a la relación entre papá y mamá. En los procesos de Terapia Gestalt suele constituir una parte significativa del proceso "el trabajo con mamá" o "el trabajo con papá", en la medida que van apareciendo y se van resolviendo los introyectos y las heridas y escenas inconclusas de infancia. Menos frecuente es en cambio *trabajar la relación de ambos,* lo que reviste sin embargo la mayor relevancia.

Permítaseme insistir en que esto no tiene nada que ver con el papá y mamá reales. Papá y mamá reales pueden estar ahora separados, cada uno tener su respectiva pareja y no querer nada el uno con el otro. Y sin embargo mi papá y mi mamá internos están los dos dentro de mí. Son polares.

Además de mi relación con cada uno de ellos, *la forma que tuvo la relación* entre papá y mamá está presente en mis escenas introyectadas y condiciona mi vida de diversas maneras, de modo que inconscientemente tiendo a repetir los patrones de comportamiento aprendidos. Entre más mala fue la relación, mayor será la división interna que me genera: si por ejemplo hubo violencia, o si por ejemplo papá tenía otra mujer ... yo quedo literalmente *partido* y me vea obligado a identificarme con uno solo de los padres, reproduciendo su rol y negando o bloqueando tanto el rol como el dolor del otro padre.

Esta división puede estar presente en muchos otros órdenes de la vida, y la encontramos de manera particular en lo que Harville Hendrix (1991) llama *el imago parental,* que es la forma como fuimos amados y al mismo tiempo como fuimos heridos de niños. Esta *imago* se conforma con recuerdos inconscientes de la infancia más temprana, y la adhesión a ella permanece por lo general sin alteraciones en la vida adulta, condicionando la manera como establecemos nuestras relaciones y como elegimos a nuestras parejas. Es la razón por la que tendemos a repetir de manera compulsiva el mismo tipo de parejas.

Este papá y esta mamá internos son en realidad polares y se integran trabajando como polaridades. La consultante debe identificarse y actuar como uno de los padres -puede empezar con aquél con el que se identifique-, y hablar y reclamar al otro, hasta que haya dicho lo que tenga que decir, y luego hay que cambiar el lugar e identificarse con el otro padre; continuando el diálogo hasta que ambos padres *se comprenden* en su interior y *se integran* o llegan a un arreglo.

246

El impacto que este trabajo suele tener en la vida, y particularmente en la sanación de las relaciones y en la disposición a abrirse al amor y a la intimidad en la pareja, son notables. Y es necesario insistir en que para ello es necesario atravesar el dolor o el coraje hacia el padre hacia el que nos encontramos bloqueados o parcialmente bloqueados, y que sin ello esta integración no es posible. Un hombre cuyo padre tenía otras mujeres, por ejemplo, incluso otra mujer cerca de la casa donde vivía con su madre, va por lo general a identificarse con el padre y a jugar el rol de conquistador y mujeriego. A pesar del dolor que causa a sus parejas, no sólo no es sensible a éstas sino que de hecho refuerza su identidad con cada nueva conquista. En realidad no va a cambiar con una mujer que lo ame; cada una que lo intente no será más que una nueva víctima. La re-significación se da por lo general sólo cuando en terapia se pone en el lugar de mamá y es capaz de experienciar su dolor, y con ello el significado real que para él mismo tiene también su propia conducta, lo que hasta entonces había estado bloqueado.

Para este trabajo ayuda por supuesto lo que el consultante haya trabajado previamente a papá y a mamá... Normalmente se llega desde una escena en la que la forma de la relación entre ambos padres es dolorosa o afecta la forma como la consultante está viviendo su conflicto actual de pareja, y su integración abre la vía y las posibilidades de resolución en éste.

15.8. Las polaridades en el trabajo de sueños. Qué sí y qué no es polar en un sueño

Todas las partes de un sueño: las personas, los animales o los objetos no son sino el soñador mismo, solía decir Perls. Son nuestras propias proyecciones. Y para trabajar los sueños solía hacer que el paciente fuera re-vivenciando en presente y en primera persona a cada uno de los personajes, identificándose así con ellos y re-asimilando la parte y la energía que había sido proyectada. En el trabajo con los distintos personajes u objetos de un sueño se suele además favorecer diálogos o encuentros entre las diferentes partes.

Cada una de estas identificaciones es en sí significativa. Cada una representa la asimilación de una proyección, de una parte de nosotros mismos que se encontraba alienada, negada, y su recuperación para el sí mismo y para nuestro potencial.

El trabajo con cada sueño tiene así muchas posibilidades, cuyo abordaje desborda este estudio. Hay sin embargo niveles distintos *de integración,* en razón de lo significativo que resulte el encuentro entre los personajes u objetos elegidos. Además de los trabajos con el escenario –que representa más o menos el escenario o el conjunto de nuestra vida, y cuya asimilación suele ofrecer una gran riqueza–, o la conclusión del sueño cuando éste se interrumpe antes del desenlace, la integración más significativa se logra cuando al elegir los personajes o elementos para el diálogo o el encuentro, *se trata efectivamente de polaridades correctas*.

Y esto nos lleva a la pregunta de qué sí, y qué no, es polar en un sueño. Lo que hay que decir primero es que los diferentes personajes, objetos o características de éstos, aunque parezcan como inversos o contrarias, no necesariamente son polares. No necesariamente son polares el hombre rico y el hombre pobre que aparecen en distintos momentos en el sueño, aún y cuando de su diálogo podamos re-asimilar proyecciones y cosas importantes, ni el salón lujoso al que entramos y el cuarto pobre en el que luego se encuentran los baños.

Lo que es polar en un sueño, por lo menos la polaridad principal, la que es más significativa y en la que se encuentra lo sustancial del mensaje existencial, *es el conflicto en el que yo aparezco enfrentado (o enfrentada)*. Si yo soy una muchacha bonita y sueño que estoy en un rancho y que un vaquero me persigue y yo corro y corro alrededor de una pileta, seguramente habrá mucha información relevante para mi vida en lo que significan el rancho o la misma pileta, pero la polaridad principal es entre el vaquero y yo. Y lo mismo si sueño que es el mismo diablo el que me persigue, (lo que por supuesto representa en principio mi propia proyección y no una posesión de una fuerza maligna que haya que exorcizar). Si sueño que estoy en una feria y me estoy acercando a un puesto en el que hay una tarántula gigante y la sola posibilidad de acercarme a la araña me da tanto terror que me paraliza, la polaridad es entre la araña y yo.

Si yo sueño que estoy acostado afuera de un McDonald's, viendo con nostalgia a la gente que está adentro y en eso de la gasolinera vecina un negro grandote se baja de un tráiler y se dirige a dónde estoy yo, y comienza a ahorcarme, la polaridad es entre el negro y yo, –aun y cuando sin duda "el estar afuera" de la primera parte contiene también material significativo–. Si yo sueño que estoy en la noche, sentado solo encima de una piedra en un arroyo caudaloso y que el agua empieza a subir y a subir y amenaza con arrastrarme, la polaridad está entre el agua y yo. Si yo sueño, y éste es un sueño muy fuerte, que estoy acuchillando varias veces a mi bebé, así haya otros personajes relevantes, la polaridad es entre mi bebé y yo.

Si yo sueño que estoy en una playa, y de pronto el mar empieza a crecer y viene una ola muy grande y yo empiezo a correr y a gritar y a buscar a mis hijos y me angustio porque no los encuentro y ya viene la ola, igual la polaridad es entre la ola y yo. Contra lo que parece, no será tan relevante vivenciar el miedo y que no encuentro a mis hijos, de eso ya me estoy dando cuenta. En todo caso podría vivenciar a los hijos, el "no queremos que nos encuentres, mamá", pero la polaridad principal está en el conflicto principal, en este caso en la ola en la que se encuentra toda la energía agresiva proyectada. Si sueño que voy en la carretera manejando un tráiler y éste toma cada vez más y más velocidad y no me obedece y estoy a punto de arrollar un auto pequeño, la polaridad principal no es entre el tráiler y este auto, sino entre el tráiler y yo.

La forma *como yo aparezco* en cada uno de estos sueños es en cada caso mi auto-concepto, o más precisamente lo que mi autoconcepto y mis propios introyectos me permiten. Sea como fuere que aparezca, esto está *dentro de mi límite del Yo,* es con lo que puedo identificarme. La persona u objeto con la que aparezco en conflicto es en cambio *la proyección principal,* aquella parte que no acepto y con la que aparezco en mayor conflicto. Aunque en realidad esta parte es mía, está alienada, se encuentra *fuera de los límites del Yo*. Una y otra parte son polares.

Con mucha frecuencia, la que aparece proyectada es la parte agresiva, que dados los introyectos o lo restringido del autoconcepto no es aceptada como parte nues-tra. Así sucede en varios de los ejemplos anteriores. Sin embargo esto no siempre es así, con frecuencia también lo que se proyecta puede ser la ternura, la debilidad o la parte más vulnerable, como en el ejemplo del bebé: ¿qué parte mía es ese bebé que estoy matando?, o en el de la mujer fuerte que aparece en el sueño regañando a sus subordinadas hasta hacerlas llorar o desestructurarlas. En otras ocasiones, lo que hay debajo de una forma que parece agredirnos no es agresión, sino otra cosa: en el ejemplo de la araña, al convertirse en ella, la araña descubrió que no sentía coraje ni ganas de agredir a mi paciente, sino que lo que sentía era "una gran ver-güenza de ser tan fea" y "mucha tristeza de que tú no me aceptes" y que en realidad éstos eran los sentimientos que no aceptaba de sí misma.

No en todos los sueños aparece claramente el conflicto polar; sin embargo, la fre-cuencia con la que aparece es muy alta. Con frecuencia se trata además de *sueños repetidos*, lo que significa que son situaciones que una y otra vez el organismo está intentando cerrar, o bien mensajes existenciales del organismo que es necesario atender.

En cuanto a la forma de trabajarlos, el trabajo inicia de la manera tradicional, pidiendo a la paciente que re-vivencie el sueño y que nos lo cuente como si es-tuviera sucediendo ahora, en presente y en primera persona, lo que lleva a que rápidamente entre en contacto con la emoción presente en el sueño, a menudo de manera intensa. Una vez que la emoción se contacta, llegados a este punto no es necesario sin embargo que continúe vivenciando la angustia o el miedo, sino que le pedimos que se convierta en el vaquero, o en el diablo, o en la araña, precisa-mente en la parte que está rechazando.

En realidad este cambio debe hacerse más o menos rápido, no hay razón para que torturemos a nuestro cliente manteniéndolo más tiempo vivenciando el terror proyectado. Déjenme insistir en esto, no es necesario que vivencie más este terror, "que atraviese el miedo" o como se le quiera llamar, en realidad de esta parte *ya se da cuenta*. Lo que necesitamos es que vivencie y asimile la proyección.

A pesar de lo difícil que pudiera parecer, acompañado con una voz suave y que da confianza, el paciente acepta el cambio sin mayor problema, y una vez convertido en esta proyección principal suele suscitarse una transformación notable, tanto que a menudo pareciera otra personalidad que no es la del paciente. La vivencia de esta proyección permite reapropiarnos de toda la energía proyectada, que había sido negada, y re-asimilarla.

Una vez hecho esto el cambio de roles continúa una o dos veces más, hasta que la integración sucede y la situación se resuelve. En estos casos *el centro*, lo que representa también la resolución de la situación, *es una situación nueva, que no corresponde a ninguna de las dos polaridades sino que las trasciende*.

En el ejemplo del vaquero, por ejemplo, la resolución se da cuando, una vez que se ha convertido en el vaquero, la mujer que había estado huyendo permanentemente lo enfrenta y habla con él. Y la que sale de ahí y se aleja de la pileta caminando no es el vaquero (la agresión proyectada), pero tampoco es ya la mujer que hacía la víctima y que no podía detenerse, sino una mujer nueva, que se ha dado cuenta de su propia parte perseguidora y de su propia fuerza, y que ahora se responsabiliza de ella y puede utilizarla cuando lo considera conveniente. (De hecho la compañera aclaró después de esto varias de sus relaciones). En el sueño del tráiler, el resultado es una mujer nueva que ya no está aterrorizada sino que está en control de su propia fuerza y su propio poder. En el sueño del McDonald's en el que aparece el negro, la integración se da sólo cuando el hombre que estaba deprimido y siendo ahorcado, luego de recibir del negro la 3ª. tanda de patadas se incorpora y lo increpa y le grita: ¡ya, ya basta!, y aquél sencillamente se vuelve a subir al tráiler y desaparece. Y entonces el que estaba tirado se levanta, enrolla su sleeping y se acerca a pedir raid para dirigirse a casa, a resolver la situación que tenía tanto tiempo sin resolver.

Sería largo enumerar la resolución de cada uno de los ejemplos mencionados. En cada uno de ellos, la integración representa *una situación nueva*, que no corresponde a ninguna de las polaridades sino que las integra. En cada uno de estos trabajos, esta integración representó además *la resolución de la situación de vida* a la que correspondían, es decir, de la situación inconclusa de la que el sueño era el portavoz del mensaje del organismo. *En ninguno de los casos*, a pesar de que casi todos eran sueños repetidos, la (el) paciente volvió a soñar el mismo sueño.

15.9. Lado izquierdo – lado derecho

Lado izquierdo – lado derecho es una de las polaridades más importantes y universalmente aceptadas en Gestalt. Y sin embargo al revisarla –a diferencia de la mayoría de los apartados de este trabajo– debo empezar diciendo que me siento en terreno pantanoso y que existen elementos que exigen un discernimiento mayor o más fino del que me es posible integrar en este momento. Apunto entonces sólo algunas notas y líneas generales.

No tengo elementos para entrar a la discusión de hasta qué punto pueden considerarse polares el lado izquierdo y el lado derecho de nuestro cuerpo, sea como totalidades o al nivel de los órganos: cuestiones como si el hígado y el bazo pudieran ser polares, o si el corazón, situado más hacia la izquierda, podría ser polar de qué. Adriana Schnake (2007) ha desarrollado en cambio un amplio trabajo sobre las características de nuestros órganos y la relación que éstos tienen con nuestras distintas situaciones emocionales, en donde entre otras cosas despliega también las implicaciones que tiene el que éstos vengan en pares y sean simétricos, o bien sean centrales, o bien laterales y se encuentren en uno u otro de los lados del cuerpo.

Otro tema lo constituye si el hemisferio izquierdo y el derecho de nuestro cerebro deben ser considerados polares. La mayoría de los trabajos sobre polaridades tienden a considerar ambos hemisferios polares. J. García Lozano, por ejemplo, plantea incluso que la naturaleza de nuestra mente es polar y que por tanto "las polaridades pueden ser descubiertas y armonizadas, comprendidas y aprehendidas, resueltas en sus luchas internas, pero no pueden ser trascendidas" (García Lozano 2007: 67-73).

Hay sin embargo al menos un reparo importante sobre esta consideración *polar* de los dos hemisferios, que proviene del papel que juegan ambos en la generación de las situaciones inconclusas y en los mecanismos neuróticos, y con la relación que esto tiene para el trabajo en psicoterapia. Sigo al doctor y neurofisiólogo mexicano Daniel Nares:

> *Nosotros propiciamos con las técnicas vivenciales el bloqueo del hemisferio izquierdo, el analítico, el sitio donde se integran los valores culturales, leyes sociales, controles familiares, etc., además es el que nos enfrenta al sentido de la realidad. Al estar trabajando con el hemisferio derecho (emocional) se propicia que el paciente vuelva a vivir experiencias pretéritas o actuales, y sea capaz de reimprimir su propia historia…*

> *Si podemos con técnicas vivenciales propiciar que se bloquee transitoriamente el hemisferio izquierdo, gracias a la intensidad emocional y afectiva, se puede trabajar*

---

[37] Una descripción más amplia de las diferencias puede verse en Ginger y Ginger (1987: 73).

251

con el derecho y tratar de troquelar en el DNA o mielinizar las prolongaciones ner-
viosas, y lograr una nueva conducta que modifique aquéllas que estaban haciendo
sufrir al sujeto...

Después de haber trabajado con el hemisferio derecho que no trabaja con la lógica aristotélica, el sujeto se integra también con el hemisferio izquierdo, que es
el hemisferio analítico, el del sentido de realidad... Al lograr un gran clima emocional durante una técnica vivencial, propiciamos una excitabilidad en el DNA
favoreciendo la mielinización de las prolongaciones neuronales de este hemisferio con el resto de las estructuras cerebrales, que tienen que ver con el mundo de
los afectos (cuyo substratum psicofisiológico son el sistema límbico y el tálamo
óptico)... En psicoterapia se trabaja fundamentalmente con estos tres substra-
tos: cerebro derecho, tálamo e hipotálamo y la técnica a seguir es lograr en un
momento dado inhibir la racionalidad, venciendo las resistencias del hemisferio
izquierdo, para que se manifieste el hemisferio derecho con toda la emocionalidad que contiene. Esta situación no puede darse en la vida cotidiana, ya que se
perdería el sentido de realidad (hemisferio izquierdo), pero está presente en todos nosotros y a cada momento gracias al funcionamiento de ambos hemisferios.
(Nares 1992: 158-172).

Figura 10: Funciones del hemisferio derecho y el hemisferio izquierdo

Hemisferio derecho	Hemisferio izquierdo
Controla principalmente el lado iz-quierdo del cuerpo humano.	Controla principalmente el lado dere-cho del cuerpo.
Muchas de las actividades atribuidas al inconsciente le son propias...	Muchas de las actividades atribuidas al consciente le son propias.
Es un hemisferio integrador. Centro de las facultades visuales-es-paciales no verbales. Responsable de nuestra percepción del mundo en tér-minos de color, forma y lugar. Especia-lizado en sensaciones, sentimientos y habilidades especiales como las artísti-cas y musicales.	Centro del habla Se especializa en el lenguaje articulado, el manejo de información lógica y ma-temática, los aspectos lógicos y la sinta-xis del lenguaje, la atención focalizada o especializada, el control del tiempo, la planificación y ejecución de decisiones.
Integra varios tipos de información (so-nidos, imágenes, olores, sensaciones) y los transmite como un todo. Respuesta inmediata de los procesos visuales y de orientación espacial.	Procesa la información usando el análi-sis, descomponiendo en partes y anali-zando una por una. [36]

Dicho de otra manera: dado que las situaciones inconclusas tienen que ver con introyectos o improntas y son fundamentalmente emocionales, es en realidad el hemisferio derecho el que se ve mayormente afectado. El hemisferio izquierdo interviene creando las defensas del *Yo* y los mecanismos de protección que van a permitirle al individuo un funcionamiento relativamente normal, a pesar de las situaciones inconclusas generadas.

Estas defensas del *Yo* corresponden sin embargo a la parte neurótica, por lo que para que la situación inconclusa emerja es necesario, en términos de Nares, *bloquear el hemisferio izquierdo, vencer sus resistencias, para que se manifieste el hemisferio derecho en toda la emocionalidad que contiene*, esto para que la situación inconclusa pueda emerger, presentificarse, sobreescribirse y resolverse. Y con esto completamos también en realidad una breve descripción del trabajo gestáltico o del ciclo de autorregulación en términos neurofisiológicos.

Complejidades aparte, la experiencia terapéutica nos indica que –de manera muy similar a como sucede en el trabajo con los sueños– podemos trabajar como polaridades el lado izquierdo y el lado derecho cuando existe un conflicto o interacción significativa entre ellos, por ejemplo entre las manos, que suele ser lo más frecuente: por ejemplo la mano derecha acaricia o protege de manera ostensible la izquierda. También resultan trabajos significativos cuando la desproporción o el desbalance entre los dos lados, en cualquier parte del cuerpo que debiera ser par si no simétrica, es tan notable que implica una disminución o una dificultad para el funcionamiento del organismo.

De cualquier manera y al igual que en el resto del trabajo con polaridades, *es necesario visualizar el centro,* que en el caso de lado izquierdo y lado derecho no puede ser otro que –a través de la integración de la división emocional que emerja, asociada a los síntomas físicos–, el restablecimiento de la armonía y del funcionamiento adecuado del organismo.

Y otro tema lo constituye la que es la polaridad principal entre lado izquierdo y el lado derecho, la división entre el lado femenino y el masculino de cada persona. Pero a esto preferimos referirnos en el siguiente apartado, en el que nos referimos a las *conductas polares.*

15.10. Las *conductas polares, o* conductas totales polares

El fuerte y el débil, la víctima y el victimario, masculino y femenino, representan ejemplos de elementos que son polares y que tienen un centro. La diferencia con los ejemplos de polaridades que hemos presentado hasta ahora es que no se integran en una sola sesión o en un solo trabajo, sino que representan situaciones estructurales cuya integración es en realidad más bien un programa, que presupone previamente trabajos de recuperación del sí mismo negado y del restablecimiento de la autorregulación del organismo.

Vayamos como ejemplo a la situación frecuente de un victimario, de un hombre violento. Es una experiencia repetida una y otra vez que detrás de su violencia se encuentran situaciones en las que fue victimado, y que aprendió a esconder su debilidad y su dolor, y con ello por lo general su ternura, detrás de una coraza de agresión o violencia. O si se prefiere a la de una mujer que se vive como víctima y que no tiene consciencia de su propia agresividad y su violencia, que a menudo descarga además sobre víctimas inocentes.

Aunque a veces no lo percibamos, víctima-victimario es en realidad una polaridad o una conducta polar en el interior de cada uno de nosotros. Como señala Perls, cuanto más grande sea una polaridad es más grande también la otra: entre más grande sea el dolor más grande es también la agresión que se descarga inconscientemente. Si queremos ayudar a sanar a nuestra sociedad, necesitamos ver los dos polos. Como dice Joan Garriga:

> *Es muy común que ayudadores de personas consideradas como víctimas se eno-*
> *jen con los victimarios, incluso que deseen su mal, que se muestran indignados y*
> *quieran dañarles. Sin embargo, señalar a los malos como malos y crucificarlos en*
> *nuestro tribunal interior sólo los hace más malos.* (Garriga 2009: 243).

El *centro* de la polaridad víctima–victimario es en realidad el arraigo. El punto cero pre-diferencial es el arraigo propio, el arraigo energético a la tierra, a la conexión con la propia fuerza y el propio poder interior, que es en realidad lo que fue vulnerado cuando fuimos victimizados y cuando nuestra conexión se vio avasallada. Y es la recuperación de este arraigo, que representa energéticamente el propio poder personal, desde el cual no soy victimizado pero tampoco victimizo a nadie, lo que representa también el centro o el punto de integración.

Pero a este arraigo no se llega en una sola sesión. Para llegar aquí es necesario un proceso de sensibilización, que implica atravesar el propio dolor: hacer contacto y ver las escenas en las que hemos sido victimizados, y presentificarlas y reescribirlas o resignificarlas de modo que puedan ser asimiladas. Cuando soy consciente y sano mi dolor, no necesito violentar. (Saldaña y Anguiano 2013, véase también Álvarez 2009).

Se trata pues entonces de conductas polares, que para su integración presuponen la integración previa de los aspectos negados. Y lo mismo sucede en otros de los ejemplos mencionados, por ejemplo la integración de nuestros aspectos femeninos y masculinos. No distinguir esto lleva a la realización de trabajos malos –de los que me ha tocado presenciar una buena cantidad–, en los que la víctima y el victimario, o el fuerte y el débil, el apasionado y el reprimido, dialogan y aparentemente se ponen de acuerdo, cuando en realidad no hay una integración real ni una resolución de fondo.

Creo pues de la mayor utilidad esta distinción entre lo que representan las polaridades, entendidas como las situaciones que permiten en sí mismas la integración, en cuyo caso caen cada uno de los ejemplos a los que nos hemos venido refiriendo, de estas conductas polares, que representan polaridades en cuanto que conductas o situaciones totales, pero cuya integración presupone un camino previo.

15.11. El atolladero (o impasse) no es lo mismo que las polaridades

Otra de las confusiones más comunes de las polaridades resulta de asimilarlas al atolladero o impasse, pensar que la división que se produce en el atolladero es una división en polaridades.

Esto no es así, no por lo menos en el sentido en el que hemos venido definiendo las polaridades en este texto. Los niños dicen "estoy atoiado" para decir estoy atorado, y éste es el sentido del término. Un atolladero es un atoradero, una situación en la que nos hemos atorado, y la diferencia estriba en que el atolladero no se resuelve integrando las dos partes sino, como señala el mismo Perls, eligiendo una de ellas, prefiriendo una parte sobre otra.

Aunque es uno de los conceptos menos claros de toda su obra, Perls se refiere al atolladero o impasse en dos acepciones:

a. Cuando nos volvemos fóbicos ante lo desagradable de la emoción que emerge o de la situación en transcurso. Cuando ya no tenemos el apoyo ambiental y el autoapoyo aún no emerge. (Perls 1966b: 29; 1968b: 68).

b. Cuando tenemos que hacer una elección, en cuyo caso éste se resuelve cuando es clara la preferencia del organismo. (Perls 1966b: 38-39).

En ninguno de los dos casos se trata de polaridades correctas. En el primer caso, como puede observarse, se trata más bien de una división entre el sí mismo y el apoyo ambiental o los introyectos, si bien la conexión con aquél no está establecida todavía, sino que se establece hasta el momento de la explosión.

En el segundo caso se trata de una elección que aún no resulta clara y ante la cual lo que necesitamos es hacer contacto para permitir que emerja a la consciencia la preferencia del organismo: prefiero lentejas o frijoles.

El abanico de atolladeros es amplio y largo de enumerar, y la diferencia entre un atolladero y una división en polaridades puede resultar bastante sutil. Baste decir, por ejemplo, que mientras la división interna cuando una relación termina es un ejemplo clásico de polaridades, la dificultad para elegir entre seguir en la relación o separarse, cuando la relación no es suficientemente buena, es en cambio uno de los mejores ejemplos de lo que es un atolladero.

La frase: *"No es tan bueno como para quererlo, ni tan urgente como para dejarlo"* pudiera definir el atolladero en el que se encuentran un alto porcentaje de las parejas actuales. Pero a diferencia de la división polar cuando la relación termina, este atolladero no se resuelve sino cuando somos capaces de hacer contacto con la elección real del organismo –lo que puede resultar claro comparando *la sensación que acompaña cada una de las alternativas,* aunque a menudo supone varios trabajos previos– y nos responsabilizamos efectivamente de ella, planteándonos *la separación* o bien la reivindicación de nuestras necesidades y en su caso *la aceptación de la situación real de la relación.* (Véase Tobin 1970: 138-140).

15.12. Los trabajos de polaridades en el proceso de psicoterapia

Cada vez que polarizamos adecuadamente, permitiendo la emergencia de la polaridad que se encontraba oculta, o alienada, y el diálogo y la escucha de ambas hasta que se integran verdaderamente, posibilitando el acceso *al centro* o *punto cero,* en los términos descritos anteriormente, el trabajo de polaridades supone una verdadera *resolución,* la resolución de la situación inconclusa y con ello de una gran cauda de sufrimiento.

Cada trabajo de polaridades se integra a su vez en un proceso más amplio, representado por el proceso de psicoterapia. Los trabajos de polaridades pueden tener una profundidad muy diferente: un ejercicio perro de arriba / perro de abajo sobre alguno de los aspectos no aceptados de nosotros mismos, por ejemplo, puede resultar un ejercicio relativamente ligero, adecuado a las sesiones o etapas iniciales del proceso. Varios de los trabajos planteados aquí, incluyendo la polaridad perro de arriba perro de abajo cuando vamos a los introyectos y a las necesidades subyacentes, en los términos planteados por De Casso (2007), representan en cambio situaciones mucho más profundas.

De cualquier manera, la integración adecuada de las polaridades, al igual que cada situación que se ha concluido cuando se ha cubierto el ciclo de autorregulación, se integran en un proceso de crecimiento en el que, como decía Perls, cada capa de la cebolla va permitiendo gradualmente el acceso a situaciones más profundas y al cliente un mayor acceso a su propio autoapoyo y a la parte auténtica de sí mismo.

CAPÍTULO 16

Técnicas. Las técnicas supresivas y expresivas

16.1. El esquema de las técnicas

Este no es un libro de técnicas. El catálogo de técnicas en Terapia Gestalt es muy amplio: desde *El Darse Cuenta*, de John O. Stevens, pasando por el esquema de Naranjo, las *Técnicas de Gestalt-Terapia* de Moreau hasta desarrollos más recientes como el del argentino Carabelli, sin contar a Violet Oaklander y todo lo que se ha escrito sobre la Terapia Infantil Gestáltica, sobre esto hay bastante escrito en Terapia Gestalt. Además los terapeutas gestalt con frecuencia *inventamos* técnicas, cuando enfrentamos situaciones que necesitamos facilitar. Y no es la intención de este trabajo comentar o ampliar este repertorio, los textos ya existentes ayudan bien a ello.

Nuestra pretensión es más modesta: lo que nos planteamos es revisar el esquema clásico de las técnicas tomando como eje la construcción del concepto del sí mismo que hemos venido presentando, de modo de que sea consistente con lo desarrollado hasta ahora. Y distinguir asimismo lo que serían estrategias y lo que serían técnicas, de manera de facilitar la comprensión y utilización por la terapeuta en sesión.

El esquema de las técnicas de C. Naranjo (1990) plantea 3 grandes grupos principales de técnicas: las Supresivas, las Expresivas y las Integrativas o de Integración. Al facilitar una visión de conjunto sobre las diferentes técnicas y alternativas disponibles, este esquema de clasificación ha constituido una herramienta muy valiosa no sólo para el ejercicio de la psicoterapia, sino para el adiestramiento y el entrenamiento en Terapia Gestalt.

Con base en lo desarrollado hasta ahora, queremos:

a. Plantear que el apartado de las técnicas supresivas no especifica propiamente técnicas, sino las situaciones en las que es necesario intervenir.

b. Desarrollar, en consecuencia con lo anterior, las que serían las principales técnicas supresivas de la Terapia Gestalt.

c.   Distinguir, de entre ellas, las que consideraríamos propiamente técnicas de las que corresponderían mejor a la definición de *estrategias,* que hemos propuesto, en la medida que constituyen formas de abordar el conjunto de la sesión.

d.   Hacer solamente algunos énfasis sobre la manera de utilizar algunas de las técnicas expresivas.

e.   Separar, por su posición en relación al sí mismo, tanto el trabajo con las in- troyecciones como con la asimilación de proyecciones de lo que constituye propiamente el encuentro intrapersonal, y proponer distinguirlos en grupos diferentes.

f.   Plantear la definición de estos tres grupos como *estrategias.*

g.   Proponer la inclusión en el esquema de las técnicas de contacto dialogal y de algunas de las técnicas más usuales de la P.N.L.

16.2. Las técnicas supresivas

Bien. Para empezar creo conveniente resaltar la complementariedad de las técni- cas supresivas y expresivas, en los términos del mismo Claudio:

> *Existen dos formas en que las técnicas de la terapia guestáltica pueden ser de ayu- da para que el paciente se contacte con su experiencia. Una forma de vivenciar es detener la evitación, dejar de cubrir la experiencia. La otra, movernos hacia el contenido de la conciencia en la forma de una atención intensificada o exageración deliberada... las técnicas supresivas y expresivas...* (Naranjo 1990: 57-58).

> *En términos conductuales, la terapia guestáltica podría ser visualizada como un programa de refuerzo positivo de la auto-expresión, (lo que serían las técnicas ex- presivas) acompañado de un refuerzo negativo de la manipulación y la falta de autenticidad... (a través de las técnicas supresivas).* (Naranjo 1990: 84).

Así como lo que sería el objetivo de las técnicas supresivas:

> *El primer requisito para vivenciar lo que potencialmente podemos vivenciar, es de- jar de hacer alguna otra cosa... Si sólo pudiéramos dejar de jugar algunos de nues- tros juegos habituales, encontraríamos que el vivenciar ya no es algo que tenemos que buscar, sino algo que no podemos evitar... Para vivenciar tenemos que estar en el presente, tenemos que estar aquí y ahora...* (Naranjo 1990: 59).

Hasta aquí la definición. A continuación, Naranjo desarrolla su esquema no desde una clasificación propiamente de las técnicas, –como sí lo hace en el caso de las técnicas expresivas–, sino *de las situaciones que deben evitarse, o suprimirse.* Estas situaciones serían básicamente tres: el acercadeísmo o "hablar acerca de", el debeísmo, o decirnos a nosotros mismos o a otros "lo que debiera ser", y la manipulación, en la que se utiliza la acción como forma de evitar la vivencia. Fundamenta esta división en la esfera en que se encontraría cada una de ellas:

> *El acercadeísmo se refiere principalmente al mal uso del intelecto, (es decir, uso del intelecto para evitar), y el debeísmo, al mal uso de la vida emocional. En la esfera de la acción, la manipulación constituye una actividad semejante.* (Naranjo 1990: 73).

No siento necesario detenerme mucho en la primera y tercera situaciones (el acercadeísmo y la manipulación), con los que estoy en todo de acuerdo. Perls insistió en la necesidad de no intelectualizar, y de no hablar acerca de ("hablar acerca de uno mismo es una forma de evitar vivenciarse a sí mismo"), así como de la expresión directa; y en el mismo sentido lo hicieron desde siempre Polster y otros teóricos importantes. Y la clarificación de la manipulación, como una forma de evitación de la vivencia a través de la acción no expresiva y que habría que suprimir para posibilitar el darse cuenta, es un aporte importante en la comprensión de las técnicas.

Sí siento necesario revisar en cambio la conveniencia de incluir aquí "los debeísmos", en principio por la esfera misma en que se encuentran. No es claro que, para el objeto de la terapia, las tres esferas (el intelecto, las emociones o la acción) sean del mismo orden, el trabajo en terapia es en buena parte al menos un trabajo con las emociones. Y un debeísmo es significativo cuando es distónico con el sí mismo, cuando se opone al autoamor o el autopoder o cuando interfiere la expresión de alguna de las emociones básicas.

Y con frecuencia no es tan simple suprimir los debeísmos. En ocasiones sí se puede pedir al paciente que los haga un lado y que se concentre en la vivencia en curso. Sin embargo, el terapeuta también puede optar por construir el sketch o trabajarlos en esquema perro de arriba / perro de abajo, o bien por rastrear su origen y pasar luego a energetizar la devolución a la fuente externa a la que en realidad corresponden, corrigiendo la identificación (este proceso se detalla más adelante). En etapas posteriores del ciclo de autorregulación con frecuencia es conveniente también rodear los debeísmos y buscar alguna forma de facilitar la expresión. Claudio mismo parece reconocer esto cuando afirma:

> *La regla de la no-evaluación es más difícil de seguir que la regla de no pensar, y esto se debe, en parte, a la mayor sutileza de la actividad de enjuiciamiento... Antes que*

alguien pueda dejar de evaluar, debe ver claramente cómo lo está haciendo... una de las formas es exagerando. (Naranjo 1990: 69).

Aclarando entonces: las técnicas supresivas se usan en aquellas situaciones como "el acercadeísmo" o la manipulación, en las que el paciente evita el contacto con y la expresión del sí mismo. Eventualmente pueden usarse para suprimir "los debeísmos" si bien con frecuencia no es posible o conveniente suprimir éstos, sino que trabajarlos forma parte ya de la estrategia de la sesión.

16.3. Ampliando el concepto de las técnicas supresivas

Y si éstas son entonces las situaciones en las que hay intervenir, cabe preguntarse cuáles serían propiamente las técnicas supresivas. Y como tales es conveniente agrupar a varias de las técnicas más importantes de la Terapia Gestalt, como el continuum del darse cuenta, a la posibilidad de utilizar éste específicamente en la zona interna y a la técnica de concentración, así como a la utilización de la frustración y a la selección de preguntas que van dirigidas a y favorecen el contacto con el sí mismo.

16.4. El continuum del darse cuenta

Si bien el continuum del darse cuenta no es solamente una técnica sino también un modelo de forma de vida: el ideal de la permanencia en el presente o de la consciencia zen (Naranjo 1990: 27-52), lo consideramos una técnica supresiva porque su objetivo cotidiano, en la sesión de terapia, no es el de convertir ésta en una hora de ejercicio de permanencia en el presente, sino la aparición de "la estructura del carácter", la forma como el paciente está evitando vivenciarse a sí mismo, que es precisamente lo que hay que trabajar. Es una forma de pedirle que suprima sus juegos habituales, que abandone el "hablar acerca de", o el manipular y que vivencie su verdadera experiencia.

Como es sabido, Perls insistía en pedir a sus pacientes que empezaran con la frase "ahora me doy cuenta" y tenía una gran habilidad para trabajar desde ahí (Perls 1955-56: 71). Ya hemos desarrollado en otro apartado como esta técnica no constituye un elemento imprescindible de la Terapia Gestalt –a diferencia de la permanencia en el presente– y es poco usada actualmente, lo que no significa que no pueda representar una técnica o una estrategia útil. (Véase el apartado "Método, Estrategia y Técnicas", puntos 11.1 y 11.2.)

16.5. El *ahora me doy cuenta*, focalizado en la zona interna

A mí me ha dado mucho mejor resultado, en lugar del "ahora me doy cuenta", pedirle al paciente que trabaje con la misma frase pero que se concentre sólo en la zona interna. Le pido al paciente que trate de dejar el pensamiento y sentir su cuerpo, dándose cuenta de cuál es la sensación más fuerte que aparece en su conciencia (para posteriormente ir a la situación inconclusa que emerge). Este ejercicio tiene la ventaja de que es más enfocado que el "ahora me doy cuenta", pues el darse cuenta va dirigido específicamente hacia zona interna, que es la más significativa de vivenciar.

La vivencia de la zona interna implica posibilitar el contacto con el sí mismo, sin la interferencia del como si o del juego de roles. Es pues una técnica supresiva significativa. Los verdaderos sentimientos, las situaciones inconclusas profundas están almacenadas en el cuerpo. El cuerpo tiene memoria, el cuerpo sabe la respuesta.

16.6. La técnica de concentración

Ligada a la anterior, otra técnica supresiva fundamental es la técnica de concentración, que Perls define como "el darse cuenta focalizado". (Perls 1955-56: 73-74). Una vez que mediante el ejercicio anterior ha aparecido la sensación, o desde un inicio cuando se trata de cualquier síntoma, se pide al paciente que se concentre en su sensación corporal, que "se quede con ella".

El objetivo es lograr que aparezca la figura que está ahí, la emoción no expresada o la escena correspondiente a la situación inconclusa. Al concentrarnos en la sensación, y en su caso facilitar la formación de la figura, estamos desarrollando y ayudando a expresar algo que proviene del sí mismo y que no estaba en el campo del darse cuenta habitual o que estaba incluso reprimido por la identificación con el top-dog.

La técnica de concentración va en las técnicas supresivas por el hecho de que al pedirle al paciente que se concentre en su sensación, o en su síntoma, también le estamos pidiendo que suprima su comportamiento habitual, la forma como se produce su sensación o síntoma y que vivencie lo que está evitando vivenciar. Es en estricto sentido una técnica supresiva concentrada, más fuerte.

Esta técnica es tan potente que permite la emergencia de la gestalt significativa, y su importancia tan relevante que parece haber jugado un papel fundamental en el desarrollo y la formulación de la Terapia Gestalt. En *Yo, Hambre y Agresión*, Fritz y Laura Perls llaman a toda su técnica "terapia de concentración" y dedican a ella la 3ª. parte de la obra (Perls 1942: 239-350). Laura critica incluso posteriormente a Fritz el haberse apartado durante su último tiempo de esta terapia de concentración. (Véase L. Perls 1956: 125-144 y L. Perls 1977: 173-182.)

16.6.1. Forma de trabajo

Se le pide al paciente que se ponga en una posición cómoda, con la espalda recta, y que cierre los ojos. Que respire, sin forzar, un poco más profundo que lo normal.

➤ Y que se concentre en la sensación de su cuerpo que vaya apareciendo. Se le pueden dar ejemplos de sensaciones: el contacto de su espalda o de las nalgas en la silla, de la camisa al rozar con su cuello, de las manos apoyadas en las piernas.

➤ Que siga a la sensación que aparece y que ponga su atención en ella. Sin etiquetarla, sólo que la sienta.

➤ Si aparece algún pensamiento, que suavemente lo deje ir.

➤ Si aparece otra sensación, que siga a esta nueva sensación, siguiendo en cada caso la sensación dominante.

➤ Conforme avanza el ejercicio, se le pide que vaya atendiendo a cualquier molestia o sensación no placentera que aparezca: una tensión en el cuello, o en la espalda, una opresión en el pecho, cualquier punzada, o sensación de ardor, cualquier dolor en la cabeza, el estómago, etc., y que fije su atención en ella.

➤ Si aparecieran dos sensaciones, que escoja la que implica una molestia mayor.

(Esto puede hacerse tanto en silencio como repitiendo la frase "ahora me doy cuenta". A algunas personas parece facilitárseles más el ejercicio en silencio).

Una vez que la sensación resulta clara, se le pide al paciente que se concentre en esa sensación… y pasados unos momentos, que se fije en la escena que emerge. Esto es suficiente para el trabajo. El organismo nos da lo que está preparado para trabajar.

Con pacientes que ya tienen experiencia, se puede también preguntar ¿cuántos años tienes? Y pedirle que, concentrado en la misma sensación, busque una escena anterior, que aparezca ligada. Esta parte del ejercicio se puede facilitar, al mismo tiempo que pidiendo y modelando una respiración más rápida y más profunda que lo normal –a la manera como se usa para generar la hiperventilación en la meditación dinámica de Osho– durante uno o dos minutos. Pasado este intervalo es conveniente detener la respiración rápida (no es necesario ni conveniente ir a todo el ejercicio de hiperventilación) y preguntar a los pacientes dónde están ahora, cuántos años tienen. El ejercicio puede hacerse, nuevamente breve, una vez más.

Nuestra experiencia con grupos de alumnos de la Maestría en Psicoterapia es que después de una segunda vuelta, sencilla, la gran mayoría está en escenas entre 2 y 4 años. Una vez aquí tenemos material más que significativo para el continuar el ciclo de autorregulación. [38]

Cuando el paciente ya muestra un síntoma en la sesión, y manifiesta por ejemplo dolor de cabeza, o gastritis, o cualquier otro síntoma, sencillamente ahorramos toda la fase de darse cuenta de la sensación y pasamos a la concentración, pidiéndole que se concentre en el síntoma y esperando a que emerja la figura o escena relacionada.

Y una vez que emerge la emoción o la escena es necesario del mismo modo facilitar el proceso y la resolución de la situación inconclusa. No hay que olvidar que el síntoma es un compromiso, *una componenda,* entre la emoción que busca emerger y que corresponde al proceso real del organismo, y la introyección que la detiene, en cuyo apoyo se ha involucrado también el cuerpo. El síntoma es pues una división del cuerpo, entre el impulso de la emoción del organismo y la parte corporal de la introyección que lo detiene. El dolor de cabeza e incluso las migrañas, por poner uno de los ejemplos más comunes, son a menudo del resultado de la tensión entre las ganas de llorar (el impulso del organismo) y el introyecto que dice "no llores" para cuyo refuerzo apretamos los músculos de la cabeza. Cuando el síntoma aparece, esta división –que no es polar– ya está en superficie, por lo que toca sencillamente concentrarnos en ella hasta que aparece el impulso del organismo que estamos conteniendo y que le está dando origen.

Una vez que emerge la escena y la emoción que no se ha expresado estamos en el camino del ciclo de autorregulación, y es pues necesario facilitar su expresión y la resolución de la situación inconclusa.

16.6.2. Otra forma de trabajo

Otra forma de trabajo consiste en, una vez que ha emergido la sensación, elaborar su significado emocional como propone Kepner (1987: 4-6).

---

[38] Esta profundización mediante la respiración no resulta adecuada en grupos que no tienen proceso previo.

> Una vez que ha clarificado la sensación, se le pide al paciente que le de forma. Que complete la frase "es como si…" (Es como si me estuvieran aplastando, es como si me estuviera punzando, es como si me estuviera quemando, etc).

> A continuación se le pide que asuma responsabilidad: "Yo me estoy…" Yo me estoy oprimiendo, yo me estoy punzando, yo me estoy quemando…

> Y que se dé cuenta del motivo *para qué lo hace*: "Yo me estoy oprimiendo para…" Yo me estoy quemando para…

> En esta forma de trabajo, este es en realidad el paso más difícil. A menudo el paciente "no ve" para qué está haciendo lo que está haciendo, y o nos dirá que no sabe, o pretenderá darnos respuestas fáciles que no corresponden a la figura real. Hay pues que tener paciencia. Sin embargo, en el momento en que emerge la figura real, lo que emerge es por lo general *un verdadero insight*. "Me estoy oprimiendo la cabeza para no sentir la tristeza tan grande que me genera su abandono, y para no derrumbarme… " o bien "me estoy quemando el estómago (o el cuello y los hombros) para no sentir el coraje tan grande…

> De aquí se puede pasar ya a la expresión, o el ejercicio puede completarse aún con otra fase:

> Yo me estoy haciendo esto para…, *a costa de…* lo que permite darse cuenta del costo que para la propia salud y la propia vida tiene lo que nos estamos haciendo…

Al igual que en el caso anterior, después de este proceso hay que ir a la expresión y a la resolución de la situación inconclusa, a través de la complexión del ciclo de autorregulación.

16.7. La visualización. Retraerse al vacío fértil

Otra técnica de la mayor importancia en Terapia Gestalt es la de la visualización, en la que sencillamente pedimos al paciente "que visualice algo", que "cierre sus ojos y observe cualquier imagen que pueda aparecer en la pantalla de su mente" (Perls 1942: 263).

El significado y alcance de esta técnica se basa en el hecho de que mientras la mente consciente tiene una afinidad mucho mayor con las palabras, la afinidad de la "mente inconsciente" es mucho mayor con las imágenes. (Perls 1942: 261).

Tenemos un control mucho mayor de las palabras y de nuestro discurso verbal, mediante las que nos mantenemos en el *"como si"* o el juego de roles, mientras que las imágenes escapan a este control.

De esta manera, cuando logramos formar una imagen y concentrarnos en ella durante unos segundos, en realidad estamos trascendiendo el chip-chap habitual y logrando el acceso a material del que normalmente no nos damos cuenta.

> *Concéntrese una y otra vez en la misma imagen... es suficiente si puede descubrir una a la que puede contemplar durante unos segundos. Se obtiene el mayor beneficio de las imágenes estáticas, parecidas a las proyectadas por una linterna mágica... Estas son imágenes introyectadas, trozos no digeridos en su estómago mental...* (Perls 1942: 263-264).

Y la forma como se trabaja con la imagen es básicamente la misma que si se tratara de un sueño, revivenciando en presente los distintos personajes y contenidos.

De la misma manera que en éstos, el conflicto principal representa polaridades correctas: la forma como aparezco yo en la imagen y la persona o elemento con la que aparezco enfrentado o en conflicto son polares. Aun si yo no aparezco en la imagen, por ejemplo, si en ella aparecen las dos mujeres en relación de las cuales estoy en conflicto, éstas pueden representar dos partes polares mías; si ubico el conflicto principal y *el centro* estaremos en un trabajo de polaridades.

Los símbolos tienen a menudo una carga similar a la de los sueños, y el trabajo con el escenario puede hacerse de la misma manera que en estos, como una representación del conjunto de la existencia. Como dice M. Atienza: el consultante "pasa de representarlos y sentir a medias que él es su símbolo, a sentirse siendo completamente su símbolo. Es en este momento de trabajo directo con el inconsciente, cuando se dan más fluidamente los cambios en los símbolos presentados" (Atienza 1987: 103).

Perls llama posteriormente a este permitir el flujo y la formación de las imágenes, sin interferir, "retraerse al vacío fértil", –que es el estado en el cual fluye el artista–, y lo plantea como un medio para deshacer la confusión. Y advierte sobre las dificultades que puede tener el paciente para esta visualización, para formar su imagen (las interferencias corresponderían a "el espacio en blanco" o las dificultades para visualizar, lo que equivale a trascender el como si o la estructura del carácter), para lo que es necesario "que se quede con su confusión", y da una serie de ejemplos e indicaciones de cómo abordarlo. Estas indicaciones son tan ilustrativas que creo necesario ir al texto:

Si le pedimos al paciente que visualice algo, nos podrá decir que sus imágenes fan-
taseadas son muy borrosas. Al pedirle que prosiga nos podrá decir: son como si
estuvieran en una nube o en la niebla. Esta niebla o nube es considerada por el tera-
peuta como el autoconcepto del paciente, una estructura del carácter, un sistema de
verbalizaciones. Aparentemente el paciente tiene que colocar una cortina de humo
en torno a sus imágenes o si no sumergirlas en una nube.... Podemos suponer que
hay al menos algunas áreas donde tiene que evitarse a sí mismo el mirar, de otra
manera no se tomaría la molestia de hacerse el ciego a medias en su fantasía. Si el
paciente puede quedarse el tiempo suficiente con su neblina ésta se levantará.

Tomen el caso en que la niebla se transformó en algo gris blanquecino, lo cual fue
reconocido por el paciente como un muro de piedra. El terapeuta le pidió al paciente
si podía imaginarse estar trepando por sobre este muro. Y cuando el paciente lo hizo
se desarrolló que al otro lado había pastizales verdes. El muro había constituido la
cárcel del paciente; era un prisionero.

También puede ocurrir que nuestro paciente tenga un espacio en blanco total y
completo. No ve nada. Supongamos que describe la oscuridad como una cortina de
terciopelo. Ahora, además de nuestro paciente, contamos con un telón. Le podemos
pedir que en fantasía abra la cortina. Y es muy posible que detrás de ella descubra
aquello que estaba escondiendo de sí mismo. También pudiera ser que tras su oscu-
ridad, no hay literalmente nada, una ceguera. Aún podemos obtener una orienta-
ción pidiéndole que represente a un hombre ciego. (Perls 1955-56: 100).

Permítanme relatar una experiencia. En una ocasión, uno de mis pacientes se que-
jaba de que no podía sentir su corazón. Yo le pregunté entonces si podía verlo.
Me contestó que apenas podía verlo, porque se encontraba detrás de una coraza
o de un muro de cemento. Cuando le pregunté cómo sabía, si no podía verlo por
el muro de cemento, me contestó que sólo tenía una pequeña rendijita por la que
apenas entraba el aire. Después de pedirle que se asomara por la rendija y preguntarle si lo podía ver mejor, yo le pedí que soplara por la rendija, para que le entrara
más aire; y luego que soplara fuerte, para que entrara todo el aire que pudiera.

Lo que siguió fue una experiencia impresionante, en la que estuvo "devolviendo
aire" eructando durante un buen período de tiempo –quizá unos 35 minutos, en
los que incluso me llegué a preocupar–, haciendo un ruido rarísimo que no podía
detener. (Para "no sentir su corazón" y no sentirse débil, había mantenido contraído el diafragma de manera permanente, y al permitir la entrada del aire y expan-
dirlo estaba en realidad restableciendo su respiración.)

El paciente elaboró el muro como "su fuerza" y como el miedo que tenía a abrir
su corazón, por el temor de volver a ser lastimado como lo había sido en otras
ocasiones, sobre todo por su madre cuando era niño. Y (llorando intensamente)
vivenció y expresó el cariño de su mujer y sus hijas, que se había negado a permitirse durante mucho tiempo.

Sobre los alcances del trabajo con la visualización, Diana Glouberman (1999) ha elaborado un excelente texto: *El Poder de la Imaginación*, en el que desarrolla ampliamente las distintas posibilidades y el poder del trabajo con las imágenes, tanto en el ámbito personal, las relaciones y en aspectos como los sueños, la salud y la enfermedad, el tiempo y el dinero. En realidad con base gestáltica, el libro es tan bueno que debiera ser incluido en los programas de formación de los terapeutas.

La Terapia Gestalt se desarrolló en buena parte con base en el trabajo de sueños. Los talleres sobre sueños de Perls fueron tan exitosos que la Gestalt debe a ellos buena parte de su expansión. Posteriormente diversos autores han también escrito sobre el tema, entre otros Preciado (1993), Castanedo (2008), Martín (2009), Lowenstern (2009) y Mindell (2006). En lo personal tengo la impresión, sin embargo, de que en la actualidad los trabajos de sueños son menos utilizados de lo que sería recomendable, lo que en parte se debe a una formación deficiente y a *miedo* de los terapeutas. Entrar a un mayor desarrollo desborda sin embargo las posibilidades de este trabajo.

Para el terapeuta, el trabajo con imágenes y los trabajos de sueños representan un mundo lleno de riqueza y posibilidades, en realidad una avenida tan grande como el trabajo desde la zona interna, la concentración y el trabajo corporal.

16.8. La concentración y la visualización: estrategias más que técnicas

Quizá valga la pena plantear la conveniencia de considerar al darse cuenta focalizado en la sensación o en la zona interna, a la concentración y a la visualización, como estrategias, más que propiamente como técnicas, en el sentido de lo propuesto.

Esto no se debe a una mera cuestión de términos, lo que sería irrelevante, sino a que tanto una como otra constituyen por lo general estrategias que se usan para el abordaje del conjunto de la sesión, y dentro de las cuales a su vez utilizamos o podemos utilizar una amplia variedad de técnicas.

Cuando el paciente llega a sesión, básicamente:

a. Podemos trabajar con lo que nos comenta, con la situación o el discurso que plantea. Escogemos la situación o la figura significativa y nos comprometemos con ella. De aquí podemos ir a la sensación, (la verificación como criterio de verdad) y corroborar la correspondencia de emoción, sensación y figura, o bien corregir hacia la situación y la emoción del organismo. O bien podemos avanzar ya en el ciclo, cuando la situación y la emoción corresponden a lo real y están ya suficientemente energetizadas para darnos cuenta que vamos a un trabajo significativo.

b. Podemos partir desde el cuerpo, ya sea desde el síntoma que el paciente presenta, o bien desde el darse cuenta de la zona interna y la concentración, concentrándonos en la sensación dominante y posibilitando la emergencia de la situación inconclusa del organismo.

c. Podemos ir al trabajo de sueños o de una visualización o imagen.

Tanto esto como definir si con lo que emerge vamos al ciclo de autorregulación, o a un trabajo de polaridades, o si debemos antes deshacer la introyección, la proyección o la retroflexión, para poder entonces sí avanzar en el *ciclo, son cosas que el terapeuta elige, de las que debe darse cuenta para saber qué está haciendo en la sesión.* Constituyen *la estrategia de la sesión,* lo que hemos llamado *Estrategia.*

En ocasiones la estrategia de la sesión puede incluir dos o más de estas posibilidades o estrategias: por ejemplo devolver primero los introyectos o expresar las dificultades a mamá para que luego pueda emerger la ternura, o para poder expresarle mis necesidades. O bien deshacer la proyección a través de la cual la paciente evitaba el contacto con la emoción, para posibilitar que ésta emerja y luego avanzar en el ciclo, etc.

16.9. La frustración

En un sentido amplio, Perls define como frustración toda la actividad dirigida a detener la evitación, a cubrir o a evitar la vivencia directa, el conjunto de lo que serían las técnicas supresivas:

> *... Para lograr la transformación desde apoyo externo a autoapoyo el terapeuta tiene que frustrar los intentos del paciente para lograr apoyo ambiental. (...) Una situación puede concluirse –lo que es igual a decir que se logra satisfacción–, únicamente si el paciente está comprometido enteramente en ella. Dado que sus manipulaciones neuróticas son un modo de evitar el compromiso total con las situaciones, deben frustrarse. (Perls 1955-56: 105, 109).*

> *Podríamos resumir el enfoque terapéutico presentado aquí y la utilización por parte del terapeuta de las herramientas de la frustración y la satisfacción diciendo que el terapeuta debe frustrar aquellas expresiones del paciente que reflejan su autoconcepto, sus técnicas manipulatorias y sus configuraciones neuróticas. Y debe satisfacer aquellas expresiones del paciente que son verdaderamente expresiones del sí mismo del paciente. Si ha de ayudar al paciente en cualquier forma de autorrealización, deberá, por definición, disuadir cualquier satisfacción de las configuraciones*

que impiden la autorrealización (la neurosis), y estimular exhibiciones del sí mismo esencial que el paciente está tratando de encontrar. (Perls 1955-56: 113).

Excluyendo los recursos ya mencionados y a los que hemos llamado *Estrategia*, de manera específica entendemos como técnicas de frustración todas aquellas maniobras del terapeuta, sus formas de diálogo o de respuesta, mediante las cuáles evita caer en el juego del paciente y lo orilla a dejar de manipular y a autoexpresarse.

> ▸ Proporcionar situaciones no estructuradas que obligan al paciente a responsabilizarse es una forma de frustración:
> —Siento ganas de pararme y rugir a todos ustedes.
> —Veo que no estás haciendo eso.

> ▸ Evitar contestar las preguntas del paciente, ya sea mediante el recurso de ¿podrías convertirlo en una afirmación? o a través de cualquier otro método.

> ▸ No responder a las solicitudes de apoyo u orientación del paciente, todos los "usted sabe", "usted dígame" o "usted qué opina".

> ▸ Utilizada con cuidado, es muy útil la utilización de la ironía ante las quejas o los intentos de manipulación:
> —¡Pobrecito!..." "de verdad debes sufrir mucho, tú que eres tan buena", etc.
> —¿Se está burlando de mí?
> —No… como crees. Si de verdad es muy triste tu caso…

> ▸ Existen en realidad para esto una variedad de recursos. En una ocasión funcionó muy bien como técnica de frustración simplemente contestar: "no te entiendo" al rollo de un paciente de tipo intelectual:
> —¡Pero cómo no me va a entender! ¡Si está muy claro!

Sea como sea, la frustración es un medio para facilitar la emergencia de la emoción que por lo general se está evitando. Una vez que ésta emerge, funciona sencillamente facilitar la formación de la figura:
—Sí, tu marido hace eso. Pero en realidad, ¿cuál es tu sentimiento? Tú, ¿qué sientes?
—Está bien, te enojaste conmigo, ¿con quién más estás enojado?

16.10. Las preguntas dirigidas al sí mismo

Aunque existe una gran variedad de recursos supresivos, me parece importante incluir el papel de las preguntas que hace el terapeuta como herramientas o técnicas en el desarrollo de la sesión. La cita es de Perls:

> *Si el terapeuta se viera limitado en su trabajo a hacer solamente tres preguntas, eventualmente tendría éxito con todos, menos los más perturbados de sus pacientes. Estas tres preguntas, que esencialmente son reformulaciones de la afirmación "Ahora me doy cuenta" son: "¿Qué estás haciendo?" "¿Qué es lo que sientes?" y "¿Qué es lo que quieres?". Podríamos agregar dos más: "¿Qué estás evitando?" y "¿Qué es lo que esperas?". Estas son obviamente extensiones de las primeras tres, y todas ellas juntas serían un arsenal suficiente para el terapeuta.*
>
> *Estas cinco preguntas son preguntas sanamente apoyantes, es decir que estimulan el autoapoyo. El paciente sólo las puede contestar en la medida que se lo permita su propia capacidad de darse cuenta. Pero al mismo tiempo le ayudan a darse cuenta de más cosas. Lo lanzan sobre sus propios recursos, lo traen a un reconocimiento de su propia responsabilidad, le piden que reúna sus fuerzas y sus medios de autoapoyo. Le dan un sentido de sí mismo porque están dirigidas a él mismo. (Perls 1955-56: 79-80).*

En nuestras sesiones de supervisión en grupo ha sido algo reiterado, que se repite constantemente, el hecho de que cuando el terapeuta "pregunta bien", es decir, cuando usa breve y básicamente las preguntas señaladas, o algunas extensiones, –a pesar de que se le vayan algunas figuras o de que no domine algunas técnicas–, el paciente termina por trabajar bien, por "entrar" o "tocar". En cambio, cuando el terapeuta no pregunta bien, cuando sus preguntas "mandan al rollo" al paciente, o cuando van a la cola de éste, con mucha frecuencia termina enganchándose y la sesión se convierte en puro rollo, lo que aparte de todo resulta cansado para ambos.

Como él mismo lo indica, las preguntas básicas de Perls van dirigidas a favorecer el darse cuenta y el contacto con el sí mismo. ¿Qué es lo que quieres? Busca hacer consciente el significado de acciones o comportamientos de los que al parecer no estamos siendo conscientes. ¿Qué es lo que sientes? Busca el contacto con la sensación o traer a la conciencia la zona interna. ¿Qué estás evitando? que es otra formulación de ¿De qué tienes miedo? busca llevar a la conciencia qué está evitando la resolución de la situación, así como la forma como se está evitando.

En el mismo sentido, son preguntas que ayudan, dirigidas al sí mismo, aquéllas:

➤ Que nos permiten conectar la sensación: ¿y dónde la sientes?
O bien describirla: ¿Y cómo es la sensación? ¿Y cómo es esa opresión? ¿Y cómo es ese nudo?

➤ Que nos permiten aclarar la emoción: ¿Y cómo es tu tristeza?
O profundizarla: ¿Y qué es lo que más te duele? O ¿Qué es lo que te emputa? ¿O lo que te más te encabrona? (usamos sus propias palabras).

> Que nos ayudan a formar la figura: ¿De qué es tu tristeza? ¿En realidad, con quién estás enojada? ¿Y a quién te gustaría golpear (o morder, arañar, lo que haya aparecido). Ese nudo, ¿para qué está ahí?

En cuanto que favorecen el contacto con el sí mismo, estas preguntas nos conectan también con el proceso de autorregulación. Algunas de ellas nos permiten incluso deshacer retroflexiones o algún otro de los mecanismos neuróticos, y pueden llevar a la explosión de coraje, pena, miedo o alguna de las emociones básicas. Conviene evitar, en cambio, a menos que lo hagamos conscientemente y que se trate de información que consideremos relevante, preguntas del tipo: ¿Y qué te dijo? ¿Y qué más hiciste?, etc. que en realidad buscan más información y por lo general mandan al paciente al rollo.

Las preguntas dirigidas al sí mismo son en realidad al mismo tiempo técnicas supresivas y expresivas. Son preguntas que de alguna manera suprimen el discurso y evitan que el paciente siga en el *como si*, en el juego de roles. Y son preguntas también que estimulan el autoapoyo y que lo llevan a vivenciar y a expresar su propio sí mismo.

Yo prefiero dejarlas entre las técnicas supresivas porque se usan desde el principio de la sesión y por la facilidad para tenerlas presentes entre los recursos de los que dispone el terapeuta para llegar al sí mismo, distinguiendo en cambio las técnicas expresivas como los recursos de los que se dispone para invitar a o para ayudar a completar la expresión del sí mismo.

16.11. Las técnicas expresivas

Lo primero que hay que preguntarnos es qué son las técnicas expresivas. En su sentido literal, *expresar-se* es expresar lo propio, nuestra verdadera naturaleza, el sí mismo; todo aquello que no se expresa en el juego de roles o en el "*como si*".

Planteamos ya como las técnicas supresivas y expresivas son las dos partes de las mismas pinzas, las dos herramientas de las que disponemos para llegar al mismo objetivo. En palabras del propio Naranjo:

> *Existen dos formas en que las técnicas de la terapia guestáltica pueden ser de ayuda para que el paciente se contacte con su experiencia. Una forma de vivenciar es detener la evitación, dejar de cubrir la experiencia. La otra, movernos hacia el contenido de la conciencia en la forma de una atención intensificada o exageración deliberada... las técnicas supresivas y expresivas..." (Naranjo 1990: 57-58).*

Entendidas desde el sí mismo, mientras a través de las técnicas supresivas:
> Evitamos, suprimimos, tratamos de dejar
> El juego de roles, la manipulación, el *como si*, el hablar acerca de
> Todo aquello que evita la vivencia, la expresión de la propia naturaleza
> Y tratamos de llegar al sí mismo.

Con la otra pinza, o con el otro brazo, las técnicas expresivas:
> Ayudamos a que emerja lo que se encuentra negado o bloqueado
> A que se asuma y se complete lo que "apenas sale"
> A darnos cuenta y a vivenciar el sí mismo
> Y a asumir la responsabilidad de lo propio.
> De lo organísmico y de los verdaderos sentimientos.

Otro aspecto a plantear es si todas las técnicas expresivas presentadas son en realidad expresivas, o si varias de ellas son al mismo tiempo supresivas y expresivas, o incluso más bien supresivas. En este caso estaría lo que Naranjo llama "el ser directo", que tiene los dos elementos: por una parte, suprime la acción no significativa, los "tal vez" o los "quizá", y cambia (quita o suprime) los it, o ello, etc. Por la otra, pide que la frase se exprese afirmativamente: es, fue, o en primera persona, yo (en lugar de it), asumiendo responsabilidad.

Es importante hacer notar, además, que este hablar directamente ("a ver... díselo a ella") implica *mucho mayor nivel de contacto* que el hablar en 3ª. persona ("¿y qué te gustaría decirle?"). Y que escoger una u otra forma en realidad es un recurso que el terapeuta puede usar como **graduación del contacto**, tanto en un sentido como en otro, pidiendo al paciente que exprese y se lo diga directamente para un mayor contacto, o bien preguntando: –"¿Bueno, qué te gustaría decirle?" facilitándole una experiencia menos intensa antes, como paso previo, cuando tiene dificultad con la intensidad de la experiencia. Y luego claro se puede volver a pedirle que ahora sí se lo diga directamente, incluso con un "pero si en realidad ya se lo dijiste" si aún tiene dificultad con el nivel de contacto.

En estos casos, que por lo demás son muy frecuentes, incluso es posible pedirle que se lo diga de alguna manera no verbal, con sonidos guturales o con algún movimiento o expresión del cuerpo (lo que implica una *graduación del contacto aún menor)* si todavía la expresión en 3ª. persona resultara difícil. (Sobre este tema de la *graduación* del contacto véase también el desarrollo de Zinker 1977: 111-114).

El apartado de las técnicas expresivas al que Naranjo llama "Completar la expresión", incluye varias de las técnicas más potentes de la Gestalt: la repetición, la exageración, la explicitación o traducción, y la identificación o actuación, y es tan preciso que no creo prudente extenderme. Remito en todo caso al texto.

Quisiera en realidad subrayar apenas algunos aspectos, en primer lugar, la importancia de la técnica de la repetición y de que el terapeuta aprenda a ubicar cómo
y cuándo usarla, y a perder el miedo de hacerlo por temor de errar o de verse
ridículo. La técnica de la repetición es un recurso muy importante como medio
para ayudar a expresar y afianzar el sí mismo, sobre todo cuando el paciente está
en medio de un discurso que más bien parece una queja o una manipulación y la
autoexpresión aparece apenas o de manera poco perceptible:

–P: (llorando) es que estoy muy cansada de estar cuidando a mi mamá, a ve-
ces siento que no puedo más… Mis hermanos no me ayudan, y encima me
dicen que yo soy la que tengo que cuidarla, y que si pasa algo yo voy a tener
la culpa y yo les digo que yo no tengo la culpa pero no me hacen caso dicen
que yo tengo que cuidarla…
–T: Repite eso.
–P: No me hacen caso me dicen que yo tengo que cuidarla.
–T: Yo no tengo la culpa.
–P: Yo no tengo la culpa.
–T: Más fuerte.
–P: Yo no tengo la culpa.
–T: Mucho más fuerte. Grítaselos
–P: ¡Yo no tengo la culpa! … ¡Yo no tengo la culpa!
–T: Inhala y al exhalar grítalo con todas tus fuerzas.
–P: (Gritando con mucha fuerza): ¡Yo no tengo la culpa! ¡Yo no tengo la culpa!
–T: Grítaselos a ellos. Y diles todo lo que les tengas que decir…
–P: (Continúa expresando el coraje hacia sus hermanos y al final plantea
cómo enfrentar la situación).

Usada con precisión, la técnica de repetición nos permite facilitar la expresión del sí
mismo y convertir en una expresión significativa algo que de otra manera hubiera
quedado desapercibido en el discurso. Representa un recurso muy valioso.

Perls parece haber usado también, por otra parte, la técnica de repetición pidiendo
al paciente que repitiera el introyecto, en realidad como una forma de implosión
para generar la reacción que posibilite la explosión. (Véase Perls 1955-56: 98, 107).
Esto también es posible, aunque en mi experiencia ha sido más menos significativo.

Otro aspecto que quizá convenga mencionar es que parece conveniente distinguir
la técnica de exageración, –que es a menudo un recurso fundamental cuando en
la fenomenología aparece algo significativo, para que el paciente se dé cuenta de lo
que está haciendo y facilitar el surgimiento del sí mismo–; de la técnica de elaboración o desarrollo, que nos permite ampliar o completar la expresión una vez que
tanto la clarificación de la figura como la expresión han tenido lugar.

Tanto las técnicas de exageración, como las de explicitación o traducción y las de identificación o actuación tienen una gran importancia para el desarrollo de la psicoterapia. Sería largo sin embargo desarrollarlas aquí cuando además se encuentran muy bien expuestas en el texto de Naranjo. Este apartado sobre las técnicas para completar la expresión es por lo demás tan relevante que no es posible relevar al lector de su lectura, práctica y asimilación.

CAPÍTULO 17

Desestructurando el concepto
de las técnicas integrativas

17.1. Las técnicas integrativas o de integración

Naranjo plantea tanto el encuentro intrapersonal como la asimilación de proyecciones como técnicas integrativas, como formas de integración de las voces conflictivas internas.

Por su posición en relación al sí mismo, sin embargo, creemos más conveniente **separar** tanto la asimilación de proyecciones como la devolución o el trabajo con las introyecciones **en grupos aparte**, limitando el término de *técnicas integrativas* específicamente para el encuentro intrapersonal y para el psicodrama.

17.2. El sí mismo en su relación con el ambiente: La introyección y la proyección

Como ya vimos, Perls define la introyección y la proyección, dos de sus mecanismos neuróticos más importantes, precisamente desde la forma como el sí mismo se relaciona con el ambiente:

> *El reverso de la introyección es la proyección. Tal como la introyección es la tendencia a hacer del sí mismo (self) responsable de lo que de hecho es parte del ambiente, así también la proyección es la tendencia de hacer responsable al ambiente de lo que se origina en el sí mismo (self). (Perls 1955-56: 45).*

> *Entonces en la proyección trasladamos el límite entre nosotros y el resto del mundo un poco demasiado a nuestro favor, de un modo que nos hace posible desposeer y renunciar a aquellos aspectos de nuestra personalidad que encontramos difíciles y ofensivos o poco atractivos. Y además, por lo general son nuestros introyectos los que nos llevan a los sentimientos de poca aceptación del sí-mismo y de auto-alienación que producen las proyecciones... (Perls 1955-56: 47).*

Desde el sí mismo, la introyección se define como opuesta a la proyección: mientras en aquélla el límite de contacto se ha corrido demasiado en contra del sí mismo, de manera que el introyector asume como suyas ideas o material que en realidad pertenecen al ambiente, en la proyección el límite se ha corrido en sentido contrario, de manera que mediante la proyección el proyector ha desposeído, trasladando al ambiente, ideas o material que en realidad pertenecen al sí mismo. Esta confusión es tan importante que Perls la define repetidamente como la neurosis:

> *... las perturbaciones de límite que existen en la mayoría de las neurosis... son más bien interferencias majaderas, crónicas y cotidianas en el proceso de crecimiento y de auto-reconocimiento... Y cualquiera que sea la forma específica que tomen estas interferencias e interrupciones al proceso de crecimiento, siempre resultan en la aparición de confusiones continuadas entre lo propio (the self) y lo otro (the other).* (Perls 1955-56: 42).

Esta confusión básica entre el sí mismo y el ambiente está dada por la introyección y la proyección. Y con esto podemos volver al planteamiento de las técnicas.

17.3. La asimilación de proyecciones

Desde el punto de vista del sí mismo, mediante las técnicas de asimilación de proyecciones estamos entonces en realidad re-trayendo, recuperando hacia dentro del sí mismo ideas o material que estaba alienado o desposeído. Esto es así en cualquiera de las maneras como trabajamos las proyecciones, tanto en el trabajo de sueños o fantasías, como cuando convertimos un diálogo interpersonal en uno intrapersonal y recuperamos como propio lo que estábamos proyectando.

Y lo contrario sucede mediante las técnicas a través de las cuales devolvemos introyecciones y corregimos la identificación. Si en la asimilación de proyecciones estamos re-trayendo material que estaba afuera, mediante las técnicas de devolución de introyecciones estamos básicamente devolviendo, sacando hacia fuera del límite del Yo material que parecía estar adentro pero que en realidad pertenece al ambiente.

Es decir que si en el orden interno las técnicas supresivas y expresivas son en realidad los dos brazos de la misma pinza, a través de las cuales logramos el contacto y la expresión del sí mismo; las técnicas de devolución de introyecciones y de asimilación de proyecciones son nuevamente brazos complementarios, a través de los cuales logramos el ajuste del sí mismo con el ambiente o con el orden externo.

Y es por esto que a éstas técnicas conviene separarlas como dos grupos aparte, distintos, precisando la función de expulsión de material externo del sí mismo, en el caso de las introyecciones, y de reabsorción de material desposeído por éste, en el de las proyecciones. En ambos casos, lo que estamos haciendo es algo distinto a la integración de partes de nosotros mismos en el encuentro intrapersonal. En todo caso, la asimilación de las proyecciones constituye un trabajo *previo* a la integración del encuentro intrapersonal.

Son técnicas de asimilación de proyecciones:

➤ La identificación con la proyección por medio de *la actuación* (como por ejemplo con los distintos personajes que proyectamos en un sueño).

➤ Convertir un diálogo interpersonal en uno intrapersonal (de manera que el paciente asuma como su propio top dog lo que está proyectando en otro), para posteriormente pasar a la integración.

➤ Reformular la experiencia proyectada como propia. Cuando el paciente narra o describe lo que siente otra persona, preguntar, por ejemplo: "¿es éste también tu propio sentimiento? (Véase Naranjo 1990: 113-116).

➤ (Si bien a veces requiere un proceso previo de darse cuenta sobre el propio comportamiento), en ocasiones puede producir insights muy significativos sencillamente el invertir las frases, en particular cuando se está evitando la responsabilidad o la culpa de una situación determinada. Cambiar, por ejemplo: "A él no le intereso", por "A mí no me interesa".
"Es que no me tiene consideración" por "Es que yo no le tengo consideración"
"Es que no es honesta" por "Yo no estoy siendo honesto"
"Me está agrediendo" o "Me está engañando" por "Yo la estoy agrediendo" o "Yo la estoy engañando", elaborando después sobre eso.

➤ De manera particular, resulta significativo el ejercicio de *la revisión del conflicto*, que se desarrolla de la siguiente manera:

a. Se pide al paciente que elija el que en este momento es su conflicto principal o más significativo.
b. Se pone a la persona con la que se tiene el conflicto en la silla enfrente, y se le pide que le diga de cosas, todo lo que se le quiera decir. Puede incluso expresarse coraje en la medida que el paciente lo quiera.
c. Una vez que ha terminado la expresión, le damos las gracias a la persona a la que el estuvimos diciendo de cosas, por habernos servido de pantalla, y le pedimos (sin sentarlo ahí) que se ponga a sí misma en esa silla.
d. Le pedimos ahora que se diga a sí misma todo lo que le dijo a la otra persona, reconociendo en particular las cosas que más le duelen. (El terapeuta puede ayudar recordándole: acuérdate, le dijiste esto).
e. Una vez que ha escogido una o dos de las situaciones, las que más le duelen o las más significativas, le pedimos entonces que *rastree los introyectos*

de donde provienen esas frases.

f.   Si el tiempo alcanza le pedimos que devuelva de una vez los introyectos a la persona que le corresponda, des-identificándose de ellos.

Cuantas veces lo hemos trabajado, el impacto de este ejercicio suele ser muy relevante: por una parte, el paso del inciso c. al d. suele ser bastante fuerte: es bastante fuerte darse cuenta de que las cosas que le estamos adjudicando al(a) otro(a), las que más nos molestan, son en realidad nuestras. Pero luego el paso del inciso e. suele ser también sobrecogedor: darse cuenta de dónde provienen en realidad los introyectos que me están llevando a proyectar y a generarme conflictos tan fuertes suele representar *un verdadero insight*.

A menudo el ejercicio suele tener impacto no sólo en la facilitación para la resolución del conflicto en el que está involucrada la persona (con frecuencia aprende cómo enfrentarlo), sino en una disminución de su actividad proyectiva, e incluso suele contribuir a una mejor ubicación en sus relaciones y una mayor humildad personal. El ejercicio, por lo demás, es perfectamente consistente con lo que hemos venido desarrollando sobre la proyección, constituye su aplicación práctica.

17.4. La devolución de introyecciones

En realidad tanto el proceso con las escenas y situaciones inconclusas, como todos los trabajos en donde aparece el opresor o "perro de arriba", son en realidad trabajos con material introyectado. La introyección es por decirlo así un "mecanismo neurótico madre" que se encuentra presente también en el origen de las demás interrupciones, por lo que gran parte del trabajo gestáltico descrito hasta ahora es en sentido amplio trabajo con las introyecciones. Hay además bastante escrito sobre técnicas para el trabajo con las introyecciones, que sería largo sólo retraer.

Desde el punto de vista del sí mismo, por otra parte, es posible e importante trabajar con los mensajes introyectados, devolver las introyecciones, lo que constituye el proceso opuesto a la asimilación de las proyecciones.

Además de la liberación de lo más significativo del material introyectado y de la energía que se encuentra atorada o bloqueda, este proceso es de la mayor relevancia porque permite corregir la identificación, lo que para Perls se encuentra en la base de todas las neurosis. (Perls 1955-56: 37-52).

Para este proceso de *devolución de las introyecciones*:

> Es posible también invertir las frases en sentido contrario, cuando nos parece que alguna frase es un introyecto. Cambiar por ejemplo:
> "A mí no me gusta hacer eso" por "A ellos no les gusta que yo haga eso"
> "Yo no debo enojarme" por "Ellos dicen que no debo enojarme".
> "Debo ser servicial", por "Ellos dicen que debo ser servicial; etc.
> Este proceso juega el mismo papel que el convertir los "it" en "yo", sólo que en sentido inverso, y puede hacerse por el terapeuta con alguna frecuencia, ya sea pidiéndole al paciente que pruebe con la frase invertida, o bien mediante preguntas como ¿A ti, o a ellos? ¿A ti, o a ella? , etc.

> Esto convierte el diálogo intrapersonal en interpersonal, mediante la sencilla pregunta: ¿Quién dice? ¿Quién te dijo eso? o ¿Quién más te lo decía?, lo que lleva al reconocimiento del origen externo del introyecto.

> El ejercicio para la sublimitación de Kepner es útil para el trabajo con los límites y las introyecciones. (Kepner 1987: 173-175).

> Cuando percibimos algún introyecto que es muy significativo para el paciente, de los que literalmente *nos están partiendo la madre*, es útil ir al ejercicio de devolución de introyecciones. Este tipo de introyectos suelen ser los que de manera más puntual se oponen al autoamor, al autopoder o a la expresión de las emociones básicas que más afectan la vida de nuestro paciente. Para ello:

a. Es importante que el paciente reconozca el mensaje como nocivo para él y que ubique el origen externo del introyecto. Aunque el paciente ubique el mensaje como propio, (lo que generalmente sucede al principio) para ello son útiles las preguntas referidas como: ¿Quién te dijo eso? O ¿Quién más te lo decía?, etc. Este proceso puede ayudarse preguntando específicamente ¿En tu casa, quién te decía eso? O En tu infancia, ¿quién te lo decía?, de manera de facilitar la ubicación temprana del introyecto.

b. Una vez que es claro el origen del introyecto, se procede a su devolución. Se coloca en la silla vacía a la persona de la que provino el introyecto, y se pasa a la devolución: "Mamá, esto no es mío, te lo devuelvo". "Durante muchos años lo cargué, pero ya no lo quiero, te lo devuelvo".

c. En la devolución es muy importante energetizar la voz del sí mismo, a través de técnicas de repetición o exageración. Es importante que la paciente hable fuerte y con firmeza, y que elabore todo el material que devuelve. La devolución de los introyectos implica movilizar el disgusto, y como tal es una expresión de coraje que necesita hacerse con fuerza, pues tanto

281

los introyectos que se devuelven como la confusión que generaron tienen muchos años arraigados.

d. Ayuda hacer la devolución varias veces, de manera continua mientras hay energía. Es conveniente que la primera vez la persona que devuelve esté sentada, igual que a la que se devuelve, y que para una siguiente vez la persona que devuelve esté de pie, lo que da mayor poder a la devolución.

e. Es importante reforzar la devolución mediante una acción corporal que implique físicamente la devolución: pedir a la o los pacientes que ubiquen en qué lugar de su cuerpo está físicamente el introyecto: en la cabeza, en la garganta en el estómago, etc. —lo que se percibe por la sensación de atoro— y que coloque sus dos manos en esa zona del cuerpo. Y que a partir del punto señalado busque un movimiento de salida e inicie éste mediante la presión o el frotamiento de las manos, por ejemplo del estómago hacia el pecho y el cuello y la cabeza o la boca, o bien del cuello y la nuca hacia los brazos y las manos.

f. En mi experiencia ayuda mucho reforzar la devolución física pidiendo al paciente que arranque dos hojas de su cuaderno y se las ponga en cada mano, y que realice el movimiento de salida frotando con las hojas del cuaderno.

g. A lo largo del ejercicio es frecuente que algunos pacientes vomiten. Esto no sólo no está contraindicado sino que es en realidad deseable. Como señalaba Perls, el proceso de introyectar está asociado al proceso físico de tragar sin masticar, y la movilización del disgusto va asociada también a este proceso.

De cualquier manera, haya vómito o no, el resultado de la devolución suele ser el sentimiento de una gran liberación, no sólo emocional sino energética. Algunas pacientes han referido que "sienten tener un cuerpo nuevo".

h. Una vez terminada la devolución, suelo hacer un cierre pidiendo a los pacientes que, junto a la silla vacía con la que han estado trabajando, coloquen otra silla. Que dejen en la primera a "la mamá introyectada" con la que han estado trabajando, y que en esta segunda coloquen "a mamá". Y que a ella le expresen su gratitud, o lo que quieran expresarle.

Es notable como, una vez que se ha realizado la devolución de la parte introyectada, la expresión de ternura fluye con mucho más libertad y profundidad. Algunas pacientes refieren que "tuvieron un encuentro que hacía mucho que no habían tenido".

Esto también puede hacerse pidiendo al paciente previamente que elija sus introyectos más significativos, incluso facilitando el rastreo con un breve recordatorio de los mensajes más frecuentes contra el autoamor y contra cada una de las emociones básicas.

El efecto del ejercicio suele ser notable, de modo que actualmente casi no acompaño proceso en el que no se realice una o dos veces. Permite identificar los principales introyectos, los que más daño nos han hecho a lo largo de la vida, y ubicarlos como mensajes externos a nosotros mismos, y la devolución representa una liberación emocional y energética considerable. Y por otra parte permite *corregir la identificación:* una vez que ha vivido esta experiencia, la paciente *sabe, ha experienciado que ella es su fuerza, su coraje* y que los introyectos no son en realidad ella misma.

Para el proceso complementario, de *re-asimilación de los introyectos*, Perls proponía atacar el proceso en su fuente, que es el proceso de comer, para lo que planteaba masticar el alimento completamente, descargando la agresión en él hasta licuarlo, y luego hacer la analogía con algún pequeño contenido en la esfera intelectual.

Este proceso es importante no sólo para la re-asimilación de las introyecciones sino para el desarrollo de una actitud distinta hacia el alimento, tanto físico como emocional, *y para el entrenamiento en la expresión de la agresión,* que aquí se expresaría en el lugar "biológicamente correcto". Ayuda a desarrollar la actitud de "no seguir tragando a lo pendejo" y aparte todo lo que nos den. (Véase Perls 1942: 248-258).[39]

17.5. Qué nos queda como técnicas integrativas

Lo que hemos venido haciendo durante este proceso es en realidad *desestructurando* el concepto de las *Técnicas Integrativas:*

a. Separando, *como dos divisiones distintas, que no se trabajan igual,* el trabajo de polaridades de cuando el sí mismo se opone directamente al introyecto

b. Distinguiendo, *como otra cosa,* la asimilación de las proyecciones del proceso propiamente de integración.

c. Separando también como otra cosa el proceso de devolución de las introyecciones.

---

[39] Este proceso se encuentra mucho mejor y más ampliamente desarrollado en el capítulo referido a "La Concentración en la Comida" en *Yo, Hambre y Agresión*, pp. 248-258.

Todo el proceso de *expresión de las emociones básicas y del sí mismo* no se trabajan mediante técnicas integrativas sino, como hemos visto, haciendo contacto con y facilitando la expresión de las emociones a través del ciclo de autorregulación. Y lo mismo sucede en el caso de la devolución de las introyecciones.

Aunque a menudo suelen confundirse, es conveniente también distinguir la asimilación de proyecciones de lo que constituye propiamente la integración. Esto es muy fácil de confundir porque a menudo usamos la misma técnica, *la identificación o actuación*. Se trata en realidad de dos pasos en el mismo proceso: primero nos identificamos con la proyección, nos convertimos en ella para asimilarla. Y luego pasamos a la integración, mediante el diálogo entre los diversos personajes, especialmente cuando éstos son polares. Si bien la asimilación de cualquier proyección puede ser buena, el nivel de integración es muy distinto cuando se trata de polaridades correctas. En el sueño del terror a la araña gigante, por poner un ejemplo, primero hay que convertirse en la araña, (lo que implica asimilar la proyección) y luego establecer el diálogo con la mujer asustada (la visión de ella misma permitida por el autoconcepto) hasta que las polaridades se integran y surge una síntesis nueva.

Queda entonces preguntarnos por el concepto de *las técnicas de integración*, que queda del "encuentro intrapersonal". Y lo que queda fundamentalmente es el diálogo y la integración de las polaridades.

Yo debo confesar que uso muy poco ya encuentros intrapersonales de los que no pueda ver el centro y que no sean claramente polares. Tiendo a asimilar, entonces, el concepto de *técnicas de integración* con la integración de las polaridades, lo que constituye *una integración efectiva* y me da mucha más claridad. Si se usan otro tipo de encuentros entre partes de la persona está bien, aunque claro conviene saber qué es lo que estamos haciendo.

Y queda por supuesto el Psicodrama, otra de las herramientas más populares de la Terapia Gestalt (el psicodrama de grupo y no sólo cuando pedimos a otra persona que represente al esposo o la mamá del paciente), sobre la que hay escrito ya y de la que el abordaje más o menos serio desborda las posibilidades de este trabajo.

17.6. La estrategia y las técnicas en sesión

Por lo demás y como podrá percibirse ya, tanto la devolución de introyecciones como la asimilación de proyecciones son en este esquema estrategias, formas posibles de encuadre de la sesión más que propiamente técnicas.

El terapeuta tiene así la opción de partir desde lo que el paciente nos trae a sesión, desde lo que nos plantea, escuchando y comprometiéndose con lo que considera la situación terapéutica o la figura significativa. O tiene la opción de partir desde la zona interna, del ahora me doy cuenta focalizado y de la técnica de concentración. O bien de un sueño o de alguna imagen. Sea como sea, tiene la opción de seguir el proceso y el ciclo de autorregulación, o bien de visualizar el centro e ir al trabajo de polaridades, o de ir a la devolución de introyecciones o la asimilación de proyecciones.

En cualquiera de estos casos, es de esperarse que el terapeuta se dé cuenta, *que sepa lo que está haciendo. A esto es a lo que hemos llamado **estrategia**. Darse cuenta de esto no hará que el terapeuta pierda el contacto*, por el contrario, *le ayudará a estar más seguro en la sesión*, a saber lo que está haciendo y esto en realidad *facilitará el contacto, el encuentro existencial con su cliente.*

Dentro de cada una de las estrategias aplicamos una gran cantidad de técnicas, supresivas y expresivas, en las que como decíamos ya no estamos pensando, si son nuestras vienen de manera automática, y si no, no tiene caso buscarlas.

Quizá valga una comparación con la forma de conducir un coche. Cuando voy manejando pienso cómo le voy a hacer, por donde me voy a ir: me voy a ir por esta avenida y luego por esta calle, y no por ésta porque es sentido contrario o porque a esta hora hay mucho tráfico, lo que en nuestro caso equivale a *la Estrategia*. Pero la forma de manejar el coche, de pisar el acelerador, girar el volante o aplicar el freno es ya completamente automática, la verdad es que cuando se atraviesa un peatón u si un tráiler viene hacia nosotros no nos da tiempo de pensar ¿y si hago esto, que será probable que pase? o ¿qué es lo que quizá sería más conveniente? Sencillamente reaccionamos instantánea e instintivamente. Lo mismo sucede en el ámbito *de las Técnicas.*

CAPÍTULO 18

Las técnicas de
contacto dialogal

18.1. *Ir y venir*

No quiero terminar este apartado sin referirme aunque sea brevemente a la técnica de ir y venir y sobre todo a otro grupo de técnicas que tienen que ver *en esencia* con el estilo de la relación terapéutica y a las que estoy llamando *Técnicas de Contacto Dialogal*.

La técnica del *ir y venir* puede considerarse inherente a la Terapia Gestalt misma, y sin embargo no puede circunscribirse en ninguno de los grupos anteriores. Consiste básicamente en pedirle al paciente que "vaya y vuelva" o que se concentre alternadamente en dos aspectos o partes. Perls señala que esta técnica: "agudiza el darse cuenta del paciente, dándole un sentido más claro de las relaciones en su comportamiento." (Perls 1955-56: 95).

Si el juego de roles o la estructura del carácter se caracterizan por la rigidización y el comportamiento compulsivo; al utilizar la técnica del "ir y venir", y pedirle al paciente que se concentre o se identifique alternadamente entre dos o más aspectos de su personalidad, estamos yendo precisamente en el sentido contrario, flexibilizando la estructura del carácter e incrementando la capacidad de su *Yo*, de identificarse con sus diferentes aspectos o lados y la responsabilidad por las diferentes partes de su comportamiento.

De hecho, cuando trabajamos un encuentro intrapersonal o de polaridades estamos de alguna manera "yendo y viniendo", a través de la actuación, entre dos o más aspectos de la personalidad. Existen además otras varias posibilidades de *ir y venir*; me refiero a las que siento más importantes:

a. Ir y venir entre *dos tipos distintos de sensaciones o síntomas* corporales, lo que suele ser de mucha utilidad para clarificar en realidad la situación emocional significativa. Perls señala que estos desplazamientos de síntomas "no pueden ser tratados dentro de la ubicación donde surgen, debido a que en este lugar no tienen ningún sentido funcional" y llama a estos desplazamientos "configuraciones de confluencia". Hay que llevar de vuelta el síntoma al sitio donde le corresponde; para lo que es necesario pedirle al paciente que se concentre alternadamente, que vaya y vuelva, entre un síntoma y el otro, ya sea entre su respiración y luego sus músculos, (en el tratamiento de la angustia); entre la congestión de la mucosa nasal y el entumecimiento de la zona genital, etc. (Perls 1955-56: 89-90).[40]

b. Ir y venir entre el ir a otro lugar o revivir un recuerdo y la situación actual. (Además de la presentificación de la escena, que ya comentamos), cuando el paciente no se siente conforme con su situación actual pero no percibe con claridad los factores de perturbación, podemos sencillamente preguntarle ¿y cómo te gustaría estar?, o ¿y dónde te gustaría estar?, y pedirle que vaya en fantasía a la "situación ideal" para que luego mediante el contraste con su presente identifique los aspectos que están faltando o generando insatisfacción y pueda ubicar la situación inconclusa.

c. Otro recurso importante es la posibilidad de ir y venir en fantasía a un momento o situación "cumbre", para facilitar el acceso a recursos que el paciente no siente en ese momento tener a su alcance, y que pueden incluso anclarse, regresando luego a la situación actual con la experiencia de y el recurso necesario a su disposición.[41]

Cuando el paciente enfrenta una situación en la que no se siente capaz de enfrentar o de salir adelante, –en la que siente, por ejemplo, que le falta seguridad, o que le falta fuerza–; podemos pedirle en fantasía que recuerde una situación en la que se haya sentido particularmente seguro, y que revivencie esa situación (haciendo el ejercicio de "presentificación"), para que posteriormente regrese con esa seguridad o esos recursos a la situación presente.

18.2. Las *técnicas de contacto dialogal*

Quiero finalmente referirme a lo que constituye el elemento o aspecto central de nuestra psicoterapia humanista, existencial y dialógica, lo que para Buber constituye *el encuentro existencial Yo-Tú*, para Yontef *la relación dialogal*, o para Rogers las condiciones necesarias para la relación de apoyo, y más precisamente *la comprensión empática*.

---

[40] Es importante hacer notar que, a pesar de una definición superficial que puede confundirse, el concepto de *confluencia* de Perls en *El Enfoque Guestáltico*, *es distinto* que el del resto de los teóricos importantes de la Terapia Gestalt y del suyo propio en otras obras, por lo que a este planteamiento de Perls prefiero llamarle "desplazamiento de síntomas" o "confusión de síntomas". Para una mayor discusión de la confluencia véase Swanson 1988, o el amplio y documentado trabajo de Brigitte Lapeyronnie 2005.

[41] Sobre el anclaje véase O'Connor y Seymour 1998: 92-104; o bien Mohl 2010: 181-192.

En mi experiencia no existe ningún divorcio entre una adecuada comprensión de la estrategia y la técnica con la posibilidad de establecer un contacto profundo, una relación *Yo-Tú*, con nuestro compañero o compañera en sesión. Más aún, he constatado una y otra vez como cuando el terapeuta tiene en general resueltos sus asuntos, por un lado, y claridad en lo que está haciendo en la sesión, por otro, esto favorece notablemente la posibilidad del contacto con su cliente. Ambos aspectos *favorecen* la inclusión, la presencia y el compromiso con el diálogo, características para Yontef de la relación dialogal.

Y digo esto porque a pesar de que Yontef es enfático en que, de todos los tipos de encuentros en psicoterapia, es el encuentro entre el sí mismo del paciente y el sí mismo del terapeuta el que tiene mayores posibilidades de sanación (Yontef 1995, 206-209) es frecuente sin embargo encontrar terapeutas o autores para los que la utilización de la técnica, en particular de las técnicas expresivas, pareciera ir en contra de la relación dialogal en psicoterapia. La nueva corriente pretende a menudo renegar de varios de los elementos centrales de la Gestalt en aras de un "estilo dialogal".

No hay tal. No hay tal divorcio. No solamente Yontef tiene razón en cuanto a que de los encuentros posibles el más significativo es al nivel del sí mismo, sino que, completando su aseveración desde lo aquí desarrollado, puedo afirmar que no existe un encuentro existencial más profundo y amoroso que cuando se ha *completado el ciclo de autorregulación* y luego del cierre ambos, paciente y terapeuta, han experienciado la trascendencia y saben lo que se ha movido y lo que ha significado en sus vidas. O cuando una vez que hemos *integrado las polaridades*, el perdón y el amor a sí mismo sustituyen al sufrimiento y a la división previa.

En sentido contrario, es necesario sin embargo también enfatizar la importancia *del contacto, tanto del terapeuta como de éste con su paciente o cliente*, durante la sesión de terapia. La frecuencia con la que encontramos terapeutas "perseguidores", demasiado directivos, que suelen no escuchar y sobre todo *no resonar* suficiente, e imponer sus propias figuras o ideas, hace que no sobre ninguna insistencia en este sentido.

Hay por supuesto que respetar el ritmo del paciente, sus tiempos. Y también tener cuidado en la formación de nuestros terapeutas. En nuestros ejercicios de supervisión, por ejemplo, suele ser una exigencia continua revisar primero ¿Cómo está tu contacto? ¿Qué está sintiendo el paciente? ¿Qué está pasando en él? ¿Cómo estás tú resonando?, antes de revisar la parte metodológica y técnica de las sesiones.

Hay diferentes recursos que nos ayudan al establecimiento del contacto con nuestro cliente, a la construcción de esta relación dialogal. En particular suele ser de gran ayuda establecer rapport, o sintonía, y lo que nosotros solemos llamar *encuadre,* aunque esto se parece más a lo que Rogers llamaba *la comprensión empática* (en la PNL el término significa más bien otra cosa).

Nos hemos referido ya en otro momento a la importancia que para el establecimiento del contacto tiene la actitud del terapeuta y su disposición a encontrarse desde el sí mismo.[42] Las técnicas del rapport son una gran ayuda en ese objetivo, son también técnicas empáticas, procedimientos que nos permiten penetrar en el mundo de los individuos y contemplarlo con sus mismos ojos, captarlo con sus mismos oídos y experimentarlo tan intensamente como ellos. (Mohl 2010: 62)... Para hacer rapport necesitamos estar disponibles. La posibilidad misma de la sintonía depende de nuestra actitud interna, de nuestra capacidad para aceptar al otro, y también de nuestra disposición en el momento: es necesario estar disponible y receptivo y dedicarnos plenamente a nuestro compañero(a)... (Mohl 2010: 61, véase también Yontef 1995: 207-208).

Para hacer rapport o establecer sintonía se trata de igualar o de imitar, sintonizar, la postura y los movimientos del compañero. Se imitan de manera particular los micro-movimientos de la cara, que son inconscientes y espontáneos: el movimiento de los labios, de las mejillas, la boca, el parpadeo, etc. Los movimientos más grandes, como los de la cabeza, el cuerpo o los brazos no se igualan sino que se imitan o se acompañan de una manera mucho más sutil, de modo que nuestro acompañante no sienta que lo estamos arremedando. Un movimiento del brazo puede acompañarse con un movimiento de nuestra mano, o de nuestra pierna, en la misma dirección. También se acompaña la postura y la inclinación, inclinándonos hacia el mismo lado que nuestro acompañante, lo que nos permite una sensación de cercanía y acompañamiento. Se sintoniza el volumen y el tono de la voz, acompañando a nuestro compañero. Podemos sincronizar incluso la respiración, lo que nos lleva a un nivel de sincronía o contacto profundo.

Cuando hacemos rapport compartimos las emociones. Cuando la persona está triste, acompañar su voz, su postura y sobre todo imitar y experienciar los pequeños movimientos de su cara hace que nosotros también sintamos la tristeza. El rapport permite construir la intimidad. Nos proporciona la mejor posibilidad de acercarnos a *la experiencia del otro.* Y como la parte más significativa de nuestros movimientos son inconscientes, en particular los micro-movimientos, que son los más directamente conectados a nuestras emociones,[43] el rapport funciona.

---

[42] Véase el apartado sobre: "El Encuentro Existencial Yo-Tú y La Relación Dialogal: al nivel del sí mismo" en el capítulo referido al Sí Mismo, Self.

[43] Más allá de los trabajos clásicos sobre comunicación no verbal, la relación de los micromovimientos inconscientes de nuestro rostro con las emociones ha sido popularizada recientemente por la serie *Lie to me,* "Miénteme", estelarizada por el actor Tim Roth.

Cuando lo hacemos bien, de hecho funciona aunque la otra persona sepa también hacer rapport y aunque sepa que usted está haciendo rapport. (Véase O'Connor y Seymour 1998: 49-55).

Cuando trabajamos la *relación dialogal* y el *Yo-Tú* de Buber suelo dejar a la(o)s estudiantes una tarea, que consiste en que, durante al menos 15 minutos, arremeden completamente a un niño. Debe ser un niño o niña que ya camine pero que todavía no hable, entre 1 y 2 años. Hay que ponerse a su altura e imitar todo lo que haga, imitar sus posturas, sus movimientos, los gestos de su cara, arremedar todos los sonidos. Aunque el niño en un primer momento puede desconfiar, después de un breve tiempo se produce un encuentro significativo. Suele ser impactante la manera como esto aquieta el pensamiento, la vergüenza o el miedo y posibilita el encuentro existencial, la experiencia del contacto profundo.

La otra técnica que referimos es lo que llamamos *encuadre*. Consiste en devolver a la paciente lo más significativo de su relato, agregando cómo lo que escuchamos resuena en nosotros (cómo nos sentimos) y preguntando si ese es también su sentimiento:

> H: *Casandra, escucho que vienes apurada y que estás muy molesta porque tu mamá no atendió tu indicación y a pesar de todo lo que ha pasado y de lo que platicaron, de todos modos aceptó otra vez a tu hermano. Cuando te escucho yo me siento en realidad angustiado, siento que es una situación que no es fácil resolver. ¿Es ese también tu sentimiento?*
>
> C: *¡Sí!*

Este sencillo procedimiento tiene en realidad varios objetivos:

a. Nos permite devolver, reflejar lo que el paciente nos dice. Con mucha frecuencia escuchar lo que le devolvemos le ayuda a darse cuenta mejor tanto de lo que nos ha compartido como de los aspectos que son más significativos o relevantes.

b. Hacerlo así mejora sensiblemente el contacto entre paciente y terapeuta. Para el paciente la experiencia de la devolución suele ser un "ahá"... "por lo menos me está pelando". Le ayuda a sentirse escuchado.

c. Tanto al paciente como a nosotros mismos nos da forma de corroborar qué es lo que el paciente siente. (Puede corregir nuestra intervención).

d. Finalmente, nos permite hacer la pausa en la sesión y seleccionar la estrategia más adecuada.

En palabras de Carl Rogers:

> *Cuando el orientador puede entender la experiencia que está ocurriendo momento a momento en el mundo interior del paciente, como él la ve y la siente, sin perder la individualidad de su propia identidad en ese proceso empático, es probable que el cambio tenga lugar.* (Rogers, 1978a: 126).

O en las de María Eugenia Rodríguez: (1992: 45) "comprender al otro es dejar de situarme en mi propio punto de vista, para situarme en el punto de vista del otro. Es un acto de acogida, pero sin dejar de ser yo".

O en las del poeta mexicano Octavio Paz (1960), que me encontré un día hermosamente pintadas en la Ave. Insurgentes de la ciudad de México:

Piedra de Sol,
(fragmento)

… soy otro cuando soy, los actos míos
son más míos si son también de todos...
para que pueda ser he de ser otro,
salir de mí, buscarme entre los otros,
los otros que no son si yo no existo,
los otros que me dan plena existencia...

Hacer buena Gestalt:
Piezas para un cierre

Es mayo de 2013 y estoy ahora en Cartagena, Colombia. La noche y el escenario son preciosos, un patio colonial rodeado de edificios también coloniales, en la ciudad amurallada: es el XIII Congreso Internacional de Gestalt. Claudio Naranjo, Pedro de Casso y Carmen Vázquez comparten el conversatorio.

A lo lejos, apenas perceptible, se escucha la música de una iglesia. Es la marcha nupcial, y Carmen aprovecha la ocasión para decir que siente como si las corrientes de la Gestalt nos estuviéramos casando...

Yo comparo sin querer mi sensación con la de aquel encuentro con Zinker en Culiacán en 2005. No, no es la misma sensación. Siento ahora una sensación de vacío. He vivido el Congreso durante tres días, y me preocupa el bajo nivel y sobre todo la ausencia de discusión (eso sí con descalificaciones).

El momento pasa y Claudio y Pedro no atinan a contestar... Hace mucho calor para mí (¿34, 35 °C?) combinado con mucha humedad... Me preocupa dónde está, y a dónde va la Gestalt. Me preocupa mucho... Pienso en mi trabajo, en este texto y siento que hay una gran tarea por hacer...

1. No recuerdo en realidad cuándo empecé a escribir este texto. No sé si fue cuando Guillermo finalmente me autorizó la tesis de doctorado, después de dos exposiciones. O si fue bastante antes, mucho antes. Desde cuando entré a la maestría y pronto me di cuenta que la explicación que me daban *no pegaba* con lo que yo entendía, y desde entonces me tuve que poner a revisar y a confrontar y a tratar de articular.

Bueno, no sé si fue en realidad aún antes, cuando Gabina llevó *Sueños y Existencia* a la casa de la ciudad de México en la que vivíamos "los juarenses en el exilio", y cuando llevaba unas 50 páginas de pronto me di cuenta que *eso era para mí*, todavía lo recuerdo, ahí tumbado boca abajo en el sillón de madera. O si fue en la casa del doctor Rivera que amablemente me hospedó en Tabasco, cuando alternaba el trabajo, el calorón y horas de lectura en la noche batallando para entenderle al *Enfoque Guestáltico*. O si sería más bien cuando en 1996 me encontré de pronto sin empleo y teclee todo lo que encontré de Perls.

No lo sé. Sentipienso ahora (Galeano 2001: 107) que en realidad debió ser cuando acompañé mis primeras sesiones como terapeuta, y esto fue tan relevante que el "minor" se convirtió en "major" y asumí que quería en realidad hacer terapia, y pagar el costo de cambiar de profesión. O cuando después de aquella sesión con Rubén en 1999 escribí solamente en mi cuaderno:

Es como una pepita luminosa, en el estómago.
He decidido hacer terapia el resto de mi vida.

O quizá fue aquella vez cuando nos preguntaron que cómo nos sentíamos como terapeutas, y mientras mis compañeros hablaban del miedo o de la dificultad de estar empezando, yo le contesté lleno de emoción a Miguel (Mondragón):

Yo me siento hermoso como terapeuta.

No sé cuándo empezó en realidad. Lo que sí sé es que ésta es *una gestalt que* ha permanecido conmigo durante mucho tiempo. *Como si siempre hubiera estado ahí.* Que se alimentó con todas las reflexiones para la tesis de maestría, incluso las que Pablo dejó afuera; y luego con los distintos módulos y aprendizajes del doctorado. (Porque ya sabía lo que iba a escribir). Que de manera particular se nutrió, creció y se pulió con las preguntas y los cuestionamientos de mis alumnos en la maestría, y especialmente en la supervisión y el acompañamiento terapéutico puntual y paciente de más de veinte tesis y trabajos recepcionales de maestría.

No sé cuándo empezó. *Lo que sí sé es que es como si fuera la gestalt de mi vida, como si siempre hubiera estado ahí.* Hace unas semanas, luego de un ejercicio de meditación, tuve, junto a una gran sensación de libertad, *el insight* de que en realidad estaba listo para irme. Mi sentipensamiento era que: "yo ya cumplí. Sea lo que sea, tengo ahora unos 80 o 100 egresados que mal que bien están haciendo algo por ser más ellos mismos, por sus semejantes y por su pedazo de mundo. No sé a qué haya venido, pero sé que ya cumplí, que ya cumplí con mi cuota de servicio y de compromiso. Quién ha conocido el Tao por la mañana puede irse tranquilo por la tarde, y yo estoy listo para irme en paz"... o algo así. Lo único que me faltaba, sin embargo, mi única situación inconclusa relevante, existencial, era este pinche libro.

2. "*Todo lo que se empieza se tiene que acabar*" solía decir mi abuelo materno. *Y es ya momento de ir cerrando.*

> *Revisar y confrontar críticamente los conceptos y elementos más importantes de la Terapia Gestalt y proponer un modelo teórico que los articule de manera clara, tanto desde su consistencia interna como para la práctica terapéutica.*

Éste fue el objetivo general con el que me planteé este trabajo. Que en aras de la belleza y la simplicidad podríamos reducir como: *ayudar a hacer buena Gestalt.*

Cuando reviso lo hecho hasta ahora a ratos tiendo a pensar que faltan cosas. Pero como está planteado desde el principio y desde el desarrollo de la noción de *totalidad*, no es posible ni en realidad deseable tratar de abarcar todo. *"Lo mejor es enemigo de lo bueno"* solía y suele decir todavía mi madre. Y cuando reviso lo hecho, cuando veo este texto con imperfecciones, el perro de arriba me asalta con que faltan cosas, o con que lo vuelva a revisar. *Y sin embargo es ya momento de cerrar...*

3. Cuando escribo esto me viene al corazón y a la mente una historia. Sucedió en el examen de Ángela. Ángela es una amiga de mi hermana Lourdes que tiene discapacidad muscular y que estudió la maestría en Desarrollo Humano, su tesis se llama: *Autoaceptación y sentido de vida en 10 mujeres con discapacidad.* Llegué ese día a la Ibero por una serie de coincidencias y me senté atrás en el auditorio. El examen estaba bien bonito, contestaba con fluidez tanto sobre la tesis como sobre lo que era el desarrollo humano. En algún momento uno de los sinodales le preguntó sobre su discapacidad y le pidió que nos narrara cómo era un día para ella, desde el levantarse hasta llegar a la escuela...Y después de la narración, conmovedora, entonces le preguntó: Bueno, Ángela, ¿y si batallas tanto, para qué escogiste una tesis tan difícil, que te implicó tanto desplazamiento, por qué no escogiste una tesis teórica? Su respuesta fue: *No quería que mi discapacidad fuera una queja, sino una oportunidad de amar.* Entonces fue como si me abrieran la válvula y me solté llorando, abiertamente. Tuve que salirme de la sala e irme al baño. Escuché con toda claridad una voz que me decía: *Ya no me preguntes más qué hacer. Yo estoy sencillamente en ti, si te va bien me va bien a mí. Y si te va mal nos va mal a los dos.* Ahí en la noche estrellada de Cuajimalpa yo lloré y lloré y lloré quizá unos 20 minutos, tal vez 30. Cuando regresé estaban saliendo de la sala y me sumé a los abrazos...Recuerdo como si fuera ahora el fresco de la noche, y el cafecito de la Colonia Narvarte donde fuimos luego. El lugar estaba nuevo, amarillo claro, el café era muy bueno... y el momento entrañable.

4. Cuando escribo esto me viene profundamente al corazón el dolor de Gabina, mi compañera del doctorado y directora de Crecimiento Humano y Educación para la Paz, nuestra asociación civil, y que recientemente tuvo un infarto cerebral. Si lo del examen de Ángela fue para mí *una experiencia cumbre*, de las más significativas en mi vida, después de la cuál mis opciones se fueron aclarando y mi camino ha sido *un camino con corazón* (Castaneda 1999), escribo hoy desde la solidaridad y desde el dolor. Desde la solidaridad de lo que implica su esfuerzo, su lucha, y desde el dolor profundo de mi corazón, por lo que este libro quiero dedicársela a ella.

5. *"Tengo un reclamo muy serio que hacerle", me dijo. "No le di mi ponencia en balde... ¡Si no me critica me deja morirme!... No esperaba eso de usted."*

Así me increpó aquella mañana en Rectoría el maestro Ferro,[44] –en uno de los regaños inolvidables de mi vida–. Me había dado su ponencia, con la que iba a abrir el *Congreso Latinoamericano de Filosofía de la Liberación,* para que se la criticara, y a mí me ganó el respeto y no lo hice. (Almada 2006: 2)... *"Criticarlos, es mi manera de quererlos"* solía decirnos por su parte Guillermo González, cuando alguna de las compañeras del doctorado se quejaban de lo duras que eran sus observaciones. (González 2006-2007).

No sé la suerte que vaya a correr este libro, seguramente limitado y con imperfecciones. Muchas de las cosas que digo pueden resultar opinables, o discutibles, y a veces he sentido que no voy a quedar bien con nadie. Pero me anima el espíritu de mis maestros. Necesitamos una *Gestalt Viva,* y esto se construye no alabándonos ni descalificándonos, sino discutiendo y enriqueciéndonos. Queriéndonos como decía Guillermo. Este texto ha sido todos estos años parte de mi vida... Y cuando miro hacia atrás, sé que es un texto hecho con amor. Por la manera cómo se hizo y por lo que ha aportado ya. Y porque como dice Hellinger: *"Sólo se ama lo imperfecto"* (Garriga 2009: 128).

---

[44] Federico Ferro Gay, italiano genovés emigrado a México. Doctor en Filosofía Clásica y profesor de las diversas disciplinas de la Filosofía, Teoría del Estado y la lengua italiana. Fue durante muchos años la persona con mayor autoridad moral en la Universidad Autónoma de Ciudad Juárez por su talento, su profundo humanismo y su compromiso como docente.

Bibliografía[45]

Almada, H. (2012). Desde el principio: el sí mismo, *self.* En *Cambio Social. Revista de la Asociación Española de Terapia Gestalt, no. 32,* pp. 291-305. Madrid.

____ (2006, mayo 21). Ferro. Piezas para un Retrato. *Norte de Ciudad Juárez.*

____ (2003). *El fortalecimiento del Yo en una mujer con alto nivel de confluencia, a través de un proceso de Terapia Gestalt.* México: Instituto Mexicano de Psicoterapia Guestalt. Tesis de maestría.

Almada B., H. (1975*). El Juego de Realizar la Idea.* Ciudad Juárez: El Labrador.

Almada, L. (2015): Entre Paulo Freire y Carl Rogers. Un camino al desarrollo humano social. En *Revista Uaricha, no. 12(27);* pp. 105-115. Morelia: Facultad de Psicología de la Universidad Michoacana de San Nicolás de Hidalgo.

____ (2011). Conscientización: proceso de crecimiento. En *Prometeo. Fuego para el propio conocimiento, no. 57;* pp. 52-62. México: Asociación de Desarrollo Humano de México, A.C.

Álvarez, A. (2009). *Gestalt y Violencia. Cuando el encuentro se vuelve desencuentro.* Montevideo: Psicolibros.

Amatuzzi M. (1989). *O Resgate Da Fala Autentica. Filosofia da Psicoterapia e da Educacao.* Campinas SP Brasil: Papirus.

Atienza, M. (1987). *Estrategias en psicoterapia guestáltica.* Buenos Aires: Nueva Visión.

Beisser, A. (1973). La Teoría Paradójica del Cambio. En J. Fagan e I. Shepherd, (coords). *Teoría y técnica de la psicoterapia guestáltica,* pp. 82-85. Buenos Aires: Amorrortu.

---

[45] El año de referencia es el de la primera edición en el idioma original. El año de la edición en español que se utiliza se indica, en su caso, junto al número de la edición o reimpresión, o bien enseguida del título de la obra. En el caso de artículos escritos originalmente en inglés se consigna como año de referencia el *año de aparición del artículo,* agregándose el año de la edición o reimpresión en español que se utiliza enseguida del número de edición o reimpresión del libro.

Bilbao, A. (2010). *Gestalt para la Ansiedad*. México: Alfaomega.

Bocian, B. (2015). *Fritz Perls en Berlín, 1893-1933*. Buenos Aires: Cuatro Vientos / Del Nuevo Extremo.

Borja, G. (1997). *La Locura Lo Cura*. Manifiesto Psicoterapéutico. Santiago: Cuatro Vientos.

Buber, M. (1927). *Yo y Tú*. (3ª. reimpresión 2002). Buenos Aires: Nueva Visión.

Calais-Germain, B. (2006): *La Respiración. El gesto respiratorio*. (3ª. Reimpresión 2009). Barcelona: La Liebre de Marzo.

Carabelli, E. (2012). *Entrenamiento en Gestalt*. Buenos Aires: Del Nuevo Extremo.

Cárdenas, M.T. (2011). Un modelo de Supervisión. En Cárdenas, M.T. y Jarquín, M., comps., *Celedonio Castanedo Secadas: Pionero de la investigación educativa y psicoterapéutica con enfoque humanista en Iberoamérica*, pp. 85-116. Culiacán: Instituto Humanista de Sinaloa.

Cárdenas, M.T. y Jarquín, M., comps. (2011): *Celedonio Castanedo Secadas: Pionero de la investigación educativa y psicoterapéutica con enfoque humanista en Iberoamérica*. Culiacán: Instituto Humanista de Sinaloa.

Castaneda, C. (1999). *La rueda del tiempo*. México: Plaza y Janés.

Castanedo, C. (2008). *Sueños en Terapia Gestalt*. México: El Manual Moderno.

____ (2001). Cómo cerrar asuntos Inconclusos: Recordando a Laura Perls en el décimo aniversario de su muerte. En Celedonio Castanedo, comp., *Laura Perls. Viviendo en los límites*. México: Plaza y Valdés.

____ (1990). *Grupos de encuentro en Terapia Gestalt. De la "silla vacía" al círculo gestáltico*. (2ª. ed. 1997). Barcelona: Herder.

____ (1983). *Terapia Gestalt. Enfoque Centrado en el Aquí y el Ahora*. (3ª. ed.1997). Barcelona: Herder.

____ (1983). El Ciclo de la Experiencia. En *Terapia Gestalt*. Costa Rica: Editorial Texto. Citado en Sansinenea (2011).

Contreras, S. (2012). *Hasta el colon de coraje. Un proceso de Terapia Gestalt con una mujer con síndrome de colon irritable.* Ciudad Juárez: UACJ. Tesis de maestría.

Crocker, S. (1981). Proflection. En *The Gestalt Journal, Vol. 4, No. 2.* Fall, pp 13-34.

De Casso, P. (2007). Un recurso gestáltico clave: El manejo de la polaridad perro de arriba perro de abajo. *En 25 Años haciendo Terapia Gestalt. Revista de la Asociación Española de Terapia Gestalt, no. 27*, pp. 52-66. Vitoria-Gasteiz: La Llave.

____ (2003). *Gestalt, Terapia de Autenticidad.* Barcelona: Kairós.

De Mello, A. (1988). *La Oración de la Rana. Volumen I.* (11a. Ed.1994). Santander: Sal Terrae.

Dicarlo, R. (1999). Prólogo. En E. Tolle, *El Poder del Ahora*, pp. 17-22. Madrid: Gaia.

Di Grazia, A. (2008). *Transcripción de la presentación de Hugo Almada M. al Dr. Alejandro Di Grazia, y de sus comentarios.* Ciudad Juárez: Mimeo.

Duque, H., y Vieco, P. (2007). *Conozca sus emociones y sentimientos.* Bogotá: San Pablo.

Ekai, O. (2002). La Ternura en la Terapia. En *Gestalt ahora, 20 años después. Revista de la AETG, no. 22*, pp. 66-68. Barcelona.

Enright, J. (1970). Introducción a las técnicas gestálticas. En J. Fagan e I. Shepherd, coords. *Teoría y técnica de la Psicoterapia Guestáltica.* (1993). Buenos Aires: Amorrortu.

Fagan, J. y Shepherd, I. (1970). *Teoría y técnica de la Psicoterapia Guestáltica.* (1a. ed. en español 1973; 5a. reimpresión 1993). Buenos Aires: Amorrortu.

Ferrara, A. (2002). Antonio Ferrara explica su trabajo clínico. En C. Naranjo, coord. *Gestalt de Vanguardia*, pp. 150-217. Vitoria-Gasteiz: La Llave.

Frambach, L. (2007). *Pequeña antología de Salomo Friedlaender.* Madrid: Mandala.

____ (2002). Ludwig Frambach da cuenta de las ideas de Salomo Friedlaender, su influencia sobre Perls y su coherencia con la práctica de la Gestalt. En C.

Naranjo, coord. *Gestalt de Vanguardia*, pp. 411-454. Vitoria-Gasteiz: La Llave.

Freire, P. (1967). *La educación como práctica de la libertad.* (ed. 2009). Madrid: Siglo XXI España.

From, I. y Miller, M. (1994). Introducción a la edición de Terapia Gestalt de The Gestalt Journal. En: Perls, F., Goodman, P. y Hefferline, R. *Terapia Gestalt. Excitación y crecimiento de la personalidad humana.* (1ª. ed. en español 2003) pp. xvii a xxxvii. Madrid: Centro de Terapia y Psicología.

Fromm, E. (1962). *Marx y su concepto del hombre.* (7ª. reimpresión 1978). México: Fondo de Cultura Económica.

Galeano, E. (2001). *El libro de los abrazos.* México: Siglo XXI.

García, F. (2009). *Procesos básicos en Psicoterapia Gestalt.* México: El Manual Moderno.

____ (2003). *Y es gracias a la noche que el día se significa. Proceso figura fondo en Terapia Gestalt.* Monterrey: Centro de Investigación y Entrenamiento en Psicoterapia Gestalt Fritz Perls.

García, J. (2007). Polaridades, naturaleza mental y psicoterapia. En: *25 años haciendo Terapia Gestalt. Revista de la Asociación Española de Terapia Gestalt, no. 27,* pp. 67-73. Madrid: La Llave.

Garriga, J. (2009). *Vivir en el alma. Amar lo que es, amar lo que somos y amar a los que son.* Barcelona: Rigden Institut Gestalt.

Gendlin, E. (1971). Prefacio. En Carlos Alemany: *Psicoterapia Existencial y Focusing. La aportación de E.T. Gendlin.* Bilbao: Desclée de Brouwer.

Ginger, S. y Ginger, A. (1987). *La Gestalt, una terapia de contacto.* (2ª. ed. 1993). México: El Manual Moderno.

Glouberman, D. (1999). *El Poder de la Imaginación. Una introducción práctica al trabajo con imágenes.* Barcelona: Urano.

Goodman, P. (1951). Tercera Parte: Teoría del Self. En Perls, F., Goodman, P. y Hefferline, R. *Terapia Gestalt. Excitación y crecimiento de la personalidad humana,* (1ª. ed. en español 2003) pp. 185-305. Madrid: Centro de Terapia y Psicología.

González, L.J. (2002). *Terapia espiritual. Sanación humana y espiritual de las enfermedades del alma.* México: Ediciones del Teresianum.

Greenberg, L., y Paivio, S. (2000). *Trabajar con las emociones en psicoterapia.* Barcelona: Paidós.

Gutiérrez Sáenz, R. (1997). *Historia de las doctrinas filosóficas.* (28ª. ed. 1997). Naucalpan: Esfinge.

Hegel, G. W. F. (1816). *Ciencia de la Lógica.* (4ª ed. 1976). Buenos Aires: Solar.

Hellinger, B. (2001). Órdenes del amor. Barcelona: Herder.

Hendrix, H. (1991). *Amigos y amantes: La relación de pareja ideal.* Barcelona: Norma.

Kepner. J. (1987). *Proceso corporal. Un enfoque Gestalt para el trabajo corporal en psicoterapia.* (1992). México: El Manual Moderno.

Kosik, K. (1963). *Dialéctica de lo concreto.* (1ª. ed. en español 1967). México: Grijalbo.

Lapeyronnie, B. (2005). *La Confluencia.* Madrid: Centro de Terapia y Psicología.

Latner, J. (1973). *Fundamentos de la Gestalt.* (2ª. ed. 1994). Santiago: Cuatro Vientos.

Lowen, A. (1977). *Bioenergética.* (20ª. reimpresión 1996). México: Diana

Lowenstern, E. (2009). *Los sueños en la Terapia Gestalt.* Bogotá: Alfaomega.

Mancillas, C. (1998). *El desarrollo humano de las mujeres. Un modelo centrado en la persona.* México: Universidad Iberoamericana.

Martín, A. (2009*). Los sueños en Psicoterapia Gestalt.* Bilbao: Desclée de Brouwer.

Marx, K. (1857). *Introducción general a la crítica de la economía política.* (Ed. en español 1968). México: Grijalbo. Cuadernos Pasado y Presente.

___ (1845). Tesis sobre Feuerbach. En *Obras escogidas*; pp. 7-10. (Ed. en español 1973). Moscú: Editorial Progreso.

Melendo, M. (1997). *En tu centro: El Eneagrama.* Santander: Sal Terrae.

Mindell, A. (2006). *El cuerpo que sueña. Terapia centrada en el proceso.* Barcelona: Rigden Institut Gestalt.

Moreau, A. (2000). *Ejercicios y técnicas creativas de gestalterapia.* Málaga: Sirio.

Morin, E. (2001). *Introducción al pensamiento complejo.* Barcelona: Gedisa.

Mohl, A. (1992). *El aprendiz de brujo.* Barcelona: Sirio.

Mortola, P. (2010). *El m*étodo Oaklander. Santiago: Cuatro Vientos.

Muñoz, M. (2010). *Emociones, sentimientos y necesidades. Una aproximación humanista.* México: Instituto Humanista de Psicoterapia Gestalt.

Naranjo, C. (2007). *Por una Gestalt viva.* Vitoria-Gasteiz: La Llave.

_____ (2002). *Gestalt de vanguardia.* Vitoria Gasteiz: La Llave.

_____ (1990). *La vieja y novísima Gestalt.* Santiago: Cuatro Vientos.

Naranjo, C., Baiocchi, P., Cecchini, G., Elsaesser, S., Ferrara, A., Olivé, V., y Pacheco, A. (2002). Una conversación improvisada sobre temas varios entre Claudio Naranjo y el equipo de gestaltistas supervisores del Programa SAT 3 de 2002. En *Gestalt de vanguardia,* pp. 381-400. Vitoria-Gasteiz: La Llave.

Nares, D. (1992). Reflexiones sobre una psicofisiología del cambio con técnicas vivenciales. En H. Salama y R. Villarreal: *El Enfoque Gestalt. Una Psicoterapia Humanista,* pp. 158-172. México: El Manual Moderno.

O'Connor, J. y Seymour, J. (1998). *Introducción a la PNL.* Barcelona: Urano.

Oaklander, V. (1992). *Ventanas a nuestros niños.* (12ª. ed. 2009). Santiago: Cuatro Vientos.

Orange, D. (2012). *Pensar la práctica clínica. Recursos filosóficos para el Psicoanálisis contemporáneo y las Psicoterapias Humanistas.* Santiago: Cuatro Vientos.

Paz, O. (1960). *Libertad bajo palabra.* México: Fondo de Cultura Económica.

Peñarrubia, F. (1998). *Terapia Gestalt. La vía del vacío fértil.* Madrid: Alianza.

___ (1989). *Mecanismos neuróticos, patologías del contacto y de la retirada.* México: III Congreso Internacional de Gestalt. Mimeo.

Perls, F. (1969a). *Testimonios de terapia* (agregados a *El Enfoque Guestáltico,* (7ª. reimpresión 1994). Santiago: Cuatro Vientos.

___ (1968c). *Dentro y fuera del tarro de la basura.* (10ª. ed. 1993). Santiago: Cuatro Vientos.

___ (1968b). *Sueños y existencia.* (1ª. ed. 1969; 1ª. ed. en español 1974; 11ª. ed. 1996). Santiago: Cuatro Vientos.

___ (1967). Terapia de grupo vs. terapia individual. En J. Stevens, comp. *Esto es Guestalt.* (1ª. ed. 1975; 1ª. ed. en español 1978; 10ª. ed. 1996), pp. 21-26. Santiago: Cuatro Vientos.

___ (1966b). Cuatro conferencias. En J. Fagan e I. Shepherd, coords. *Teoría y técnica de la psicoterapia guestáltica.* (5ª. reimpresión 1993); pp. 22-44. Buenos Aires: Amorrortu.

___ (1966a). Terapia guestáltica y las potencialidades humanas. En J. Stevens, comp. *Esto es Guestalt.* (10ª. ed. 1996), pp. 13-20. Santiago: Cuatro Vientos.

___ (1959). Resolución. En J. Stevens, comp. *Esto es Guestalt.* (10ª. ed. 1996), pp. 73-78. Santiago: Cuatro Vientos.

___ (1957). *Finding Self Througt Gestalt Therapy.* Recuperado de http://www.gestalt.org/self.htm. Cooper Union Forum—Lecture Series. New York City on March 6, 1957. También en *Gestalt Journal,* Vol 1(1), 1978, 54-73. Trad. de V. Castillo.

___ (1955-56). *El Enfoque Guestáltico.* (1ª. ed. 1973; 1ª. ed. en español 1976; 7ª. reimpresión 1994). Santiago: Cuatro Vientos.

___ (1955). Moralidad, Límite del Ego y Agresión. En J. Stevens, comp. *Esto es Guestalt.* (10ª. ed. 1996), pp. 37-48. Santiago: Cuatro Vientos.

___ (1948). Teoría y técnica de integración de la personalidad. En J. Stevens, comp. *Esto es Guestalt.* (10ª. ed. 1996), pp. 49-71. Santiago: Cuatro Vientos.

____ (1942). *Yo, Hambre y Agresión.* (Ed. en español 1975). México: Fondo de Cultura Económica.

Perls, F. y Baumgardner, P. (1969b). *Las enseñanzas.* (Ed. en español 1994). México: Árbol.

Perls, F., Goodman, P. y Hefferline, R. (1951). *Terapia Gestalt. Excitación y crecimiento de la personalidad humana.* (1ª. ed. en español 2003). Madrid: Centro de Terapia y Psicología.

Perls, L. (1984). Daniel Rosenblatt: Una conversación con Laura Perls. En Celedonio Castanedo, comp.: *Laura Perls. Viviendo en los límites.* (2ª. ed. 2001), pp. 41-59. México: Plaza y Valdés.

____ (1977). Visiones verdaderas y falsas de la Terapia Gestalt. En Celedonio Castanedo, comp.: *Laura Perls. Viviendo en los l*ímites. (2ª. ed. 2001), pp. 173-182. México: Plaza y Valdés.

____ (1974). Algunas observaciones sobre nuevos cambios. En Celedonio Castanedo, comp.: *Laura Perls. Viviendo en los Límites.* (2ª. ed. 2001), pp. 163-172. México: Plaza y Valdés.

____ (1956). Dos casos de Terapia Gestalt. En Celedonio Castanedo, comp.: *Laura Perls. Viviendo en los límites.* (2ª. ed. 2001), pp. 125-144. México: Plaza y Valdés.

Plasencia, J.J. (2006). *Vive tus emociones.* Barcelona: Urano.

Preciado, M. (1993). *Trabajo de sueños con Gestalt.* Guadalajara: Instituto Gestalt Guadalajara. Mimeo.

Polster, E., y Polster, M. (1973). *Terapia Guestáltica. Perfiles de teoría y práctica.* (4ª. reimpresión 1997). Buenos Aires: Amorrortu.

Polster, E. (1970). La actividad sensorial en psicoterapia. En J. Fagan e I. Sheperd, comps. *Teoría y técnica de la Psicoterapia Guestáltica.* (5ª. reimpresión 1993), pp. 75-81. Buenos Aires: Amorrortu.

Ramos, L. (2008): *La Guestalt. Un encuentro entre humanos.* Guadalajara: s/ed.

Robine, J. M., (1994). Entrevista a Jean Marie Robine. En Mateu, C., Dueñas, E., Fuentes, I., y Blasco, M. *La Terapia Gestalt según los terapeutas Gestalt.* (1997). Valencia: Naullibres.

Rodríguez C., Á. (2002). Efectos del humor. Consideraciones médicas. En Rodríguez I., Á. (coord.) *El valor terapéutico del humor,* pp. 43-64. Bilbao: Desclée de Brouwer.

Rodríguez, M.E., (1992). *El concepto de libertad en la filosofía educativa de Paulo Freire.* México: Universidad La Salle. Tesis de licenciatura.

Rogers, C. (1986). *Libertad y creatividad en la educación en la década de los ochenta.* Buenos Aires: Paidós.

____ (1980). *El poder de la persona.* México: El Manual Moderno.

____ (1978a). La relación interpersonal: el núcleo de la orientación. En J. Lafarga y J. F. Gómez del Campo (eds.) *Desarrollo del Potencial Humano: Aportaciones de una Psicología Humanista, Volumen 1,* pp. 79-92. México: Trillas.

____ (1978b). La naturaleza del hombre. En J. Lafarga y J.F. Gómez del Campo (eds). *Desarrollo del Potencial Humano. Aportaciones de Una Psicología Humanista. Volumen I.* México: Trillas.

Salama, H. (2012). *Gestalt 2.0. Actualización en Psicoterapia Gestalt.* México: Alfaomega.

____ (2003). *Psicoterapia Gestalt. Proceso y metodología.* (3ª. ed.) México: Alfaomega.

____ (2002). *Manual del Test de Psicodiagnóstico Gestalt de Salama.* (4ª. ed.). México: Instituto Mexicano de Psicoterapia Gestalt.

____ (1999). Héctor Salama: *Proceso y metodología de la Terapia Gestalt.* (1ª. ed.) México: Instituto Mexicano de Psicoterapia Guestalt.

____ (1992). *Manual del Test de Psicodiagnóstico Gestalt de Salama.* México: Centro Gestalt de México.

Salama H. y Villarreal, R. (1992). *El Enfoque Gestalt. Una psicoterapia humanista.* México: El Manual Moderno.

Salama, H. y Castanedo, C. (1991). *Manual de psicodiagnóstico, intervención y supervisión para terapeutas.* México: El Manual Moderno.

305

Saldaña, C. y Anguiano, A. (2013). *Un proceso de sensibilización de un grupo de hombres generadores de violencia familiar, a través de la Terapia Gestalt.* Ciudad Juárez: UACJ.

Sánchez Vázquez, A. (1983). *Ciencia y Revolución.* México: Grijalbo.

___ (1967). *Filosofía de la Praxis.* (1980). México: Grijalbo.

Sansinenea, P. (2011). Celedonio Castanedo y el Ciclo de la Experiencia. En M.T. Cárdenas y M. Jarquín (coords.). *Celedonio Castanedo Secadas: Pionero de la investigación educativa y psicoterapéutica con enfoque humanista en Iberoamérica,* pp. 53-84. Culiacán: Instituto Humanista de Sinaloa.

Schnake, A. (2007). *Enfermedad, síntoma y carácter.* Santiago: Cuatro Vientos.

___ (2001). *La voz del síntoma.* Santiago: Cuatro Vientos.

Spangenberg, A. (2011). *Gestalt, mitos y trascendencia.* Montevideo: Cruz del Sur.

Stevens, J. (1975). *El Darse Cuenta.* Santiago: Cuatro Vientos.

Swanson, J.L. (1988). Procesos fronterizos y estados fronterizos. Una propuesta de revisión para la teoría de las perturbaciones en las fronteras de contacto. En *Gestalt Jornal, Volumen XI, número 2.*

Tolle, E. (1999). *El Poder del Ahora.* (7ª. ed. 2002). Madrid: Gaia.

Tobin, S. (1970). Integridad y Autoapoyo. En J. Stevens, coord. *Esto es Guestalt.* Santiago: Cuatro Vientos.

Ure, M. (2001). *El diálogo Yo-Tú como teoría hermenéutica en Martin Buber.* Buenos Aires: Eudeba.

Vallés, C. (1987). *Ligero de equipaje. Tony de Mello, un profeta para nuestro tiempo.* Santander: Sal Terrae.

Watts, A. (1976). *El Camino del Tao.* (6ª. ed. 1995). Barcelona: Kairós.

Vázquez, C. (2009). Entrevista a Carmen Vázquez. En *La unión de las diferencias. Revista de la Asociación Española de Terapia Gestalt, No. 29.* Vitoria-Gasteiz: La Llave.

Wheeler, G. (2002). *La Gestalt reconsiderada*. Madrid: Centro de Terapia y Psicología.

Xirau, R. (1964). *Introducción a la historia de la filosofía*. (13ª. ed. 2001). México: Universidad Nacional Autónoma de México.

Yontef, G. (1995). *Proceso y diálogo en Terapia Gestáltica*. (2ª. ed. 1997). Santiago: Cuatro Vientos.

Zinker, J. (2006). *En Busca de la buena forma. Terapia Gestalt para parejas y familias*. Culiacán: Instituto Humanista de Sinaloa.

___ (2005). El presente ya no es lo que era. Un encuentro gestáltico con Joseph Zinker. Entrevista con Paul Barber. En *Gestalt, teoría y técnica*. Revista de la Asociación Española de Terapia Gestalt No. 25, pp. 77-84. Madrid: La Llave.

___ (1977). *El proceso creativo en Terapia Guestáltica*. (1996). Barcelona: Paidós.

Zurita, J. y Chías, M. (2011). La importancia del amor en psicoterapia. En: *Una mirada gestáltica al mundo en que vivimos. Revista de la Asociación Española de Terapia Gestalt*, no. 31, pp. 219-223. Barcelona: La Llave.

Otras Referencias

Almada, H. (2013, marzo 13). Respuesta a Samantha Arreola. *Correo electrónico.*

Cervantes, P. (2012). *Conversación-entrevista con Pablo Cervantes*. Ciudad Juárez.

De Casso, P. (2014, junio 3). Temas Claves en la Terapia Gestalt. *Conferencia en la Universidad Autónoma de Ciudad Juárez.*

Di Grazia, A. (2006). *Exposición en el módulo de Supervisión del Doctorado en Psicoterapia Humanista del IHS.*

González, G. (2006-2007). *Intervenciones varias en los módulos de Metodología de Investigación del Doctorado en Psicoterapia Humanista del IHS.*

Ibarra, R. (1999). *Comentario en una sesión de terapia*. México.

Munguía, G. (2005). *Intervención en el módulo de Bases Psicológicas de la Terapia Gestalt del Doctorado en Psicoterapia Humanista del IHS.*

Twenty Century Fox, (2009). *Lie to me.* (Serie de televisión traducida como *Miénteme).*

Vinay, S. (2007). *Intervención en el módulo del Doctorado en Psicoterapia Humanista del IHS.*

Walt Disney Pictures, (2000). *The Kid* (traducida como: *Mi encuentro conmigo).*

Anexos

ANEXO 1

Digresión sobre la ruptura o continuidad de los textos de F. Perls y la datación de algunas de sus obras, en particular de *El Enfoque Guestáltico*

a.   En el campo de la Terapia Gestalt ha sido profusamente discutido el problema de la discontinuidad o ruptura en el pensamiento de Perls. Autores tanto de una como de otra corriente suelen aceptar y valorar de manera distinta dos etapas en su evolución: mientras para unos Perls se desvió en su última etapa, no hizo terapia sino demostraciones o "shows", fomentó a los incitadores y en general sus obras presentan un bajo nivel teórico, para otros es en esta última etapa cuando alcanza su mayor madurez y su genio como terapeuta.

b.   Como se ha venido mostrando a lo largo de toda esta obra, en cuanto al desarrollo teórico conceptual no existe en realidad tal ruptura sino una continuidad clara desde sus desarrollos tempranos como *Yo, Hambre y Agresión* y la "Teoría y Técnica de Integración de la Personalidad", hasta las obras de "madurez" como las conferencias del libro de Fagan, *Sueños y Existencia* o las enseñanzas del lago Cowichan recogidas por P. Baumgardner. Si despojamos a las primeras obras de la paja abandonada posteriormente, desarrollos centrales en el planteamiento de Perls se encuentran claramente desarrollados desde allá. La mayoría de los conceptos más importantes significan lo mismo. Lo que no es coherente en cambio con este desarrollo es la *Terapia Gestalt, Excitación y Crecimiento de la Personalidad Humana* de 1951, en particular el desarrollo sobre la *Teoría del Self* de Goodman, que no puede ser considerada como de Perls.

c.   La parte referida al método y a la forma de hacer terapia, en cambio, sí presenta cambios, marcados por la incorporación de nociones como "las capas de la neurosis" y en particular "el perro de arriba y el perro de abajo", de manera que en cuanto al método y la forma de trabajo pueden distinguirse tres etapas:

1.   La de juventud, (previa a 1951), en la que se desarrollan las nuevas nociones de la Terapia Gestalt pero se mantienen la relación con o la inclusión en el psicoanálisis. La Terapia Gestalt va paulatinamente madurando y separándose.

2.   La de la década de los años 50, en la que se promueve el desarrollo de la Terapia Gestalt basada en la contradicción central de la autorregulación

del organismo y la deberista, (la división del sí mismo contra los intro-yectos) y los mecanismos neuróticos básicos de la introyección, la proyec-ción y la retroflexión.

3. Otra etapa ya a partir de los años 60, y más claramente de la segunda mi-tad de los 60, (Esalen y Cowichan) en la que se incorporan las nociones de "las capas de la neurosis", se enfatiza el papel de la explosión como reconstitutiva del sí mismo y se introduce el descubrimiento del "perro de arriba y perro de abajo", modificando también no sólo el esquema sino el estilo del trabajo con las polaridades.

d. Un problema significativo resulta en este proceso la ubicación de *El Enfoque Guestáltico*. Si bien en el prólogo se nos indica que Perls comenzó esta obra cuando estaba todavía en Esalen y que la terminó posteriormente durante su estancia en el Lago Cowichan, esta hipótesis es difícilmente sostenible por varias razones:

1. Por las referencias mismas. Porque a pesar de que la obra habría sido es-crita al menos en parte en Esalen, en los dos libros escritos y publicados durante la estancia de Perls allá, Sueños y Existencia, y Dentro y Fuera del Tarro de la Basura, aparecidas ambos apenas en 1969) no se menciona para nada ni la existencia ni la intención de escribir *El Enfoque*. Ni tam-poco las charlas o enseñanzas del Lago Cowichan, recogidas por Patricia Baumgardner, contienen ninguna mención. *El Enfoque* no es además una obra inconclusa, (la muerte hubiera sorprendido a Perls cuando aún no la terminaba y esto hubiera influido en la dilación de su publicación) sino un texto concluido, perfectamente cerrado y el mejor trabajado y más consistente de sus textos.

2. A lo anterior hay que agregar la diferencia de estilo y sobre todo de con-tenido entre este texto y el resto de los "textos de madurez": en particular *Sueños y Existencia* y las conferencias recogidas en el libro de Fagan y She-perd. Mientras el paralelismo en cuanto al contenido de estas dos últimas es notable: se trata prácticamente de la misma exposición y a veces casi con las mismas palabras, que incluye la importancia del "ahora", el "cómo" y "las ca-pas de la neurosis", así como el trabajo con las polaridades y especialmente con la del "perro de arriba y perro de abajo" (véase Perls 1968b: 58, 61, 67), el contenido de *El Enfoque* es muy distinto, a pesar de que se supondría que fue escrito básicamente en la misma fecha: en todo el texto de éste: ¡no hay una sola referencia a las capas de la neurosis! Y una, solo una, referencia a la polaridad entre perro de arriba y perro de abajo.

De hecho en *El Enfoque* esta polaridad, central en la última etapa de Perls, *no aparece*. Aun esta única referencia, en el capítulo 6, corresponde textualmente a otra cita tomada de los *Testimonios de Terapia*, que en realidad son bastante posteriores, ya de la etapa de Cowichan, y que parece haber sido después traspuesta un tanto artificialmente al texto de *El Enfoque*. Una y otra cita son idénticas, lo que dadas las diferencias de estilo y contenido indicaría que fue agregada aquí posteriormente. (Véase Perls 1955-56: 95 y 1969a: 123).

3. En cuanto al estilo, el de *El Enfoque* es también distinto del de las obras de la etapa posterior. Aquél constituye una exposición dialéctica completa, desde los conceptos de totalidad, autorregulación, campo y límite de contacto hasta la relación entre paciente y terapeuta, y en donde toda la exposición está construida distinguiendo paralelamente "la existencia inauténtica" (la regulación ambiental o deberista, la estructura del carácter, la necesidad de apoyo ambiental) de "la existencia auténtica", (la autoexpresión, el sí mismo o el autoapoyo) y describiendo las formas –así por ejemplo en el trabajo con cada mecanismo neurótico– como se alcanza éste último.

4. En cuanto a la forma de llegar o alcanzar este sí mismo, uno y otros plantean también caminos distintos. Mientras el primero de ellos desarrolla toda una exposición para alcanzarlo mediante *el darse cuenta* y el trabajo con cada mecanismo neurótico; los textos posteriores plantean en cambio la permanencia en el ahora y el camino de las capas de la neurosis para restablecer el sí mismo a través de la explosión, o bien el diálogo hasta la integración del Top y Under dog, lo que posibilita que cese el juego del opresor y el oprimido y se llegue a la integración.

5. El concepto de las polaridades básicas o la forma de trabajo con ellas es entonces diferente. Mientras a lo largo de *El Enfoque*, al igual que en los textos de juventud, Perls desarrolla como contradicción principal la de la autorregulación del organismo con la regulación deberista, la del individuo con la presión de la sociedad, o del sí mismo con los introyectos, en los textos de la última etapa opone como el opuesto del Top Dog o Super Ego "no un montón de instintos" sino otra personalidad que se podría llamar el "Infra-yo" o el oprimido, y subraya en primer término la contradicción entre el Top y el Under Dog, un par de payasos que se situarían los dos en el *como si* o juego de roles, y cuya escucha e integración es necesaria para la expresión de la verdadera emoción o sentimiento (del verdadero sí mismo). (Perls 1966b, 29-32).

6. Otro elemento importante todavía es que mientras en las conferencias del libro de Fagan, (1966b), en "Terapia de Grupo vs. Terapia Individual" (1967) y en *Sueños y Existencia* (1968b), Perls plantea su predilección por el trabajo en grupo y su consideración sobre la obsolescencia de la terapia individual, así como su intención de desarrollar su "kibuttz guestáltico"; *El Enfoque* está todavía construido desde la lógica de la terapia individual, de hecho desarrolla lo que sería este proceso.

7. En síntesis, no parece haber duda razonable de que –a pesar de la presentación o de su aparición póstuma– la redacción de *El Enfoque* es bastante anterior. La revisión de otros trabajos menores de Perls permite ubicarlo hacia la misma época o un poco después que "Moralidad, Límite del Ego y Agresión" (1955), trabajo con contenidos muy similares aunque todavía con menor desarrollo, y un poco anterior a "Resolución" (1959) en donde aparece ya al parecer por primera vez la polaridad entre "perro de arriba" y "perro de abajo".

8. Una hipótesis en este sentido sería que Perls escribió el texto de *El Enfoque* después de la aparición del *Terapia Gestalt...* de 1951 –con el que como se sabe no habría quedado de acuerdo, especialmente con la parte de Goodman–, ante la necesidad de desarrollar y re-articular sus planteamientos; y que habría decidido entonces no publicarlo por la dificultad que representaba la disrupción pública con Goodman y el grupo de Cleveland, y que habría decidido hacerlo ya cerca de su muerte, ante la necesidad de una mayor coherencia a sus planteamientos. O que incluso la decisión de publicarlo pudiera haber sido póstuma, de alguna persona que conocía el texto.

9. La comprensión del pensamiento de Perls difícilmente puede lograrse sin *El Enfoque*, pues es ésta en realidad la estructura más importante que permite integrar y lograr una visión de conjunto del edificio. *Sueños y Existencia* y las conferencias mencionadas desarrollan una alternativa de trabajo, sin embargo difícilmente podrían comprenderse desde ahí los fundamentos de la Gestalt, ni el papel o el significado de los mecanismos neuróticos. Es en realidad desde *El Enfoque* también desde donde puede comprenderse el papel o aporte de los trabajos anteriores de Perls, así como la relación de aquellos con las obras de los últimos años.

10. Es por todas estas razones por las que decidí la citar los textos de Perls por el año en el que se pronunciaron o aparecieron por primera vez, porque en este caso resulta mucho más importante para la obra la posibilidad de comprender el proceso y la evolución de su pensamiento que el año en el

que se hizo la 27ª. o 30ª. edición en castellano. El año de la edición usada aparece en la bibliografía al final de la cita. En el caso de *El Enfoque Guestáltico,* si bien con los elementos de que dispongo llegué a la conclusión de que fue escrito con toda seguridad entre 1955 y 1959, se cita como 1955-56 atendiendo una sugerencia de Pedro de Casso, quién me indicó que en todo caso tendría que haber sido en estos años, pues después de 1957 esto no hubiera sido posible en razón de las vicisitudes de la vida de Perls.

ANEXO 2

Ordenación y forma de citado de los escritos o materiales de F. Perls

Obra o texto	Conferencias	1er. escrito en inglés	1ª. edición libro, en inglés	1ª. edición en español	Se cita como
Yo, Hambre y Agresión		1942	1947	1975	1942
Teoría y Técnica de Integración de la Personalidad (en *Esto es Guestalt*)		1948	1975	1978	1948
Terapia Gestalt, Excitación y Crecimiento de la Personalidad Humana (Escrito por P. Goodman y R. Hefferline sobre un manuscrito de Perls)		1951	1951	2002	1951
Moralidad, Límite del Ego y Agresión (en *Esto es Guestalt*)		1955	1975	1978	1955
Finding the Self Trough Gestalt Therapy	1957				1957
El Enfoque Guestáltico		1955-1956	1973	1976	1955-56
Resolución (en *Esto es Guestalt*)		1959	1975	1978	1959
Terapia Guestáltica y las Potencialidades Humanas (en *Esto es Guestalt*)		1966	1975	1978	1966 a
Cuatro Conferencias (en el libro de J. Fagan)	1966	1970	1970	1973	1966 b
Seminario sobre Sueños (en el libro de J. Fagan)	1966	1970	1970	1973	1966 c
Las Reglas y los Juegos de la Terapia Guestáltica (con Abraham Levitsky, en el libro de Fagan)		¿?	1970	1973	1966 d
Terapia de Grupo vs. Terapia Individual (en *Esto es Guestalt*)		1967	1975	1978	1967
Acting Out vs. Acting Trough (en *Esto es Guestalt*)		1968	1975	1978	1968 a

Obra o texto	Conferencias	1er. escrito en inglés	1ª. edición libro, en inglés	1ª. edición en español	Se cita como
Sueños y Existencia	1968	1969	1969	1974	1968 b
Dentro y Fuera del Tarro de la Basura	1968	1969	1969	1975	1968 c
Testimonios de Terapia (agregados a *El Enfoque Guestáltico*)	1969	1973	1973	1976	1969 a
Las Enseñanzas (en el Lago Cowichan, recogidas por P. Baumgardner)	1969	1975	1975	1994	1969 b

ANEXO 3
Guía práctica para el análisis de las sesiones (versión breve)

Hugo Almada M.

1. ¿Cómo llegó la paciente? ¿Cuál fue la situación o problema con el que llegó?

2. ¿Cuál fue la situación terapéutica más significativa que surgió en la sesión?

3. ¿Cuáles las diferentes posibilidades de trabajo o situaciones terapéuticas que se le presentaron?

4. ¿Cuál es la figura con la que se comprometió y pretendió trabajar?

5. ¿Cómo planteó el trabajo? ¿Qué estrategia utilizó?

6. ¿Cuáles fueron las principales técnicas que utilizó?

7. Una revisión del ciclo de autorregulación:

    a. ¿Con qué emoción trabajó?

    b. ¿Tocó la sensación?

    c. ¿Formó la figura?

    d. ¿Se conectó sensación, emoción y figura?

    e. ¿La expresión fue adecuada?

    f. ¿Hubo resolución, re-escritura o re-significación?

    g. ¿Hubo cierre?

8. ¿Hubo resolución, o se logró la integración? ¿Por qué?

9. ¿Cómo cierra la sesión?

    a.   ¿La paciente integra la "vuelta a la realidad" o el significado para su vida?

10. ¿Qué tan relevante siente el trabajo?

11. Un comentario final en cuanto a la relevancia de la sesión en el proceso de la(el) paciente.

12. Un apartado de autoetnografía:

    a.   ¿Cómo se sintió usted durante la sesión, o al término de ésta?

    b.   ¿Cuáles fueron sus emociones?

    c.   ¿Estableció contacto significativo con la paciente, o por el contrario cayó en algún tipo de juego manipulativo?

13. ¿Puede hacerlo relato?

14. Una valoración final. ¿Cuáles considera que hayan sido errores o aciertos significativos?

ANEXO 4
Guía práctica para el análisis de las sesiones de grupo

Hugo Almada M.

Previo:
Número de sesión. Resumen de la conformación y la historia del grupo y de lo trabajado hasta ahora.

1. ¿Cómo llegó el grupo? ¿Quiénes asistieron? ¿Llegaron a tiempo?

2. ¿En cuánto al soporte o la contención: cuál es la situación desde la que inicia el grupo? ¿Se hizo algún ejercicio para favorecer la contención?

3. ¿Se hizo caldeamiento inespecífico? ¿Cuánto duró? ¿Fue adecuado?

4. ¿Se hizo caldeamiento específico? ¿En qué consistió? ¿Para qué es útil este caldeamiento, qué emociones dispara? ¿Qué tan fuerte es?

5. ¿Cómo está el grupo después del caldeamiento? ¿Qué tan abiertos?

6. ¿Cómo es el contacto del Terapeuta? ¿Con quién elige trabajar? ¿Es adecuada esta decisión?

7. ¿Cuál es la figura con la que se comprometió y pretendió trabajar?

8. ¿Cómo planteó el trabajo? ¿Qué estrategia y técnicas utilizó?

9 Una revisión del ciclo de autorregulación:

   a. Con qué emoción trabajó,

   b. Tocó la sensación,

   c. Formó la figura,

   d. Se conectó sensación, emoción y figura,

321

e. *¿La expresión fue adecuada?*

f. ¿Hubo resolución, re-escritura o re-significación?

g. ¿Hubo cierre?

10. ¿Hay resonancias? ¿Cómo se encuentra el grupo luego del trabajo?

11. ¿Se da inicio a otro bloque de trabajo? ¿Esta elección es adecuada?

a. (Si la respuesta es sí, repetir preguntas 7-8-9-10-11).

b. (Si la respuesta es no, pase a pregunta 12).

13. ¿Hay un momento de compartir significativo después del trabajo?

14. La reflexión que se hace, ¿es adecuada al trabajo realizado? ¿Se tienen presentes, y se abordan adecuadamente, las posibles implicaciones de lo sucedido en los trabajos?

14. ¿Hay cierre? ¿Se integra la "vuelta a la realidad" o el significado en la vida de las personas? ¿Cómo se van las personas?

15. ¿Qué tan relevante siente el trabajo? Un comentario final en cuanto a la relevancia de la sesión en el proceso del grupo, o de alguna(o)s de la(o)s pacientes.

16. Un apartado de auto-etnografía.

a. ¿Cómo se sintió usted durante la sesión, o al término de ésta?

b. ¿Cuáles fueron sus emociones?

c. ¿Estableció contacto significativo con la paciente, o por el contrario cayó en algún tipo de juego manipulativo?

d. ¿Estableció un contacto adecuado con el grupo?

17. ¿Puede hacerlo relato? (Situándose en el momento emocionalmente más significativo, iniciar la narración en presente y en 1ª. persona).

18. Una valoración final. ¿Cuáles considera que hayan sido errores o aciertos significativos?

Índice de nombres

A

B

C

Melendo, Maite 302.
Mindell, Arnold 269, 302.
Mohl, Alexa 288, 290, 302.
Mondragón, Miguel 294.
Moreau, André 259.
Morin, Edgar 38, 302.
Mortola, Peter 302.
Munguía, Gabriela 22, 308.
Muñoz Polit, Miriam 100, 302.

N

Naranjo, Claudio 22, 23, 48, 58, 61, 64, 65, 89, 97, 100, 103, 105, 109, 111, 112, 116, 131, 138, 139, 140, 143, 155, 156, 157, 158, 159, 160, 165, 167, 168, 170, 187, 210, 236, 242, 259, 260, 261, 262, 273, 274, 276, 277, 279, 293, 299, 300, 302.
Nares, Daniel 251, 252, 253, 302.

O

Oaklander, Violet 259, 302.
O'Connor, Joseph 217, 288, 291, 302.
Olivé, Vicens 302.
Orange, Donna 302.
Osho 264.

P

Pacheco, Antonio 302.
Paivio, Sandra 99, 301.
Paz, Octavio 292, 295, 302.
Pedro Apóstol 237.
Peñarrubia, Francisco 65, 82, 111, 168, 171, 177, 181, 200, 303.
Perls, Fritz 17, 18, 21, 22, 27, 30, 33, 34, 37, 38, 39, 40, 41, 44, 45, 47, 49, 51, 52, 53, 57, 58, 64, 65, 67, 68, 69, 70, 72, 73, 74, 75, 76, 77, 79, 81, 83, 86, 87, 88, 89, 90, 94, 95, 96, 97, 98, 99, 103, 105, 106, 107, 109, 111, 112, 113, 115, 116, 117, 118, 119, 120, 122, 131, 132, 133, 134, 135, 138, 139, 143, 146, 150, 152, 154, 155, 156, 157, 158, 159, 160, 166, 167, 168, 169, 170, 171, 172, 173, 174, 175, 176, 177, 178, 180, 182, 183, 184, 187, 188, 189, 192, 193, 194, 195, 196, 197, 198, 201, 205, 209, 221, 227, 228, 229, 233, 234, 235, 236, 247, 254, 255, 257, 261, 262, 263, 264, 266, 267, 268, 269, 270, 271, 272, 275, 277, 278, 280, 282, 283, 287, 288, 294, 298, 299, 300, 303, 304, 311, 312, 313, 314, 317.
Perls, Laura 21, 48, 49, 51, 68, 94, 155, 160, 167, 169, 193, 263, 304.
Piaget, Jean 201.